AF543569

Das Klare Licht der Glückseligkeit

Von Geshe Kelsang Gyatso sind folgende Bücher im Tharpa Verlag erschienen:

Allumfassendes Mitgefühl
Einführung in den Buddhismus
Das Meditationshandbuch
Herzjuwel
Herz der Weisheit
Den Geist verstehen
Freudvoller Weg
Sinnvoll zu betrachten
Acht Schritte zum Glück
Verwandle dein Leben

Von Shantideva:
Leitfaden für die Lebensweise eines Bodhisattvas

Geshe Kelsang Gyatso

Das Klare Licht der Glückseligkeit

DIE PRAXIS DES MAHAMUDRAS IM VAJRAYANA-BUDDHISMUS

THARPA VERLAG
Zürich und Berlin

Originaltitel:

Clear Light of Bliss

© 2004 Deutsche Übersetzung
Geshe Kelsang Gyatso und Neue Kadampa-Tradition

Das Werk einschließlich aller seiner Teile ist urheberrechtlich geschützt. Jede Reproduktion ist unzulässig, außer zur Verwendung kurzer Passagen für privates Studium, Forschung und Buchbesprechungen.

Herausgeber:
Tharpa Verlag, Zürich

Übersetzung: Dr. Hans Müller, Andrea Schumacher

Umschlagbild: Buddha Vajradhara von Chating Jamang Lama
Federzeichnungen: Gen Kelsang Wangmo
Foto Geshe Kelsang Gyatsos: Kathia Rabelo

Satz: Tharpa Verlag

ISBN: 3-908543-19-3

Druck: Freiburger Graphische Betriebe, Freiburg, Deutschland

Inhalt

Illustrationen

Vorwort

OM Glückseligkeit und Vorzüglichkeit

Mit großem Respekt und Hingabe verlasse ich mich auf
Losang Dragpa,
Der allein die kostbaren Augen für zahllose Wandernde ist,
Eine Manifestation der Weisheit zahlloser allwissender
Buddhas,
Und Halter von drei makellosen Gruppen von Gelübden.

Dieser ausgezeichnete Kommentar zum freudigen
Mahamudra,
Der abgeleitet wurde, indem die Essenz des Ozeans der
tantrischen Schriften gewonnen wurde,
Der dem Herzen dieses allerkostbarsten Spirituellen
Meisters entsprungen ist,
Wird mit einem reinen Wunsch veröffentlicht, den
Wandernden zu nützen.

Mögen durch die Veröffentlichung alle drei Welten
Mit dem unendlichen Nutzen von Glück verschönert werden,
Der durch die ausgezeichneten, makellosen Unterweisungen
und Übungen von Losang Dragpa entsteht,
Dessen schatzgleiche Tradition des Eroberers einem
wunscherfüllenden Juwel gleicht.

Mögen alle Wesen und Gemeinschaften, die dem
Buddhadharma folgen, für eine lange Zeit verbleiben
und mögen ihre Aktivitäten wachsen;
Mögen alle Mitglieder des Sanghas reine Disziplin halten
und ihre nützlichen Handlungen vermehren,
Mögen alle Krankheiten, Kriege, Hungersnöte und Leiden
befriedet sein;
Und mögen alle in dieser Welt Glück und Freude
genießen.

Mögen alle Wesen des ganzen Raumes in all ihren Leben
Niemals von kostbaren Spirituellen Meistern getrennt sein.
Möge alle Vorzüglichkeit wie der zunehmende Mond in
Übereinstimmung mit dem Dharma anwachsen,
Und mögen alle schnell die endgültige Erleuchtung
Vajradharas erlangen.

Es freut mich sehr zu erfahren, daß der Ehrwürdige Geshe Kelsang Gyatso ausführliche Unterweisungen über das Geheime Mantra gegeben hat, die auf den großartigen Abhandlungen des Beschützers Manjushri Je Tsongkhapa und auf anderen authentischen Kommentaren über Mahamudra, einschließlich des Urtextes des ersten Panchen Lama, basieren.

Mögen diese Unterweisungen, die ursprünglich im Manjushri-Zentrum in England gegeben wurden und jetzt in diesem Buch *Das Klare Licht der Glückseligkeit* verfügbar sind, eine Quelle großen Glücks und unermeßlichen Nutzens für alle Menschen dieser Welt sein.

Möge Tugend und Vorzüglichkeit anwachsen.

Yongdzin Ling Rinpoche

Danksagung

1980 gab Geshe Kelsang Gyatso Rinpoche den von Glück begünstigten Schülern des Manjushri-Zentrums in Ulverston, England, einen ausführlichen Kommentar zum Vajrayana-Mahamudra. Wir beten, daß wir auf bescheidene Weise beginnen können, die unermeßliche Güte unseres kostbarsten Spirituellen Meisters und Vajra-Meisters zu erwidern, indem wir diese nektargleichen Unterweisungen studieren und versuchen, sie aufrichtig in die Praxis umzusetzen.

Geshe Kelsang begnügte sich nicht nur damit, die Unterweisungen zu geben, sondern arbeitete in seiner unermeßlichen Güte eng mit seinem Übersetzer und einem Team von Herausgebern zusammen, um die Aufzeichnungen unter dem Titel *Das Klare Licht der Glückseligkeit* für die Veröffentlichung vorzubereiten. Für dieses unvergleichliche Buch – noch nie hat es etwas Ähnliches in dieser Welt gegeben – bringen wir dem Autor unsere tiefempfundene Dankbarkeit dar.

Unser Dank geht auch an all die engagierten und erfahrenen Dharma-Schüler, die dem Autor mit der Wiedergabe ins Englische geholfen und die das Manuskript für die Veröffentlichung vorbereitet haben.

Roy Tyson
Administrativer Direktor
Manjushri Centre
Mai 1992

Vorwort des Autors

Ich habe dieses Buch in erster Linie für westliche Dharma-Praktizierende geschrieben, in der Hoffnung, daß es sich indirekt für alle Lebewesen als nützlich erweisen wird.

Ich habe es verfaßt, indem ich ihm meine geringe Erfahrung zugrunde legte, die ich durch die Güte meines heiligen Spirituellen Meisters gewonnen habe, von dem ich Unterweisungen über die Erzeugungsstufe und die Vollendungsstufe des Geheimen Mantras empfangen habe. Zusätzlich habe ich Material aus Je Tsongkhapas *Lampe, die die fünf Stufen gründlich erhellt* – die Quintessenz der tantrischen Unterweisungen Je Tsongkhapas – und auch aus Je Tsongkhapas Kommentar zu den sechs Yogas von Naropa benutzt. Ich habe außerdem den Urtext des ersten Panchen Lama über Mahamudra *Der Hauptpfad der Eroberer* und den Autokommentar dazu *Lampe der Wiedererhellung* sowie Mahamudra-Texte von Kachen Yeshe Gyaltsän und Keutsang sowie viele andere authentische Werke über das Geheime Mantra hinzugezogen. Weil ich die Unterweisungen solch großer Lehrer integriert habe, gibt es Grund zur Hoffnung, daß dieses gegenwärtige Buch von beträchtlichem Nutzen sein wird.

Um reine Realisationen des Mahamudras zu erlangen, reicht es nicht, diese Anweisungen nur zu lesen. Zuerst müssen wir uns in den Stufen des Pfades schulen, die sowohl Sutra als auch Tantra gemeinsam sind, indem wir uns auf Texte wie *Freudvoller Weg* verlassen, und wir müssen die verschiedenen Vorbereitungen praktizieren, um Hindernisse zu beseitigen und Verdienste anzusammeln. Haben wir einmal etwas Erfahrung in Entsagung, Bodhichitta und Leerheit realisierender Weisheit gewonnen, sollten wir eine Höchste

Yoga-Tantra Ermächtigung von einem qualifizierten Spirituellen Meister empfangen und dann danach streben, unsere Gelübde und Verpflichtungen rein einzuhalten. Daraufhin sollten wir uns in den Übungen der Erzeugungsstufe schulen und sollten, haben wir einmal etwas Erfahrung auf diesem Gebiet, einen qualifizierten Vajra-Meister bitten, uns Anweisungen über Vajrayana-Mahamudra zu geben. Wenn wir dann diese Anweisungen mit Vertrauen und Weisheit in die Praxis umsetzen, werden wir mit Sicherheit die Realisation der Vereinigung des Mahamudras erreichen.

Die großen Meister aller Traditionen des tibetischen Buddhismus haben betont, wie wichtig es ist, diese vorbereitenden Übungen auszuführen und eine makellose Motivation zu erzeugen, ehe wir versuchen, Vajrayana-Mahamudra zu praktizieren. Es ist äußerst wichtig, daß wir diese Übungen nicht mit einer unreinen Motivation wie dem Wunsch nach persönlichem Gewinn, einem guten Ruf und ähnlichem ausüben. Denn wie der Eroberer Vajradhara in den Tantras warnte, werden die Konsequenzen solcher Handlungen nur Leiden sein – Krankheit zum Beispiel oder ein kurzes Leben, geistige Verdunkelung oder eine Wiedergeburt in den niederen Bereichen. Deshalb sollten wir von Anfang an eine reine Bodhichitta-Motivation erzeugen und die Übungen des Vajrayana-Mahamudras mit der Absicht ausführen, ein Buddha zum Wohle aller Lebewesen zu werden.

Geshe Kelsang Gyatso,
Manjushri Centre
1982

Vajradhara

Einführung und Vorbereitungen

Es freut mich sehr, diese Gelegenheit zu haben, die Methode für die Praxis von Vajrayana Mahamudra gemäß der Mahayana-Tradition zu erklären. Diese Erklärung wird unter drei Hauptüberschriften gegeben:

1. Eine Einführung in die allgemeinen Pfade
2. Die Quelle der Überlieferungslinie, aus der diese Anweisungen abgeleitet wurden
3. Die eigentliche Erklärung der Anweisungen, die diese Überlieferungslinie besitzen

EINE EINFÜHRUNG IN DIE ALLGEMEINEN PFADE

Im *Leitfaden für die Lebensweise eines Bodhisattvas* sagt Shantideva:

> Indem wir uns auf diese bootsähnliche menschliche
> Form verlassen,
> Können wie den großen Ozean des Leidens
> überqueren.
> Da es schwierig sein wird, erneut ein solches Gefäß
> zu finden,
> Ist dies nicht die Zeit zu schlafen, du Dummkopf!

Samsara ist wie ein weiter Ozean, denn so wie aus dem Ozean Wellen entstehen, entsteht Leiden aus der Wiedergeburt in Samsara. Im Moment besitzen wir einen wertvollen menschlichen Körper, der das beste Gefährt ist, um diesen gefährlichen Ozean Samsaras zu überqueren. Wenn wir dieses kostbare Leben verschwenden würden, ohne den vollen Nutzen daraus zu ziehen, wären wir sehr dumm. Wir wären wie der Abenteurer, der eine lange Zeit darauf warten mußte, ein Boot zu finden, das ihn auf eine Schatzinsel brachte, der aber, nachdem er schließlich ein Boot gefunden hatte, einschlief, anstatt sofortigen Nutzen daraus zu ziehen. Wie dumm muß er sich vorgekommen sein, als er aufwachte und entdeckte, daß das lang ersehnte Gefährt weggetrieben worden war und er immer noch keine Möglichkeit besaß, zur Insel zu gelangen! Zur Zeit haben wir einen menschlichen Körper, der uns zur Insel der vollen Erleuchtung oder Buddhaschaft bringen kann. Es wäre wirklich tragisch, wenn wir diesen Körper mit den bedeutungslosen Aktivitäten dieses Lebens verschwenden würden, anstatt Nutzen daraus zu ziehen. Es wird nicht leicht sein, in der Zukunft erneut eine Gelegenheit wie diese zu finden.

Das höchste aller möglichen menschlichen Ziele ist die Erlangung der vollständigen Erleuchtung, eines endgültigen Zustandes des Friedens, in dem alle Behinderungen, die den Geist verdunkeln, entfernt worden sind und in dem alle guten Qualitäten wie Weisheit, Mitgefühl und geschickte Mittel voll entwickelt sind. Dieses endgültige Ziel können wir jedoch nicht erreichen, indem wir bloß darauf warten; wir müssen die angemessenen Methoden anwenden, die uns dorthin bringen.

Welches sind die Methoden, mit denen man den Frieden der vollen Erleuchtung erlangt? Es sind die Pfade von Sutra und Geheimem Mantra; es gibt keine dritte Methode. Von diesen beiden sind die Techniken, die im Geheimen Mantra enthüllt werden, denjenigen überlegen, die in den Sutras enthüllt werden. Das Geheime Mantra ist nicht nur der höchste Pfad zur vollen Erleuchtung, es ist auch äußerst selten. Wie Je Tsongkhapa sagte, sind die Unterweisungen des Geheimen Mantras sogar seltener als die Buddhas, denn nur der vierte (Buddha Shakyamuni), der elfte und der letzte der tausend Gründer-Buddhas, die während dieses glücklichen Äons erscheinen werden, werden die Pfade des Geheimen Mantras lehren.

Im Moment haben wir eine großartige Gelegenheit, diese seltenen und nützlichen Unterweisungen zu praktizieren.

Deshalb ist es wichtig, daß wir eine starke Absicht entwikkeln, sie rein zu praktizieren. Wenn die Mahayana-Unterweisungen aus dieser Welt verschwinden würden, hätten wir keine Gelegenheit, ein Buddha zu werden. Deshalb sollten wir uns diesen kostbaren Unterweisungen gewissenhaft widmen und versuchen, etwas Erfahrung damit zu gewinnen, solange wir noch Zugang haben.

Die Etymologie von Geheimem Mantra ist wie folgt: «Geheim» weist darauf hin, daß diese Methoden diskret praktiziert werden sollten. Wenn wir unsere Übungen zur Schau stellen, werden wir viele Behinderungen und negative Kräfte anziehen. Wir wären wie jemand, der offen und unbesonnen über ein kostbares Juwel in seinem Besitz spricht und dadurch die Aufmerksamkeit von Dieben auf sich zieht. «Mantra» bedeutet «Schutz für den Geist». Die Funktion des Geheimen Mantras ist es, uns zu ermöglichen, schnell auf den Stufen des spirituellen Pfades voranzuschreiten, indem wir unseren Geist vor gewöhnlichen Erscheinungen und gewöhnlichen Vorstellungen schützen.

Die Übungen und die Schriften des Geheimen Mantras werden auch das «Vajrayana» genannt. Hier bedeutet «Vajra» unzerstörbar, und «yana» bedeutet Fahrzeug. In diesem Zusammenhang bezieht sich «Vajra» auf die Unteilbarkeit von Methode und Weisheit, wobei die Methode Spontane Große Glückseligkeit und die Weisheit das fehlerlose Verständnis von Leerheit ist. Die Methode ist die Ursache für den Formkörper eines Buddhas, und die Weisheit ist die Ursache für den Wahrheitskörper. Die Vereinigung von Methode und Weisheit, die die Vereinigung von Spontaner Großer Glückseligkeit und Leerheit ist, gibt es nur im Geheimen Mantra. Sie ist der schnellste Weg, die zwei Körper eines Buddhas zu erlangen.

Je Tsongkhapa erklärte, daß eine authentische Praxis des Geheimen Mantras vier Merkmale besitzen muß, die als die «vier vollständigen Reinheiten» bekannt sind. Diese sind: vollständige Reinheit des Ortes, vollständige Reinheit des Körpers, vollständige Reinheit der Vergnügen und vollständige Reinheit der Taten. Die Praxis dieser vier vollständigen Reinheiten wird in den Sutra-Unterweisungen nicht enthüllt, sondern kann nur im Geheimen Mantra gefunden werden. Das Geheime Mantra unterscheidet sich von Sutra durch die Praxis, das zukünftige Resultat in den gegenwärtigen Pfad einzubringen. Obwohl wir noch nicht Erleuchtung erlangt haben, versuchen wir beispielsweise, wenn wir Geheimes Mantra praktizieren, gewöhnliche Erscheinungen und Vorstellungen zu vermeiden und statt dessen unsere Umgebung als das Mandala einer Gottheit zu visualisieren. Auf die gleiche Weise vermeiden wir die gewöhnliche Erscheinung unseres Körpers, unserer Vergnügen und unserer Taten und erzeugen uns an ihrer Stelle als Gottheit, visualisieren unsere Vergnügen als die eines Buddhas und praktizieren das Ausführen erleuchteter Taten. Durch solche Übungen können wir den resultierenden Zustand der Buddhaschaft sehr rasch erlangen. Diese vier Übungen sind sowohl für die Erzeugungsstufe als auch für die Vollendungsstufe des Geheimen Mantras wesentlich und bilden somit die Grundlage für die in diesem Buch dargelegten Unterweisungen, wie zum Beispiel die Anweisungen über Inneres Feuer (Tib. Tummo).

Das Geheime Mantra hat vier Ebenen: Handlungs-Tantra, Ausführungs-Tantra, Yoga-Tantra und Höchstes Yoga-Tantra. Handlungs-Tantra betont in erster Linie äußere Handlungen, Ausführungs-Tantra betont äußere und innere Handlungen gleich stark, Yoga-Tantra betont vor allem innere Handlungen und Höchstes Yoga-Tantra ist die höchste Klasse des Tantras.

Alle vier Ebenen des Geheimen Mantras wandeln große Glückseligkeit in den spirituellen Pfad um, aber die Methoden der Umwandlung unterscheiden sich jeweils gemäß der Ebene, die praktiziert wird. Im Handlungs-Tantra erzeugt der Meditierende Glückseligkeit, indem er eine visualisierte Göttin anschaut und dann diese Glückseligkeit in den Pfad umwandelt. Im Ausführungs-Tantra erzeugt der Meditierende Glückseligkeit, indem er selbst und die Göttin sich anlächeln, und im Yoga-Tantra, indem er ihre Hand hält und so fort. Im Höchsten Yoga-Tantra erzeugt der Meditierende Große Glückseligkeit, indem er sich die sexuelle Vereinigung mit einer Gefährtin vorstellt, und in fortgeschrittenen Stufen, indem er die tatsächliche Vereinigung ausführt, und dann wandelt er diese Glückseligkeit in den spirituellen Pfad um. Es sollte jedoch beachtet werden, daß es sehr schwierig ist, Große Glückseligkeit als Methode zu benutzen, um Erleuchtung zu erlangen, und wir haben, wenn wir dazu fähig sind, tatsächlich eine großartige Erlangung erzielt. Wie der große Mahasiddha Saraha sagte: «Alle finden die sexuelle Vereinigung erregend, aber sehr wenige können diese Glückseligkeit in den spirituellen Pfad umwandeln.»

Generell wird im Buddhismus gelehrt, daß Anhaftung eine Verblendung ist, die vermieden und schließlich aufgegeben werden sollte, aber im Geheimen Mantra gibt es eine Methode, Anhaftung in den spirituellen Pfad umzuwandeln. Um diese Methode jedoch praktizieren zu können, müssen wir sehr geschickt sein. In dieser Praxis benutzen wir Anhaftung, um Große Glückseligkeit zu erzeugen und benutzen dann diesen Geist der Großen Glückseligkeit, um über Leerheit zu meditieren. Nur wenn wir dies tun können, ist es eine Umwandlung von Anhaftung. Anhaftung allein kann nicht direkt als ein Pfad benutzt werden, weil sie eine Verblendung ist, und sogar im Geheimen Mantra muß sie schließlich aufgegeben werden. In der authentischen Praxis des Geheimen Mantras meditiert die durch Anhaftung erzeugte Glückseligkeit über Leerheit und überwindet dadurch alle Verblendungen, einschließlich der Anhaftung selbst. Dies ist mit einem Feuer vergleichbar, das durch Aneinanderreiben von zwei Holzstücken erzeugt wird und schließlich das Holz vernichtet, aus dem es entstanden ist.

Für diejenigen, die ungeschickt sind oder deren Geist nicht geschult ist, sind solche Transformationsübungen unmöglich. Aus diesem Grund sagten die Yogis und die großen Meditierenden der Vergangenheit, daß man, um die

Realisationen des Geheimen Mantras zu erlangen, zuerst den Geist durch die Schulung in den Stufen des Pfades von Sutra unter Kontrolle bringen sollte. Ohne dieses feste Fundament errichtet zu haben, ist es absolut unmöglich, eine reine Erfahrung des Geheimen Mantras zu erlangen.

Es kann sowohl für den Spirituellen Meister als auch für den Schüler oder die Schülerin gefährlich sein, diese Anweisungen des Geheimen Mantras zu enthüllen, wenn entweder der eine oder der andere nicht qualifiziert ist. Zumindest sollten beide eine angemessene Motivation haben. Ein Lehrer oder eine Lehrerin sollte diese Methode nur aus der großen mitfühlenden Absicht heraus enthüllen, den heiligen Dharma zum Wohle anderer zu verbreiten. Diese Methoden aus Anhaftung an das Glück dieses Lebens zu enthüllen – dem Wunsch nach Ruhm, nach Geschenken und so fort – wäre eine Ursache für eine Wiedergeburt in der tiefsten Hölle.

Es wäre auch gefährlich für den Schüler oder die Schülerin, die Ermächtigung und die Anweisungen des Geheimen Mantras zu empfangen, wenn er oder sie nicht danach strebt, die Gelübde und Verpflichtungen einzuhalten, wenn er oder sie nur ein Anwachsen des Ruhmes, des Besitzes und so fort wünscht, oder wenn er oder sie bloß Informationen für akademische Zwecke sammeln will. Alle diese oder ähnliche Formen weltlicher Motivation würden zu nichts anderem als zukünftigem Leiden führen.

Es ist deshalb sehr wichtig, daß sowohl der Spirituelle Meister als auch der Schüler oder die Schülerin einen kontrollierten Geist und eine makellose Motivation haben. Selbst wenn wir uns Buddhisten nennen und jeden Tag Zuflucht zu den Drei Juwelen nehmen, sind diese Qualifikationen allein ungenügend für die Praxis des Geheimen Mantras. Wir müssen außerdem die höchstmögliche Motivation erzeugen – den kostbaren Geist des Bodhichittas – und uns ausschließlich dem Wohle anderer widmen. Deshalb sollten wir jedesmal, wenn wir über das Geheime Mantra meditieren, damit beginnen, Bodhichitta zu erzeugen, während wir das folgende Gebet rezitieren:

Zum Wohle aller fühlenden Wesen
Werde ich den Nektar dieser Anweisungen trinken,
Damit ich innerhalb dieses Lebens Buddhaschaft erlangen möge
Durch den tiefgründigen Pfad des Geheimen Mantras.

Es folgt nun eine Einführung in Mahamudra im allgemeinen und zu diesem Text im besonderen. Mahamudra ist ein Sanskrit-Bergriff und besteht aus zwei Teilen: «maha» bedeutet «groß» und «mudra» bedeutet «Siegel». Im Mahamudra-System von Sutra bezieht sich großes Siegel auf Leerheit. Im *Sutra König der Konzentration* sagt Buddha:

«Die Natur aller Phänomene ist das große Siegel.»

Hier bezieht sich «Natur» auf die endgültige Natur aller Phänomene, und diese ist ihre Leerheit oder ihr Fehlen von inhärenter Existenz. Diese Leerheit wir das «große Siegel» genannt, weil sich Phänomene nie vom Zustand des Fehlens von inhärenter Existenz entfernen. Generell machen alle Buddhisten vier Sichtweisen geltend:

(1) Alles Erzeugte ist unbeständig
(2) Alle verunreinigten Dinge sind von der Natur des Leidens
(3) Alle Phänomene sind selbst-los
(4) Nur Nirvana ist Frieden

Weil diese Sichtweisen unwiderlegbar sind, werden sie die «vier Siegel» genannt. Das dritte dieser Siegel ist als das «große Siegel» bekannt. Da Leerheit die Natur aller Phänomene ist, wird sie ein «Siegel» genannt, und da eine direkte Realisation von Leerheit uns befähigt, das große Ziel zu erreichen – die vollständige Befreiung von den Leiden Samsaras – wird sie auch «groß» genannt.

Im vorliegenden Text wird die Mahamudra-Meditation nicht gemäß dem System von Sutra erklärt, sondern gemäß der Vollendungsstufe des Höchsten Yoga-Tantras. In diesem System bezieht sich «groß» auf Spontane Große Glückseligkeit und «Siegel» auf Leerheit. Deshalb ist im Geheimen

Mantra Mahamudra die Vereinigung von Spontaner Großer Glückseligkeit und Leerheit.

Gemäß dem Geheimen Mantra ist Mahamudra in zwei Stufen unterteilt: in Ursache-Zeit-Mahamudra und Ergebnis-Zeit-Mahamudra. Ursache-Zeit ist die Zeit, die auf dem Pfad, der zur vollen Erleuchtung führt, aufgewendet wird, und deshalb ist Ursache-Zeit-Mahamudra das Mahamudra, das vor dem Erlangen der Buddhaschaft praktiziert wird. Ergebnis-Zeit-Mahamudra ist die Vereinigung des Nicht-mehr-Lernens, und das ist der eigentliche Zustand der Buddhaschaft.

Ursache-Zeit-Mahamudra ist in zwei aufeinanderfolgende Stufen unterteilt: das Mahamudra, das die Vereinigung von Spontaner Großer Glückseligkeit und Leerheit ist, und das Mahamudra, das die Vereinigung der zwei Wahrheiten ist. Die erste Vereinigung findet statt, wenn der Subjekt-Geist von Spontaner Großer Glückseligkeit Leerheit als sein Objekt realisiert. Das Objekt, Leerheit, ist das gleiche in Sutra und Tantra; was anders ist, ist der Geist, der diese Leerheit realisiert. Es ist der Subjekt-Geist der Spontanen Großen Glückseligkeit, der die Überlegenheit der Geheimen-Mantra-Meditation gegenüber der Sutra-Meditation ausmacht. Leerheit mit dem Geist Spontaner Großer Glückseligkeit zu realisieren ist die schnellste Methode, volle Erleuchtung zu erlangen.

Es sollte beachtet werden, daß die Spontane Große Glückseligkeit der Vollendungsstufe des Geheimen Mantras nicht das gleiche ist wie das gewöhnliche Vergnügen, das auf dem Höhepunkt der sexuellen Vereinigung erfahren wird. Spontane Große Glückseligkeit wird nur erfahren, wenn wir durch die Kraft der Meditation bewirken, daß die Winde in den Zentralkanal eintreten, dort verweilen und sich darin auflösen, und daß als Ergebnis der weiße Tropfen schmilzt und durch den Zentralkanal fließt. Das Benutzen Spontaner Großer Glückseligkeit für die Realisation von Leerheit war die essentielle Herzpraxis der großen Meister des Geheimen Mantras im alten Indien, wie zum Beispiel Saraha, Nagarjuna, Tilopa, Naropa und Maitripa, und auch der großen tibetischen Meister wie Marpa, Milarepa, Gampopa und Je Tsongkhapa. Es ist auch heute noch so wie früher: der höchste Pfad zur vollkommenen Erleuchtung des Meditierenden des Geheimen Mantras ist die Vereinigung von Spontaner Großer Glückseligkeit und Leerheit.

Die zweite Stufe des Ursache-Zeit-Mahamudras ist das Mahamudra, das die Vereinigung der zwei Wahrheiten ist, der konventionellen und der endgültigen Wahrheit. In diesem Zusammenhang ist der reine Illusorische Körper als konventionelle Wahrheit und das Sinn-Klare-Licht als endgültige Wahrheit bekannt. Das gleichzeitige Zusammenfügen dieser zwei Wahrheiten im Geisteskontinuum einer Person ist als das Mahamudra bekannt, das die Vereinigung der zwei Wahrheiten ist. Dieses Mahamudra ist die gereifte Frucht des Mahamudras, das die Vereinigung von Glückseligkeit und Leerheit ist. Das Ursache-Zeit-Mahamudra enthält deshalb sowohl eine Ursache als auch ein Ergebnis. Durch die Kraft der Vollendung dieses zweistufigen Ursache-Zeit-Mahamudras werden wir das Ergebnis-Zeit-Mahamudra oder die eigentliche Buddhaschaft erlangen, die die sieben herausragenden Qualitäten der Umarmung besitzt. Dies beschließt die Erklärung der allgemeinen Pfade des Geheimen Mantras.

DIE QUELLE DER ÜBERLIEFERUNGSLINIE, AUS DER DIESE ANWEISUNGEN ABGELEITET WURDEN

Alle Meditationen, die im vorliegenden Text enthalten sind, stammen von Eroberer Vajradhara und den großen Meistern des Geheimen Mantras des alten Indiens. Diese Techniken wurden von den indischen Meistern an die tibetischen Meister überliefert, und wurden in einer ungebrochenen Überlieferungslinie an die gegenwärtigen Lehrer weitergegeben, vom spirituellen Vater zum spirituellen Sohn.

Obschon Mahamudra-Meditationen von den alten indischen Meistern praktiziert wurden, ist das besondere System des Mahamudras, das hier dargestellt wird, eine «nahe» Überlieferungslinie, die vom Eroberer Vajradhara an

Manjushri

den Weisheits-Buddha Manjushri vermittelt wurde, der sie wiederum direkt an Je Tsongkhapa weitergab. Somit war Je Tsongkhapa der erste menschliche Meister in dieser besonderen Überlieferungslinie.

Die Gurus der nahen Überlieferungslinie des Vajrayana-Mahamudras sind die folgenden:

Vajradhara
Manjushri
Je Tsongkhapa
Togdän Jampäl Gyatso
Baso Chökyi Gyaltsän
Drubchen Dharmavajra
Gyalwa Ensäpa
Khädrub Sangye Yeshe
Panchen Losang Chökyi Gyaltsän
Drubchen Gendun Gyaltsän
Drungpa Tsöndru Gyaltsän
Könchog Gyaltsän
Panchen Losang Yeshe
Losang Trinlay
Drubwang Losang Namgyal
Kachen Yeshe Gyaltsän
Phurchog Ngawang Jampa
Panchen Palden Yeshe
Khädrub Ngawang Dorje
Ngulchu Dharmabhadra
Yangchän Drubpay Dorje
Khädrub Tendzin Tsöndru
Dorjechang Phabongkha Trinlay Gyatso
Yongdzin Dorjechang Losang Yeshe
Dorjechang Kelsang Gyatso Rinpoche

In jüngster Zeit wurde diese Überlieferungslinie von Trinlay Gyatso gehalten, der besser bekannt ist als Phabongkha Rinpoche, eine Ausstrahlung der tantrischen Gottheit Heruka. Dieser große Lama war wie die Sonne des Dharmas, der die verborgene Bedeutung sowohl von Sutra als auch von Geheimem Mantra beleuchtete. Er übergab die Mahamudra-Überlieferungslinie an seinen Herzenssohn, Yongdzin Trijang Dorjechang, und durch die Güte und Autorität dieses heiligen Spirituellen Meisters erscheint der gegenwärtige Text.

Die *Bittgebete an die Gurus der Mahamudra-Überlieferungslinie* können im Anhang II gefunden werden. Wenn wir aufrichtig daran interessiert sind, die in diesem Buch erklärten Meditationen zu studieren und zu praktizieren, sollten wir die Segnungen der Mahamudra-Überlieferungslinien-Gurus empfangen, indem wir ein Mandala darbringen und dieses Gebet rezitieren. Da die erfolgreiche Praxis in hohem Maße von den Segnungen und Inspirationen der Spirituellen Meister abhängt, wird der weise Schüler diesen Rat nicht vernachlässigen.

DIE EIGENTLICHE ERKLÄRUNG DER ANWEISUNGEN, DIE DIESE ÜBERLIEFERUNGSLINIE BESITZEN

Diese Anweisungen werden unter drei Überschriften gegeben:

1. Die vorbereitenden Übungen
2. Die eigentliche Praxis
3. Die abschließenden Stufen

DIE VORBEREITENDEN ÜBUNGEN

Um die Übungen des Mahamudras erfolgreich auszuführen, müssen wir zwei Arten von Vorbereitungen vollenden:

1. Die allgemeinen vorbereitenden Übungen
2. Die außergewöhnlichen vorbereitenden Übungen

DIE ALLGEMEINEN VORBEREITENDEN ÜBUNGEN

Diese Übungen bereiten uns auf die fortgeschritteneren Techniken des Geheimen Mantras vor. Sie reinigen die verschiedenen Hindernisse und Verunreinigungen von Körper,

Rede und Geist und beseitigen dadurch Behinderungen, die eine erfolgreiche Praxis stören würden. Sie dienen weiter dazu, einen Vorrat an positiver Energie oder Verdiensten zu erzeugen, und dadurch ist es möglich, daß Realisationen der fortgeschritteneren Übungen in unserem Geist reifen.

Dieser Vorgang der Reinigung und des Ansammelns von Verdiensten kann mit der Art und Weise verglichen werden, wie ein Bauer ein Feld zur Bebauung vorbereitet: Zuerst entfernt er die Steine und das Unkraut, die das Wachstum behindern, und dann nährt er den Boden mit Wasser, Dünger und so fort. Genau wie diese Vorkehrungen eine erfolgreiche Ernte garantieren, so garantiert die richtige Praxis der Vorbereitungen eine erfolgreiche Meditation des Geheimen Mantras.

Es gibt vier allgemeine Vorbereitungen:

1. Der Führer der Zufluchtnahme und des Erzeugens von Bodhichitta, das Tor zum Buddhadharma und zum Mahayana
2. Der Führer der Mandala-Darbringungen, das Tor zur Ansammlung von Verdiensten
3. Der Führer der Meditation und Rezitation des Vajrasattva, das Tor zur Reinigung von Negativität und Übertretungen
4. Der Führer des Guru-Yogas, das Tor zum Empfangen von Segnungen

Es würde zu weit führen, diese vier Vorbereitungen an dieser Stelle zu erklären. Wer ernsthaft an der Mahamudra-Praxis interessiert ist, sollte authentische Erklärungen dieser Formen der Praxis beiziehen, wie sie zum Beispiel in *Führer ins Dakiniland* enthalten sind, und diese Anweisungen gewissenhaft anwenden.

DIE AUSSERGEWÖHNLICHEN VORBEREITENDEN ÜBUNGEN

Wie bereits erwähnt, besteht die Meditation des Höchsten Yoga-Tantras aus zwei Teilen: der Erzeugungsstufe und der

Vollendungsstufe. Die Techniken des Geheimen-Mantra-Mahamudras gehören zur Vollendungsstufe. Dieser gehen die verschiedenen Yogas der Erzeugungsstufe voran, die die außergewöhnlichen Vorbereitungen sind. Zu jeder Gottheit des Höchsten Yoga-Tantras gehört eine Praxis der Erzeugungsstufe. Eine ausführliche Erklärung dazu ist in Je Tsongkhapas *Große Darlegung der Stufen des Pfades des Geheimen Mantras* und in Khädrubjes *Ozean der Erlangungen* zu finden.

Die Erzeugungsstufe des Geheimen Mantras besteht nicht nur darin, sich selbst als eine bestimmte Gottheit zu erzeugen. Damit eine Praxis eine wirkliche Praxis der Erzeugungsstufe ist, müssen wir uns selbst als Gottheit erzeugen in Verbindung mit dem Yoga, die drei Körper in den Pfad zu bringen. Wenn wir Geheimes-Mantra-Mahamudra praktizieren wollen, aber die oben erwähnten Texte, in denen diese Yogas ausführlich erklärt werden, nicht studieren können, sollten wir zumindest kurze Anweisungen über die Erzeugungsstufe von einem qualifizierten tantrischen Meister erhalten. Um solche Anweisungen zu bekommen und sie zu praktizieren, müssen wir zuerst eine entsprechende Höchste-Yoga-Tantra-Ermächtigung empfangen.

Wenn wir zum Beispiel die Ermächtigung von Heruka erhalten haben, sollten wir die Erzeugungsstufe des *Heruka-Tantras* praktizieren, bevor wir Mahamudra ausüben. Wenn möglich sollten wir versuchen, die Erzeugungsstufe von Heruka gemäß dem Kommentar zu praktizieren, indem wir einem Sadhana wie *Der schnelle Pfad* folgen, das im Anhang II zu finden ist. Wenn dies nicht möglich ist, sollten wir zumindest versuchen, gemäß der folgenden, stark zusammengefaßten Methode zu praktizieren.

Wir beginnen, indem wir uns auf unser Meditationskissen setzen und dreimal rezitieren:

Auf ewig werde ich Zuflucht nehmen
Zu Buddha, Dharma und Sangha.
Zum Wohle aller Lebewesen
Werde ich Heruka werden.

Dann visualisieren wir:

> *Alle Welten und ihre Bewohner schmelzen zu blauem Licht, das sich dann in mich auflöst. Mein Körper schmilzt gleichzeitig von unten und oben allmählich zu Licht und wird schrittweise kleiner und kleiner, bis er sich in den blauen Buchstaben* HUM *bei meinem Herzen auflöst. Der Buchstabe* HUM *löst sich dann schrittweise von unten her in das Nada auf. Schließlich verschwindet sogar das Nada, indem es sich in Klares-Licht-Leerheit auflöst.*

Zu diesem Zeitpunkt denken wir mit tiefer Überzeugung, daß unser Geist und Herukas Geist ununterscheidbar vermischt sind wie Wasser gemischt mit Wasser. Wir richten uns auf diesen Klares-Licht-Wahrheitskörper und erzeugen göttlichen Stolz, indem wir denken:

> *Das bin ich; ich bin der Wahrheitskörper.*

Das ist die kurze Meditation, den Tod in den Pfad des Wahrheitskörpers zu bringen. Sie hat in erster Linie die Funktion, gewöhnliche Erscheinungen zu vermeiden, den gewöhnlichen Tod zu reinigen, das Reifen des Klaren Lichtes der Vollendungsstufe zu bewirken und den Samen zur Vollendung des eigentlichen Wahrheitskörpers eines Buddhas zu säen.

Jetzt visualisieren wir:

> *Aus dem Zustand der Leerheit des Wahrheitskörpers wandelt sich mein Geist augenblicklich um in einen kleinen Strahl blauen Lichtes so hoch wie ein Vorderarm. Er steht auf einem Sonnenkissen im Zentrum eines achtblättrigen mehrfarbigen Lotos.*

Wir denken:

> *Jetzt bin ich der Freudenkörper geworden,*

und wir entwickeln den göttlichen Stolz, der Freudenkörper zu sein. Dies ist die kurze Meditation, den Zwischenzustand in den Pfad des Freudenkörpers zu bringen. Sie hat in erster Linie die Funktion, den gewöhnlichen Zwischenzustand zu reinigen, das Reifen des Illusorischen Körpers der

Vollendungsstufe zu bewirken und den Samen zur Vollendung des eigentlichen Freudenkörpers eines Buddhas zu säen.

Wir fahren fort:

Augenblicklich wandelt sich mein Geist, in der Form eines blauen Lichtstrahls, in Heruka von blauer Farbe mit einem Gesicht und zwei Händen um, die einen Vajra und eine Glokke halten und Vajravarahi umarmen.

Wir denken:

Jetzt bin ich der Ausstrahlungskörper geworden,

und wir entwickeln den göttlichen Stolz, der Ausstrahlungskörper zu sein. Das ist die kurze Meditation, die Wiedergeburt in den Pfad des Ausstrahlungskörpers zu bringen. Sie hat in erster Linie die Funktion, gewöhnliche Wiedergeburt zu reinigen, die Übungen der Vollendungsstufe der Mischungen des Ausstrahlungskörpers zur Reife zu bringen und den Samen zur Vollendung des eigentlichen Ausstrahlungskörpers eines Buddhas zu säen. An dieser Stelle können wir über den Körper Herukas meditieren, oder wir können sein Mantra rezitieren. Wenn wir letzteres wählen, richten wir uns auf den Buchstaben HUM bei unserem Herzen und visualisieren das Mantra darum herum, während wir rezitieren.

Es gibt keine kürzere Praxis der Erzeugungsstufe als diese. Wir sollten die folgenden Mahamudra-Meditationen nur versuchen, wenn wir zumindest diese Praxis zuvor ausgeführt haben. Wenn wir eine andere persönliche Gottheit haben, wie Vajrayogini oder Yamantaka, können wir diese zusammengefaßte Praxis der Erzeugungsstufe auch ausführen, indem wir die entsprechenden Änderungen in bezug auf die Gottheit, die Farben, die Insignien und so fort vornehmen.

Kanäle, Winde und Tropfen

DIE EIGENTLICHE PRAXIS

Wie in der Einführung in die allgemeinen Pfade des Geheimen Mantras erklärt wurde, enthält die Praxis des Mahamudras drei Teile:

1. Wie das Mahamudra praktiziert wird, das die Vereinigung von Glückseligkeit und Leerheit ist
2. Wie das Mahamudra praktiziert wird, das die Vereinigung der zwei Wahrheiten ist
3. Wie das Mahamudra vollendet wird, das die resultierende Vereinigung des Nicht-mehr-Lernens ist, der Zustand, der die sieben herausragenden Qualitäten der Umarmung besitzt

WIE DAS MAHAMUDRA PRAKTIZIERT WIRD, DAS DIE VEREINIGUNG VON GLÜCKSELIGKEIT UND LEERHEIT IST

Diese erste Übung des Ursache-Zeit-Mahamudras wird in zwei Teilen dargestellt:

1. Eine Erklärung der Methode, den Objekt-Besitzer, Spontane Große Glückseligkeit, zu erzeugen
2. Eine Erklärung der Methode, das Objekt, Leerheit, korrekt zu realisieren

EINE ERKLÄRUNG DER METHODE, DEN OBJEKT-BESITZER, SPONTANE GROSSE GLÜCKSELIGKEIT, ZU ERZEUGEN

An der Erzeugung Spontaner Großer Glückseligkeit sind zwei Methoden beteiligt:

Je Tsongkhapa

1. Die Durchdringung der genauen Punkte des eigenen Körpers
2. Die Durchdringung der genauen Punkte des Körpers von jemand anderem

DIE DURCHDRINGUNG DER GENAUEN PUNKTE DES EIGENEN KÖRPERS

Dieses Thema ist in vier Teile gegliedert:

1. Die zehn Tore identifizieren, durch die die Winde in den Zentralkanal gelangen können
2. Der Grund, warum die Winde in den Zentralkanal gelangen können, indem die genauen Punkte durch diese Tore durchdrungen werden
3. Eine Erklärung ihrer verschiedenen Funktionen
4. Eine Erklärung der Stufen der Meditation über das Innere Feuer (Tummo) im besonderen

DIE ZEHN TORE IDENTIFIZIEREN, DURCH DIE DIE WINDE IN DEN ZENTRALKANAL GELANGEN KÖNNEN

Wir müssen die zehn Tore kennen, durch die die Winde in den Zentralkanal gelangen können, weil es unmöglich ist, Spontane Große Glückseligkeit zu erzeugen, ohne die Winde in den Zentralkanal zu bringen, und diese zehn Tore sind die einzigen Tore, durch die die Winde in den Zentralkanal eintreten können.

Außer zur Todeszeit und während des Schlafes gelangen die Winde gewöhnlich nicht in den Zentralkanal, es sei denn, wir führen die entsprechenden meditativen Übungen aus. Um mit einem Geist von Großer Glückseligkeit über Leerheit meditieren zu können, muß daher der oder die Praktizierende des Geheimen Mantras Spontane Große Glückseligkeit erzeugen, indem er oder sie die Winde absichtlich durch die Kraft einsgerichteter Konzentration durch irgendeines der zehn Tore in den Zentralkanal bringt.

Der Zentralkanal beginnt an der Stelle zwischen den Augenbrauen und zieht in einem Bogen zum Scheitel des Kopfes hinauf. Von dort geht er in gerader Linie zur Spitze des Geschlechtsorgans hinab. Die zehn Tore sind entlang dem Zentralkanal folgendermaßen angeordnet:

(1) Das obere Ende des Zentralkanals: die Stelle zwischen den Augenbrauen
(2) Das untere Ende: die Spitze des Geschlechtsorgans
(3) Das Zentrum des Scheitelkanalrades: am höchsten Punkt des Schädels gelegen
(4) Das Zentrum des Halskanalrades: nahe der Rückseite des Halses gelegen
(5) Das Zentrum des Herzkanalrades: zwischen den zwei Brüsten gelegen
(6) Das Zentrum des Nabelkanalrades
(7) Das Zentrum des Kanalrades der geheimen Stelle: vier Finger breit unterhalb des Nabels
(8) Das Zentrum des Juwelenkanalrades: im Zentrum des Geschlechtsorgans gelegen, in der Nähe seiner Spitze
(9) Das Rad des Windes: das Zentrum des Stirnkanalrades mit sechs Speichen
(10) Das Rad des Feuers: das Zentrum des Kanalrades, das in der Mitte zwischen Hals- und Herzkanalrad gelegen ist und drei Speichen hat

So wie wir ein Haus durch irgendeine der Türen, die von außen hineinführen, betreten können, so können die Winde durch irgendeines der zehn Tore in den Zentralkanal gelangen.

Um die genauen Punkte unseres eigenen Körpers zu durchdringen, müssen wir uns auf die Kanäle, die Winde und die weißen und roten Tropfen konzentrieren. In den tantrischen Schriften werden diese drei oft als der «Vajra-Körper» bezeichnet. Der eigentliche Vajra ist Spontane Große Glückseligkeit, die in Abhängigkeit von den Kanälen, Winden und Tropfen entsteht. Hier wird das zukünftige

Resultat in die Gegenwart gebracht, indem der Name des Ergebnisses auf seine Ursachen zugeschrieben wird; daher der Name «Vajra-Körper». Wenn wir über den Vajra-Körper meditieren wollen, benötigen wir ein klares Verständnis der stationären Kanäle, der sich bewegenden Winde und der enthaltenen Tropfen. Diese werden jetzt im Detail erklärt.

DIE STATIONÄREN KANÄLE

Es gibt drei Hauptkanäle: der Zentralkanal, der rechte und der linke Kanal. Der Zentralkanal gleicht dem Stock eines Schirmes, der die Mitte jedes Kanalrades durchläuft; und der rechte und der linke Kanal verlaufen beidseitig des Zentralkanals. Der Zentralkanal ist hellblau und hat vier Merkmale: (1) er ist sehr gerade wie der Stamm eines Bananenbaumes; (2) innen ist er von ölig roter Farbe wie reines Blut; (3) er ist sehr klar und durchscheinend wie eine Kerzenflamme, und (4) er ist sehr weich und flexibel wie ein Lotosblütenblatt.

Der Zentralkanal befindet sich genau in der Mitte zwischen der rechten und linken Körperhälfte, liegt aber näher an der Hinterseite als an der Vorderseite. Unmittelbar vor der Wirbelsäule befindet sich der Lebenskanal, der ziemlich dick ist, und vor diesem befindet sich der Zentralkanal. Wie bereits erwähnt, beginnt er an der Stelle zwischen den Augenbrauen und zieht in einem Bogen zum Scheitel des Kopfes hinauf und geht in einer geraden Linie zur Spitze des Geschlechtsorgans hinab. Am geläufigsten ist der Name Zentralkanal, doch er ist auch als die «zwei Aufgaben» bekannt, weil das Sammeln der Winde in diesem Kanal bewirkt, daß die negative Aktivität aufgegeben wird, die mit den Winden des rechten und linken Kanals verbunden ist. Er ist zudem als «Geistkanal» und als «Rahu» bekannt.

Auf jeder Seite des Zentralkanals befinden sich ohne jeden Zwischenraum der rechte und der linke Kanal. Der rechte Kanal ist rot und der linke weiß. Der rechte Kanal beginnt vorne am rechten Nasenloch und der linke beginnt vorne am linken Nasenloch. Von dort verlaufen beide in einem Bogen neben dem Zentralkanal zum Scheitel des Kopfes hinauf. Vom Scheitel des Kopfes bis zum Nabel sind diese drei Kanäle gerade und verlaufen nebeneinander. Unterhalb des Nabels biegt der linke Kanal ein wenig nach rechts, trennt sich etwas vom Zentralkanal, und verbindet sich an der Spitze des Geschlechtsorgans wieder mit diesem. Dort hat er die Funktion, Sperma, Blut und Urin zu halten und auszuscheiden. Der rechte Kanal biegt unterhalb des Nabels ein wenig nach links und endet am Anus, wo er die Funktion hat, Fäkalien und so fort zu halten und auszuscheiden.

Andere Namen für den rechten Kanal sind der «Sonnenkanal», der «Sprachkanal» und der «Kanal des Subjekt-Halters». Der letzte Name weist darauf hin, daß die Winde, die durch diesen Kanal fließen, die Erzeugung von Vorstellungen bewirken, die unter dem Aspekt des Subjekt-Geistes entwickelt werden. Andere Namen für den linken Kanal sind der «Mondkanal», der «Körperkanal» und der «Kanal des gehaltenen Objektes», wobei der letzte Name darauf hinweist, daß die Winde, die durch diesen Kanal fließen, die Erzeugung von Vorstellungen bewirken, die unter dem Aspekt des Objekts entwickelt werden.

Der rechte und der linke Kanal schlingen sich an verschiedenen Stellen um den Zentralkanal herum und bilden dabei die sogenannten Kanalknoten. Die vier Stellen, an denen diese Knoten auftreten, sind in aufsteigender Reihenfolge das Nabelkanalrad, das Herzkanalrad, das Halskanalrad und das Scheitelkanalrad. Außer beim Herzen ist an allen diesen Stellen ein zweifacher Knoten, der durch eine einfache Windung des rechten und eine einfache Windung des linken Kanals gebildet wird. Während der rechte und der linke Kanal zu diesen Stellen aufsteigen, schlingen sie sich um den Zentralkanal herum, indem sie sich vorne kreuzen und sich dann um ihn winden. Dann gehen sie weiter aufwärts auf die Höhe des nächsten Knotens. Beim Herzen geschieht das gleiche, außer daß sich hier ein sechsfacher Knoten befindet, der durch drei sich überlappende Windungen von jedem der flankierenden Kanäle gebildet wird.

Die vier Stellen, an denen diese Knoten auftreten, sind vier der sechs Hauptkanalräder. Da es später wichtig sein wird, daß man diese Kanalräder deutlich visualisieren kann, werden sie hier kurz erklärt. Bei jedem der sechs Hauptkanalräder zweigt eine unterschiedliche Anzahl von Speichen oder Blütenblättern vom Zentralkanal ab, so wie die Rippen eines Schirmes vom zentralen Stock abzuzweigen scheinen. Somit sind am Scheitelkanalrad – man kennt es als das «Rad der Großen Glückseligkeit» – zweiunddreißig solche Blütenblätter oder Kanalspeichen, alle von weißer Farbe. Das Zentrum ist dreieckig und die Spitze weist nach vorne. (Von oben gesehen, bezieht sich dies auf die Form des geschlungenen Knotens, durch den die Speichen austreten.) Diese zweiunddreißig Speichen sind nach unten gebogen wie die Rippen eines aufrecht stehenden Schirmes. Eine Beschreibung des Scheitelkanalrades und der drei anderen Hauptkanalräder, wo Knoten auftreten, ist in Tabelle 1 zu finden.

Tabelle 1 Die vier Hauptkanalräder

Ort	*Name*	*Form des Zentrums*	*Anzahl der Speichen*	*Farbe*	*Richtung der Biegung*
Scheitel	Rad der Großen Glückseligkeit	dreieckig	32	weiß	abwärts
Hals	Rad des Genusses	rund	16	rot	aufwärts
Herz	Dharma-Rad	rund	8	weiß	abwärts
Nabel	Ausstrahlungsrad	dreieckig	64	rot	aufwärts

Diese vier Kanalräder enthalten insgesamt hundertzwanzig Speichen. Von den verbleibenden zwei größeren Kanalrädern hat das Kanalrad an der geheimen Stelle zweiunddreißig rotfarbene Speichen, die sich abwärts biegen, und das Juwelenkanalrad hat acht weiße Speichen, die sich aufwärts biegen. Es sollte zudem beachtet werden, daß gemäß einigen Texten die Speichen am Scheitel, Nabel und an der geheimen Stelle mehrfarbig visualisiert werden können.

Da das Herzkanalrad besonders wichtig ist, wird es nun ausführlich beschrieben. Seine acht Speichen oder Blütenblätter sind in den Haupt- und Zwischenrichtungen angeordnet, wobei Osten vorne ist. In jeder Speiche fließt in erster Linie der tragende Wind eines speziellen Elementes, wie es in Tabelle 2 aufgeführt ist (Seite 27).

Von jedem dieser acht Blütenblätter oder Kanalspeichen des Herzens zweigen drei Kanäle ab, im ganzen sind es also vierundzwanzig Kanäle. Das sind die Kanäle der vierundzwanzig Stellen. Sie sind in drei Gruppen von je acht Kanälen eingeteilt: die Kanäle des Geistrades, die blau sind und hauptsächlich Winde enthalten; die Kanäle des Rederades, die rot sind und meistens rote Tropfen enthalten; und die Kanäle des Körperrades, die weiß sind und meistens weiße Tropfen enthalten. Jeder Kanal geht zu einer unterschiedlichen Stelle im Körper. Diese sind die vierundzwanzig inneren Stellen. Wenn wir das ausführliche Sadhana von Heruka praktizieren, visualisieren wir die Gottheiten des Körper-Mandalas an diesen Stellen.

Die äußeren Spitzen der acht Kanäle des Geistrades enden an: (1) Haaransatz, (2) Scheitel, (3) rechtem Ohr, (4) Nacken, (5) linkem Ohr, (6) Braue (der Stelle zwischen den Augenbrauen), (7) beiden Augen und (8) beiden Schultern. Diejenigen des Rederades enden an: (9) beiden Achselhöhlen, (10) beiden Brüsten, (11) Nabel, (12) Nasenspitze, (13) Mund, (14) Hals, (15) Herzen (dem Gebiet in der Mitte zwischen den zwei Brüsten), und (16) beiden Hoden oder beiden Seiten der Vagina. Schließlich enden diejenigen des Körperrades an: (17) der Spitze des Geschlechtsorgans, (18) Anus, (19) beiden Oberschenkeln, (20) beiden Waden, (21) den acht Fingern und acht kleinen Zehen, (22) den oberen Teilen der Füße, (23) beiden Daumen und beiden großen Zehen und (24) beiden Knien.

Jeder dieser vierundzwanzig Kanäle teilt sich in drei Äste, die sich durch die Hauptelemente – Winde, rote Tropfen und weiße Tropfen – unterscheiden, die durch sie fließen. Jeder dieser zweiundsiebzig Kanäle verzweigt sich dann weiter in tausend, womit es im ganzen zweiundsiebzigtausend Kanäle gibt. Es ist für einen Praktizierenden des Geheimen Mantras wichtig, mit der Anordnung der Kanäle vertraut zu sein, weil, wie später erklärt wird, durch den Gewinn der Kontrolle über die Winde und Tropfen, die durch diese Kanäle fließen, die Vereinigung von Spontaner Großer Glückseligkeit und Leerheit erreicht wird.

Die Winde im Körper einer gewöhnlichen Person fließen, mit Ausnahme des Zentralkanals, durch die meisten dieser Kanäle. Weil diese Winde unrein sind, sind die verschiedenen Geistesarten, die sie tragen, ebenfalls unrein, und solange diese Winde weiter durch die peripheren Kanäle fließen, werden sie fortfahren, die verschiedenen negativen Vorstellungen zu tragen, die uns in Samsara gefangen halten. Durch die Kraft der Meditation können diese Winde jedoch in den Zentralkanal gebracht werden, wo sie nicht länger die Entwicklung von groben Vorstellungen dualistischer Erscheinung tragen können. Mit einem von dualistischen Erscheinungen befreiten Geist können wir eine direkte Realisation der endgültigen Wahrheit, der Leerheit, gewinnen. Eine detailliertere Erklärung dieser Visualisation und der Mittel zur Kontrolle der Kanäle, Winde und Tropfen wird später gegeben.

Den vierundzwanzig inneren Stellen des Körper-Mandalas von Heruka entsprechen die «vierundzwanzig äußeren Stätten», die sich an verschiedenen Örtlichkeiten in dieser Welt befinden. Praktizierende mit reinem Karma können diese äußeren Orte von Heruka als Reine Länder sehen. Menschen mit unreinem Karma aber sehen bloß gewöhnliche Orte.

Togdän Jampäl Gyatso

Tabelle 2 Die Speichen des Herzkanalrades

Richtung	*Tragender Wind*
Ost	des Erdelementes
Nord	des Windelementes
West	des Feuerelementes
Süd	des Wasserelementes
Südost	des Formelementes
Südwest	des Geruchelementes
Nordwest	des Geschmackelementes
Nordost	des Tastelementes

DIE SICH BEWEGENDEN WINDE

Im Gegensatz zu den stationären Kanälen sind die inneren Winde bekannt als die «sich bewegenden Winde», weil sie durch die Kanäle fließen. Es gibt Leute, die glauben, daß nur Flüssigkeiten wie Blut durch die Kanäle des Körpers fließen, aber dem ist nicht so. Tatsächlich sind diese Flüssigkeiten nur wegen der Bewegung der Winde in der Lage, im Körper zu zirkulieren. Wenn es die Bewegung der Winde nicht gäbe, könnten die anderen Zirkulationssysteme nicht funktionieren. Man sollte sich jedoch bewußt sein, daß diese inneren Winde viel subtiler sind als äußere Luft.

Es gibt fünf Ursprungs- und fünf Zweigwinde. Die Ursprungswinde sind:

(1) Der lebenserhaltende Wind
(2) Der nach unten entleerende Wind
(3) Der sich nach oben bewegende Wind
(4) Der gleichmäßig verweilende Wind
(5) Der durchdringende Wind

Die fünf Zweigwinde sind:

(6) Der sich bewegende Wind
(7) Der sich intensiv bewegende Wind
(8) Der sich vollkommen bewegende Wind
(9) Der sich kräftig bewegende Wind
(10) Der sich mit Sicherheit bewegende Wind

Jeder der fünf Ursprungswinde hat sechs Merkmale, durch die er erkannt werden kann: (1) seine Farbe, (2) seine mit ihm verbundene Buddha-Familie, (3) ein Element, für das er als Träger dient, (4) sein Hauptsitz oder grundsätzlicher Aufenthaltsort, (5) seine Funktion (6) und seine Richtung (wie er die Nasenlöcher während der Ausatmung verläßt). Diese sind in Tabelle 3 zusammengefaßt (Seite 29).

Wenn wir mit diesen Eigenschaften vertraut werden, werden wir erkennen können, welche Winde fließen. Diese Fähigkeit wird auf einer späteren Stufe der Meditation wichtig sein. Wie oben erwähnt, dient jeder Ursprungswind als Träger eines bestimmten Elementes. Der erste Wind, der auch der «Wind des Wasserelementes» genannt wird, ist verantwortlich für die Vermehrung von Blut, Sperma und anderen Körperflüssigkeiten. In ähnlicher Weise ist der zweite Wind, der «Wind des Erdelementes», verantwortlich für das Wachstum der Knochen, Zähne und Nägel; der dritte Wind, der «Wind des Feuerelementes», erhöht die Körperwärme; der vierte Wind, der «Wind des Windelementes», verstärkt den Fluß des Windelementes durch die Kanäle; und der fünfte Wind, der «Wind des Raumelementes», bewirkt eine Größenzunahme der inneren Räume und Höhlen des Körpers und ist deshalb mit dem Wachstum verbunden.

Die fünf Zweigwinde werden so bezeichnet, weil sie alle vom lebenserhaltenden Wind abzweigen, der sich im Herzzentrum aufhält. Sie fließen alle zum Tor einer bestimmten Sinneskraft und befähigen dadurch das Gewahrsein, das mit dieser Kraft verbunden ist, sich zu seinem entsprechenden Objekt zu bewegen. Die Farbe und die Funktion jedes Zweigwindes sind in Tabelle 4 (Seite 30) zusammengefaßt.

Tabelle 3 Die Ursprungswinde

	lebenserhaltend	*nach unten entleerend*	*sich nach oben bewegend*	*gleichmässig verweilend*	*durchdringend*
Farbe	weiß	gelb	rot	grün/gelb	hellblau
Budhha-Familie	Akshobya	Ratnasambhava	Amitabha	Amoghasiddhi	Vairochana
Element	Wasser	Erde	Feuer	Wind	Raum
Sitz	Herz	Die zwei unteren Tore: der Anus und das Geschlechtsorgan	Hals	Nabel	Die oberen und unteren Teile des Körpers, hauptsächlich die 360 Gelenke
Funktion	Leben unterstützen und aufrechterhalten	Urin, Stuhl, Samenflüssigkeit, Blut etc. zurückhalten und ausscheiden	Sprechen, Schlucken etc.	Bewirken, daß das innere Feuer lodert, Essen und Trinken verdauen etc.	Den Körper befähigen, zu kommen und zu gehen; Bewegungen, heben und platzieren ermöglichen
Richtung	Aus beiden Nasenlöchern, fein abwärts	Aus beiden Nasenlöchern, horizontal, stark vorwärts	Aus dem rechten Nasenloch, stürmisch aufwärts	Aus dem linken Nasenloch, sich nach links und rechts vom Rand dieses Nasenlochs aus bewegend	Dieser Wind fließt nicht durch die Nasenlöcher, außer zum Zeitpunkt des Todes

Tabelle 4 Die Zweigwinde

Name	*Farbe*	*Funktion*
Der sich bewegende Wind	rot	Das Augengewahrsein befähigen, sich zu visuellen Formen zu bewegen
Der sich intensiv bewegende Wind	blau	Das Ohrengewahrsein befähigen, sich zu Klängen zu bewegen
Der sich vollkommen bewegende Wind	gelb	Das Nasengewahrsein befähigen, sich zu Gerüchen zu bewegen
Der sich kräftig bewegende Wind	weiß	Das Zungengewahrsein befähigen, sich zu Geschmäcken zu bewegen
Der sich mit Sicherheit bewegende Wind	grün	Das Körpergewahrsein befähigen, sich zu Tastobjekten zu bewegen

Unter den zehn Ursprungs- und Zweigwinden ist der lebenserhaltende Wind der wichtigste für die Meditation des Geheimen Mantras. Dieser Wind hat drei Ebenen: grob, subtil und sehr subtil. Es ist der sehr subtile Wind, der von Leben zu Leben reist und der den sehr subtilen Geist trägt. Dieser sehr subtile Wind und der sehr subtile Geist trennen sich nie, und deshalb nennt man den sehr subtilen Wind «unzerstörbar». Der unzerstörbare Wind befindet sich in einer winzigen Vakuole innerhalb des Zentralkanals im Zentrum des Herzkanalrades. Er ist genau in der Mitte einer kleinen Kugel, dem unzerstörbaren Tropfen, eingeschlossen, der durch die sehr subtilen weißen und roten Tropfen gebildet wird.

Wir benötigen ein gründliches Wissen vom lebenserhaltenden Wind, weil er das Meditationsobjekt der Übungen der Vollendungsstufe ist, wie zum Beispiel der Vajra-Rezitation. Diese Praxis, die innerhalb des Herzkanalrades ausgeführt wird, ist eine Methode, die Knoten beim Herzen zu lockern. Damit unsere Mahamudra-Praxis erfolgreich ist, ist es unbedingt erforderlich, diese Knoten zu lösen.

DIE ENTHALTENEN TROPFEN

Es gibt zwei Arten von Tropfen im Körper: weiße Tropfen und rote Tropfen. Die weißen Tropfen sind die reine Essenz der weißen Samenflüssigkeit, und die roten Tropfen sind die reine Essenz des Blutes. Beide haben grobe und subtile Formen. Die weißen und roten Tropfen, die außerhalb des Zentralkanals fließen, sind grobe Tropfen. Der Zentralkanal enthält sowohl grobe als auch subtile Tropfen.

Der Hauptsitz des weißen Tropfens (auch weißer Bodhichitta genannt) ist das Scheitelkanalrad, und dort hat die weiße Samenflüssigkeit ihren Ursprung. Der Hauptsitz des roten Tropfens ist das Nabelkanalrad, und dort hat das Blut seinen Ursprung. Der rote Tropfen beim Nabel bildet zudem die Grundlage für die Körperwärme und ist die Basis für die Erlangung der Realisationen des Inneren Feuers oder Tummos. Wenn die Tropfen schmelzen und durch die Kanäle fließen, lassen sie eine Erfahrung von Glückseligkeit entstehen.

Für Praktizierende des Geheimen Mantras sind die Kanäle, Winde und Tropfen die Grundlage für die Erlangung von Spontaner Großer Glückseligkeit. Wesen, die nicht mit diesen drei ausgestattet sind, haben nicht die Möglichkeit, Höchstes Yoga-Tantra zu praktizieren. Daher ist der menschliche Körper das vollkommene Fahrzeug für die Meditationen des Geheimen Mantras, und deshalb wird er für so wertvoll gehalten. Um Höchstes Yoga-Tantra praktizieren zu können, muß man im allgemeinen ein aus einer Gebärmutter geborener Mensch sein, der sechs Elemente besitzt: Erde, Wasser, Feuer, Wind, Kanäle und Tropfen; oder gemäß einer anderen Art der Aufzählung: Knochen, Mark und weiße Tropfen vom Vater, und Fleisch, Haut und Blut von der Mutter.

DER GRUND, WARUM DIE WINDE IN DEN ZENTRALKANAL GELANGEN KÖNNEN, INDEM DIE GENAUEN PUNKTE DURCH DIESE TORE DURCHDRUNGEN WERDEN

Um die Winde in den Zentralkanal bringen zu können, müssen wir Meditationen praktizieren, die unsere Konzentration auf irgendeines der oben erwähnten zehn Tore richten. Die Übungen von Heruka, Guhyasamaja, Vajrayogini und so fort enthalten verschiedene technische Methoden, diese Punkte zu durchdringen. In manchen wird die Konzentration auf das Zentrum des Herzkanalrades gerichtet, in anderen auf das Zentrum des Nabelkanalrades und in wieder anderen auf die oberen und unteren Enden des Zentralkanals. Gemäß dem System, das in den Sechs Yogas von Naropa gelehrt wird, gelangen die Winde durch das Tor des Nabelkanalrades in den Zentralkanal. Dieses Tor wird auch im vorliegenden System der Mahamudra-Meditation verwendet. Wenn wir das Vertrauen gewinnen, daß die Winde durch das Nabelkanalrad in den Zentralkanal gelangen können, werden wir auch wissen, wie sie durch die anderen neun Tore eindringen können.

Wie zuvor erwähnt, gibt es vierundsechzig Speichen des Nabelkanal- oder Ausstrahlungsrades. Der Zentralkanal und der rechte und linke Kanal steigen durch das Zentrum dieses Kanalrades auf, wobei der rechte und linke Kanal sich beide einmal rund herumschlingen, um dort den zweifachen Knoten zu bilden. Im Zentrum dieses Knotens innerhalb des Zentralkanals ist eine kleine Vakuole, die einer kleinen Luftblase ähnlich ist. Diese Vakuole ist der Punkt, den es zu durchdringen gilt, wenn man über Inneres Feuer oder Tummo meditiert. Wenn wir Meditationen über das Innere Feuer ausführen, richten wir unsere Konzentration auf diese Vakuole und visualisieren darin deutlich einen Buchstaben Kurz-AH. Sich einsgerichtet auf dieses Kurz-AH zu konzentrieren wird «Durchdringung des genauen Punktes des

Nabelkanalrades des Vajra-Körpers» genannt. Wenn wir über unseren Geist als ununterscheidbar vermischt mit dem Kurz-AH meditieren und diese Meditation immer wieder mit starker und steter Konzentration praktizieren, wird es uns gelingen, die Winde an diesem Punkt in den Zentralkanal zu bringen.

Warum führt diese Meditation dazu, daß die Winde in den Zentralkanal gelangen? Der Grund dafür ist, daß die tragenden Winde und die Geisteszustände, die getragen werden, untrennbar sind, so wie ein Körper und sein Schatten. Wenn sich daher der Geist innerhalb einer Vakuole im Zentralkanal sammelt, müssen sich die Winde auch dort sammeln. Die starke und konsequente Praxis dieser Meditation wird bewirken, daß sich der Zentralkanal allmählich öffnet. Dies erklärt, wie die Winde durch das Nabelkanalrad in den Zentralkanal gebracht werden können. Auf dieselbe Weise können wir verstehen, wie die Winde durch irgendein anderes der neun Tore in den Zentralkanal gelangen können.

Es ist äußerst wichtig, sehr präzise zu sein bei der Durchdringung dieser Punkte und ihren exakten Ort genau in der Mitte der Kanalräder innerhalb des Zentralkanals zu identifizieren. Manchmal können anstatt des Kurz-AH andere Buchstaben innerhalb der Vakuolen visualisiert werde. Zum Beispiel wird in einigen Meditationen ein RAM beim Nabel visualisiert, und in wieder anderen wird beim Herzen ein HUM oder ein winziger Tropfen visualisiert.

Eine schnelle Methode, die Winde im Zentralkanal zu sammeln, ist, die Durchdringung der genauen Punkte zu praktizieren, während wir den Vasenatem anhalten. Dies wird weiter unten erklärt. Sind die Winde einmal in den Zentralkanal gelangt, kann Spontane Große Glückseligkeit ohne Schwierigkeiten erzeugt werden. Die Winde, die innerhalb des Zentralkanals fließen, sind äußerst wohltuend und führen zu Realisationen. Weil unsere Winde gewöhnlich im rechten und linken Kanal fließen, lassen sie grobe begriffliche Gedanken entstehen, die die einsgerichtete Konzentration stören und bewirken, daß unsere Konzentration sich zerstreut. Wenn sich die Winde aber im Zentralkanal befinden, tragen sie keine begrifflichen Gedanken dieser Art. Alle groben begrifflichen Ablenkungen werden beruhigt und unsere meditative Konzentration ist kraftvoll und durchdringend. Somit sind wir fähig, jedes Objekt, das wir wählen, mit unbeweglicher Konzentration zu halten.

EINE ERKLÄRUNG IHRER VERSCHIEDENEN FUNKTIONEN

Generell kann jeder Wind in den Zentralkanal gebracht werden, indem irgendeines der zehn Tore durchdrungen wird. Während der Vollendungsstufe hat jedoch die Durchdringung jedes Kanalrades eine unterschiedliche Funktion. Das Scheitelkanalrad zu durchdringen vermehrt die weißen Tropfen, das Halskanalrad zu durchdringen macht Traumübungen sehr kraftvoll, das Herzkanalrad zu durchdringen befähigt uns, die Erscheinung des Klaren Lichtes beizubehalten, das Nabelkanalrad zu durchdringen verstärkt das Innere Feuer, das Kanalrad der geheimen Stelle zu durchdringen führt zu einer Erfahrung starker Glückseligkeit, und das Kanalrad an der Spitze des Geschlechtsorgans zu durchdringen vergrößert die Erfahrung starker Glückseligkeit und führt zu einem schnellen, tiefen und langen Schlaf.

Warum ist diese letzte Fähigkeit wichtig? Meditierende des Geheimen Mantras, die den Schlaf als spirituellen Pfad benützen wollen, müssen rasch einschlafen und für eine längere Zeitspanne schlafen. Um dies zu erreichen, durchdringen sie den genauen Punkt des Geschlechtsorgankanalrades, gerade bevor sie einschlafen, und schulen sich dann während einem langanhaltenden Schlaf in den Übungen der Vollendungsstufe. Wenn wir jedoch nicht fähig sind, Vollendungsstufe zu praktizieren, während wir wach sind, sind wir auch nicht in der Lage, sie während des Schlafes zu praktizieren. Vollendungsstufe während des Schlafes zu praktizieren bereitet uns darauf vor, sie während des Todesvorganges zu praktizieren, und das ist die wichtigste Zeit für die Praxis.

Beim Tod müssen wir fähig sein, drei besondere Methoden zu praktizieren: das Klare Licht des Todes in den Pfad des Wahrheitskörpers bringen, den Zwischenzustand in den Pfad des Freudenkörpers bringen und die Wiedergeburt in den Pfad des Ausstrahlungskörpers bringen. Um dabei erfolgreich zu sein, müssen wir uns darauf vorbereiten, indem wir uns in den Übungen der Vollendungsstufe schulen, die das Klare Licht des Schlafes in den Pfad des Wahrheitskörpers, Träume in den Pfad des Freudenkörpers und Aufwachen in den Pfad des Ausstrahlungskörpers bringen. Deshalb strebt der oder die Meditierende des Geheimen Mantras danach, für eine lange Zeit mit der Erfahrung des Klaren Lichtes des Schlafes zu verbleiben, um so diese Methoden zu praktizieren.

Gewöhnliche Leute erfahren das Klare Licht des Schlafes für sehr kurze Zeit, doch sie sind nicht in der Lage, diese Erfahrung zu erkennen oder sie für lange Zeit aufrechtzuerhalten. Nichtsdestotrotz haben alle das Potential, die Erfahrung des Klaren Lichtes zu entwickeln und diese Erfahrung als den spirituellen Pfad zu verwenden.

Schließlich sollte beachtet werden, daß wir nicht nur beim Einschlafen den genauen Punkt des Geschlechtsorgankanalrades durchdringen sollten. Wir können ihn jederzeit durchdringen, um die Winde in den Zentralkanal zu bringen.

Baso Chökyi Gyaltsän

Inneres Feuer

EINE ERKLÄRUNG DER STUFEN DER MEDITATION ÜBER INNERES FEUER (TUMMO) IM BESONDEREN

Gemäß dem vorliegenden System der Mahamudra-Meditation werden die Winde mittels des Yogas des Inneren Feuers oder Tummos genau am Punkt des Nabelkanalrades in den Zentralkanal gebracht. Der Yoga des Inneren Feuers durchdringt alle Übungen der Vollendungsstufe. Er ist der Stamm, aus dem alle diese Übungen abzweigen. Gehört eine Übung zur Vollendungsstufe, ist es entweder eine direkte oder indirekte Praxis des Inneren Feuers. Ohne das Feuer zu entfachen und es zum Lodern zu bringen und die zwei Arten von Tropfen zu schmelzen, ist es unmöglich, Spontane Große Glückseligkeit zu erzeugen.

Generell hat die Vollendungsstufe verschiedene Meditationsobjekte, wie die Kanäle, die Winde, die Tropfen, das Innere Feuer oder die Buchstaben, die innerhalb der genauen Punkte der verschiedenen Kanalräder lokalisiert sind. Ob eine bestimmte Praxis eine direkte oder eine indirekte Meditation des Inneren Feuers ist, hängt vom Objekt der Meditation ab. Wie weiter oben erklärt wurde, ist das Innere Feuer der klare rote Tropfen innerhalb des Nabelkanalrades. Er wird «Inneres Feuer» genannt, weil er die Natur von Hitze hat. Wenn ein Praktizierender oder eine Praktizierende diesen roten Tropfen als Flamme sieht und darüber meditiert, praktiziert er oder sie eine direkte Meditation über Tummo.

Der tibetische Begriff «Tummo» bedeutet «die Wilde» und wird allgemein für Heldinnen verwendet, die eine leicht zornvolle Erscheinung haben und ihren Gefährten, den Helden, Spontane Große Glückseligkeit gewähren. Der rote

Tropfen beim Nabel in der Natur von Feuer wird Tummo genannt, weil seine Funktion derjenigen der wilden Heldinnen ähnlich ist. In diesem Text wird er jedoch einfach als «Inneres Feuer» bezeichnet.

Wenn wir den Yoga des Inneren Feuers praktizieren, visualisieren wir den roten Tropfen in der Form des Buchstabens Kurz-AH (siehe Anhang III). Dieser Buchstabe wird das «Kurz-AH des Inneren Feuers» genannt, und in der Praxis des Mahamudras ist die Meditation über diesen Buchstaben als erhabene Methode anerkannt, um zu Beginn die Winde in den Zentralkanal zu bringen. In seinen Unterweisungen nannte Milarepa diesen Buchstaben oft «mein Kurz-AH». Eines Tages erwähnte sein Schüler Gampopa ihm gegenüber, daß er sieben Tage lang ununterbrochen in einer Sitzung bleiben könne, wenn er einsgerichtete Konzentration praktiziere. «Na und?», antwortete Milarepa, «du sitzt für sieben Tage, aber erfährst das Klare Licht nicht. Wenn du über mein Kurz-AH des Inneren Feuers meditieren würdest, würdest du das Klare Licht sehr schnell erfahren.»

Indem wir über Inneres Feuer meditieren, werden wir schnell fähig sein, die Realisationen des Ruhigen Verweilens und Höheren Sehens zu erlangen, und auf deren Grundlage werden wir in der Lage sein, sowohl Beispiel-Klares-Licht als auch Sinn-Klares-Licht zu erlangen. Somit sind die Früchte der Meditation über das Innere Feuer vielfältig. Andere Methoden mit dem Inneren Feuer zu vergleichen ist wie zwischen einem Esel und einem guten Pferd Parallelen zu ziehen.

Die Praxis des Inneren Feuers wurde zuerst von Eroberer Vajradhara im *Hevajra-Wurzel-Tantra* gelehrt. Von dort wurde es in andere Formen der Praxis integriert wie diejenigen von Yamantaka, Guhyasamaja, Heruka und Vajrayogini. Deshalb betrachten alle tantrischen Praktizierenden das *Hevajra-Tantra* als eine besonders gesegnete Schrift. Weil die Übungen des Inneren Feuers direkt von Vajradhara kommen, werden sie innerhalb aller tibetisch-buddhistischen Traditionen praktiziert. Wie der erste Panchen Lama in seinem Autokommentar zum Urtext des Mahamudras darlegte:

Wenn wir durch die Kraft der Gewohnheit aus früheren Leben die Winde in den Zentralkanal bringen können, ist das sehr gut; wenn nicht, sollten wir den Yoga des Inneren Feuers ausführen, wie es in den Sechs Yogas von Naropa erklärt wird.

Dies war eine allgemeine Einführung in die Praxis des Inneren Feuers. Was nun folgt ist eine detaillierte Erklärung der Methoden, die benutzt werden, um das Innere Feuer zu entfachen und es zum Lodern zu bringen.

Wenn wir einen starken Wunsch haben, dem Pfad des Inneren Feuers zu folgen, sollten wir jeden Tag die unten erklärten Methoden praktizieren, indem wir jede Sitzung mit den folgenden Vorbereitungen beginnen: Wir visualisieren unseren Wurzel-Guru in der Form von Vajradhara, umgeben von den Mahamudra Überlieferungs-Gurus, die wiederum von Buddhas, Bodhisattvas, Helden, Dakinis und Dharma-Beschützern umgeben sind. Diese Visualisation ist dem Feld für die Ansammlung von Verdiensten in *Darbringung an den Spirituellen Meister* ähnlich, das in *Große Schatzkammer der Verdienste* im Detail beschrieben wird. Nachdem wir das Feld für die Ansammlung von Verdiensten visualisiert haben, machen wir eine lange oder eine kurze Mandala-Darbringung und rezitieren dann das folgende Gebet dreimal, während wir uns stark auf seine Bedeutung konzentrieren:

Ich verbeuge mich und nehme Zuflucht zu meinem
Spirituellen Meister
Und den höchst kostbaren Drei Juwelen.
Möge ich kraft Eurer Segnungen
In meiner Praxis des Inneren Feuers erfolgreich sein;
Und kraft der Vollendung der Praxis des Inneren Feuers
Möge ich schnell die Vereinigung des Mahamudras erlangen.
Bitte macht meine Kanäle sowohl biegsam als auch weich,
Und macht meine Winde und Tropfen geschmeidig.
Möge ich durch Eure Segnungen schnell die Erlangung
erreichen
Ohne die geringste Schwierigkeit oder Unbequemlichkeit.

Die letzten vier Zeilen werden rezitiert, um die Ursachen körperlicher Hindernisse zu beseitigen, die unseren Fortschritt stören und den Erfolg unserer Praxis verhindern. Um Vollendungsstufenmeditationen auszuführen, müssen wir gesund sein und biegsame, weiche Kanäle, geschmeidige Winde sowie flexible weiße und rote Tropfen besitzen. Ansonsten können wir Windkrankheiten (Tib. Lung) oder andere körperliche Krankheiten bekommen.

Nachdem wir dieses Gebet dreimal rezitiert haben, sollten wir eine besondere Bodhichitta-Motivation erzeugen, einen Geist, der vollkommene Buddhaschaft zum Wohle aller Wesen zu erlangen wünscht. Wir tun dies, während wir das folgende Gebet dreimal rezitieren:

Zum Wohle aller Lebewesen muß ich
In diesem Leben ein vollkommener Buddha werden.
Deshalb werde ich den Yoga des Inneren Feuers jetzt praktizieren,
Um mein Ziel so rasch wie möglich zu erreichen.

Sowohl anstrebender als auch ausübender Bodhichitta sind in diesem Gebet enthalten, wobei sich die ersten zwei Zeilen auf anstrebenden und die letzten zwei auf ausübenden Bodhichitta beziehen. Der kostbare Geist des Bodhichittas ist absolut notwendig, wenn unsere Praxis des Inneren Feuers eine Mahayana-Praxis sein soll, geschweige denn eine Vajrayana-Praxis. Wenn unsere Meditation des Inneren Feuers nicht mit den Geisteszuständen von Zuflucht und Bodhichitta verbunden ist, wird sie zu einem nichtbuddhistischen Pfad, und ein Yoga des Inneren Feuers, der für weltliche Zwecke ausgeführt wird, ist kein Pfad zur vollen Erleuchtung. Da ein großer Unterschied in der Motivation zwischen weltlichen Praktiken und Dharma-Übungen besteht, sind ihre Pfade und Früchte ebenfalls sehr verschieden.

Nach der Rezitation und Meditation über die Bedeutung dieser Gebete stellen wir uns vor, daß sich das Feld für die Ansammlung von Verdiensten und die Überlieferungslinien-Gurus alle in unseren Wurzel-Guru, Vajradhara, auflösen. Dann bitten wir unseren Wurzel-Guru zum Scheitel unseres Kopfes zu kommen, während wir unsere Handflächen bei unserem Herzen in Gebetshaltung zusammenlegen. Wenn er dort ankommt, fühlen wir, daß sich unser Scheitelkanalrad öffnet. Unser Guru verkleinert sich dann allmählich auf die Größe eines Daumens, tritt durch unseren Scheitel ein und sinkt durch unseren Zentralkanal hinab. Schließlich löst er sich in den unzerstörbaren Wind und den unzerstörbaren Geist innerhalb des unzerstörbaren Tropfens im Zentrum unseres Herzkanalrades auf. Wir denken sehr intensiv darüber nach, daß unser subtiler Körper, unsere subtile Rede und unser subtiler Geist gesegnet worden sind. Unser subtiler Körper ist der sehr subtile Wind, der unseren sehr subtilen Geist trägt. Die Kombination dieser beiden besitzt das Potential zu kommunizieren und ist unsere sehr subtile Rede.

Zusätzlich zu diesen Meditationen über Zuflucht, Bodhichitta und das Empfangen der Segnungen unseres Spirituellen Meisters ist es zu Beginn unserer Praxis des Inneren Feuers wichtig, klare Erscheinung von uns selbst als Gottheit und göttlichen Stolz zu erzeugen. Während der Erzeugungsstufe kann die Gottheit mit vielen Armen, Beinen und Gesichtern visualisiert werden, aber während der Meditationen der Vollendungsstufe wird die Gottheit immer nur mit einem Gesicht und zwei Armen visualisiert. Wenn zum Beispiel unsere persönliche Gottheit Heruka ist, visualisieren wir ihn während der Vollendungsstufe als Heruka mit einem Gesicht, zwei Armen und in Umarmung mit Vajravarahi.

Während der Vollendungsstufenmeditation sollte unsere Haltung makellos sein. Wenn möglich sollten wir in der Siebenpunktehaltung Buddha Vairochanas sitzen und erkennen, daß jedes der sieben Merkmale einen besonderen Zweck erfüllt. Für manche Leute ist es jedoch schwierig, die Vajra-Haltung, bei der die Füße auf die gegenüberliegenden Oberschenkel gelegt werden, bequem einzuhalten. Wenn dies der Fall ist, sollten wir zumindest versuchen, diese Haltung für einige Momente zu Beginn jeder Sitzung einzunehmen, und dann in eine Haltung wechseln, die komfortabler ist. Dies wird es uns erlauben, uns allmählich an die Haltung zu gewöhnen, und dient auch als glückverheißendes Zeichen für unsere Praxis. Obwohl die Vajra-Haltung andere Haltungen übertrifft, können wir in irgendeiner Haltung mit gekreuzten Beinen oder sogar in der Haltung von Tara sitzen, vorausgesetzt, daß wir mit einem vollkommen geraden Rücken sitzen.

Die Erklärung der Stufen der Meditation über Inneres Feuer hat zwei Hauptteile:

1. Wie über Inneres Feuer (Tummo) in acht Stufen meditiert wird
2. Eine Erklärung der Praxis der vier Freuden und der neun Mischungen, die auf den acht Stufen basiert

WIE ÜBER INNERES FEUER (TUMMO) IN ACHT STUFEN MEDITIERT WIRD

Die acht Stufen sind die folgenden:

1. Eine Erklärung des Ausstoßens unreiner Winde und der Meditation über einen hohlen Körper
2. Die Kanäle visualisieren und über sie meditieren
3. Sich in den Pfaden der Kanäle schulen
4. Die Buchstaben visualisieren und über sie meditieren
5. Das Entfachen des Inneren Feuers (Tummo)
6. Das Feuer zum Lodern bringen
7. Bloßes Lodern und Tropfen
8. Eine Erklärung von außerordentlichem Lodern und Tropfen

Wenn wir die Realisationen des Inneren Feuers erlangen wollen, müssen wir diese acht Stufen der Meditation praktizieren. Dann werden wir durch die Erlangung des Inneren Feuers in der Lage sein, die vier Freuden zu erfahren und die neun Mischungen zu praktizieren. Indem wir uns in Innerem Feuer, den vier Freuden und den neun Mischungen schulen, können wir den gesamten Pfad des Mahamudras abschließen und alle Übungen der Vollendungsstufe gänzlich vollenden. Wir sollten uns nicht nur mit den direkten Methoden, d. h. der Meditation des Inneren Feuers, zufriedengeben, sondern sollten auf dieser Grundlage weitergehen, um die Übungen der vier Freuden und der neun Mischungen zu vollenden. Je Tsongkhapa war sich absolut im klaren über diese Punkte.

EINE ERKLÄRUNG DES AUSSTOSSENS UNREINER WINDE UND DER MEDITATION ÜBER EINEN HOHLEN KÖRPER

Wie im Titel angedeutet, hat die erste Stufe der Meditation zwei Teile:

(1) Ausstoßen unreiner Winde
(2) Über einen hohlen Körper meditieren

Der Zweck dieser zwei Übungen ist es, uns von geistigen und körperlichen Hindernissen zu befreien und unseren Geist und unseren Körper klar und luzid zu machen.

AUSSTOSSEN UNREINER WINDE

Das Ausstoßen unreiner Winde wird durch die Reinigungspraxis des neunmaligen Ausatmens erreicht. Wir beginnen diese Praxis, indem wir die Spitze unseres linken Daumens gegen die Innenseite der Basis unseres linken Ringfingers drücken und dann eine Faust machen, indem wir die vier Finger über unserem Daumen schließen. Die Faust wird dann auf die rechte Seite des Brustkastens gelegt, so daß sich der Arm bequem über den Bauch legt. Der Arm ist leicht nach oben gedreht, um der Rückseite der Faust zu ermöglichen, auf der rechten Seite des Körpers auf der Höhe des rechten Ellbogens zu ruhen.

Dann machen wir mit der rechten Hand die gleiche Faust, strecken aber den Zeigefinger aus. Mit der Rückseite des ausgestreckten Zeigefingers drücken wir auf das linke Nasenloch, um es zu verschließen, und atmen dann voll und tief durch das rechte Nasenloch ein. Während wir sanft einatmen, visualisieren wir, wie die inspirierende Kraft aller Buddhas und Bodhisattvas durch unser rechtes Nasenloch in der Form von strahlendem weißem Licht eintritt, das sich im unzerstörbaren Wind und Geist im Zentrum unseres Herzkanalrades auflöst. Wir bleiben so lange wie möglich auf dem Höhepunkt der Einatmung.

Für die Ausatmung bewegen wir unseren ausgestreckten rechten Zeigefinger zum rechten Nasenloch und verschließen dieses, indem wir mit der Vorderseite des Fingers darauf drücken. Dann atmen wir alle unreinen Winde in drei gleich langen, aufeinanderfolgenden Atemstößen durch das linke Nasenloch aus. Während wir ausatmen, visualisieren wir, daß alle unsere unreinen Winde, besonders diejenigen der linken Körperhälfte, in der Form von tief schwarzem Rauch ausgestoßen werden. Wir haben nun drei der neun Ausatmungen abgeschlossen.

Während unser Finger immer noch auf das rechte Nasenloch drückt, atmen wir noch einmal langsam, sanft und tief ein. Wir visualisieren, daß strahlend weißes Licht durch unser linkes Nasenloch einströmt. Es bringt die inspirierende Stärke aller Buddhas und Bodhisattvas und wird im unzerstörbaren Wind und Geist beim Herzen absorbiert. Wir halten den Atem an, bis kurz bevor es unangenehm wird. Dann bringen wir den ausgestreckten Zeigefinger zurück zum linken Nasenloch wie vorher und atmen die unreinen Winde durch das rechte Nasenloch in drei gleich langen Atemstößen vollständig aus. Wir visualisieren, daß dabei alle unsere unreinen Winde, besonders diejenigen der rechten Körperhälfte, ausgestoßen werden.

Nachdem jetzt sechs der neun Ausatmungen abgeschlossen sind, legen wir unsere Hände in der Haltung des meditativen Gleichgewichts in unseren Schoß, wobei die Handflächen nach oben zeigen, die rechte Hand auf der linken ruht und die Daumenspitzen sich fast berühren. Wir atmen sanft und tief durch beide Nasenlöcher ein, während wir die gleiche Visualisierung wie vorher durchführen. Dann atmen wir durch beide Nasenlöcher dreimal aus.

Wenn diese drei Ausatmungen abgeschlossen sind, stellen wir uns intensiv vor, daß alle unsere Kanäle, Winde und Tropfen sehr geschmeidig und angenehm sind.

Diesen Zyklus kann man so oft wiederholen, wie man möchte, wenn nötig eine ganze Sitzung lang. Es ist sehr wichtig zu versuchen, diese Meditation mit einsgerichteter Konzentration auszuführen, wenn sie von Nutzen sein soll.

ÜBER EINEN HOHLEN KÖRPER MEDITIEREN

Der Zweck dieser Stufe der Meditation ist es, Behinderungen und Probleme zu beseitigen, die in Verbindung mit unseren Kanälen, Winden und Tropfen entstehen. Wenn diese drei nicht richtig funktionieren, besteht die Gefahr, verschiedene Krankheiten zu bekommen. Außerdem kann es sein, daß diejenigen, für die die Meditation der Vollendungsstufe neu ist, ihre Körperelemente aus dem Gleichgewicht bringen, indem sie zu stark forcieren und sich überanstrengen. Diese Störungen werden jedoch nicht auftauchen, wenn wir unsere Kanäle, Winde und Tropfen mittels dieser Meditation geschmeidig machen.

Wie weiter unten erklärt wird, gibt es zwei Methoden, die Winde durch die Meditation des Inneren Feuers in den Zentralkanal zu bringen: die friedvolle Methode und die kraftvolle Methode. Die kraftvolle Methode verwendet Körperkraft, um die Winde rasch und stark in den Zentralkanal zu bringen. Obwohl diese Methode unter Umständen sehr wirksam ist, kann sie auch gefährlich sein, indem sie zu einem Ungleichgewicht unserer Winde führt und geistiges und körperliches Unwohlsein hervorruft. Wenn wir über unseren Körper als hohl meditieren, werden wir davor geschützt sein. Es ist wichtig zu verhindern, daß die Übungen der Vollendungsstufe zu einem Ungleichgewicht unserer Winde führen, weil uns weder ein Arzt noch ein Heilmittel helfen kann, wenn dies geschieht.

Die friedvolle Methode, die Winde in den Zentralkanal zu bringen, mag etwas länger dauern, ist aber ein viel sanfterer Vorgang. Wenn die Winde auf diese Weise in den

Drubchen Dharmavajra

Zentralkanal gebracht werden, treten sie sehr sanft und ruhig ein, ohne die geistigen und körperlichen Nebenwirkungen, die daraus entstehen können, daß die Kanäle, Winde und Tropfen gestört werden. Diejenigen, die diese friedvolle Methode erfolgreich praktizieren können, müssen nicht über den Körper als hohl meditieren, weil sie nicht durch Krankheiten der Winde oder der Kanäle gefährdet sind.

Je Tsongkhapa erklärte, daß die friedvolle Methode der kraftvollen überlegen ist. Er zeigte auf, daß sie nicht nur die oben erwähnten Hindernisse umgeht, sondern auch ein kraftvollerer Weg ist, das Klare Licht zu erfahren. Die friedvolle Methode verstärkt die einsgerichtete Konzentration, und daher bewegen wir uns ganz natürlich und sanft von einer Freude zur nächsten, wenn wir die unten erklärten vier Freuden praktizieren. Außerdem steht im Urtext des *Hevajra-Tantras* und seinen Kommentaren geschrieben, daß wir es auf friedvolle Weise tun sollten, wenn wir über Inneres Feuer durch Halten der Vasenatmung meditieren.

Schließlich gibt es noch einen weiteren Nachteil der kraftvollen Methode, der hier erwähnt werden sollte. Wenn wir diese Meditationen kraftvoll und voller Erwartung ausführen, mögen wir tatsächlich in der Lage sein, die Winde relativ schnell in den Zentralkanal zu bringen, aber der Aufwand an körperlicher Bewegung, der mit dieser Methode einhergeht, kann dazu führen, daß wir noch nicht einmal die ersten Zeichen deutlich erkennen, die auftauchen, wenn die Winde sich im Zentralkanal auflösen, und wenn wir die ersten Zeichen nicht erkennen, werden wir das letzte Zeichen, das Klare Licht, nicht klar erkennen können. Aus all diesen Gründen ist die friedvolle Methode die bevorzugte Praxis.

Die Meditation über unseren Körper als hohl wird folgendermaßen ausgeführt. Zuerst betrachten wir unseren Körper, als sei er in seiner normalen Form – aus Haut, Fleisch, Knochen, Blut und so fort gemacht – und dann stellen wir uns intensiv vor, daß der ganze Inhalt unseres Körpers zu Licht schmilzt und sich allmählich in Leerheit auflöst, und daß nur unsere Haut wie eine leere Schale zurückbleibt. Wenn diese Meditation einmal stabil ist, stellen wir uns vor, daß unsere Haut klar und durchsichtig wird, ohne körperlichen Widerstand wie ein Regenbogen. Wenn wir während irgendeiner Stufe unserer Praxis Probleme durch Windkrankheiten erfahren, sollten wir diese Meditation ausführen, bis die Schwierigkeit nachläßt, selbst wenn es mehrere Tage oder Wochen dauert. Am Schluß der Meditationssitzung sollten wir die Visualisation unseres Körpers als Körper der Gottheit wieder aufnehmen.

Dies war eine kurze Erklärung der ersten Stufe der Meditation des Inneren Feuers. Eine ausführliche Erklärung würde Körperübungen enthalten, die als «die sechs magischen Räder» bekannt sind. Sie können zusammen mit einer vollständigen Erklärung in Je Tsongkhapas Kommentar über die Sechs Yogas von Naropa gefunden werden. Wenn wir der friedvollen Methode folgen, ist es nicht nötig, diese Übungen auszuführen, obwohl wir es tun können, wenn wir es wünschen.

DIE KANÄLE VISUALISIEREN UND ÜBER SIE MEDITIEREN

Das System der Kanäle ist bereits beschrieben worden. Wenn wir die Meditationen der Vollendungsstufe praktizieren, unterscheidet sich die Visualisation dieser Kanäle jedoch leicht von der oben gegebenen Beschreibung. Ein erster Unterschied ist, daß wir das Ende des Zentralkanals an der geheimen Stelle anstatt an der Spitze des Geschlechtsorgans visualisieren. Ein weiterer Unterschied ist, daß wir uns für den Zweck dieser Meditation vorstellen, daß die Knoten an den verschiedenen Kanalrädern gelockert sind, so daß der Zentralkanal an keiner dieser Stellen verengt ist. In Wirklichkeit ist der Zentralkanal wie ein Bambusstab, dessen Membrane den einen Abschnitt vom nächsten trennen. Die Knoten, die den Zentralkanal einengen, ähneln solchen Membranen. Wenn wir über die Vollendungsstufe meditieren, stellen wir uns aber vor, daß alle diese unterteilenden Membranen entfernt worden sind, so daß wir, würden wir uns am unteren Ende des Zentralkanals befinden, seine ganze Länge sehen könnten, so als ob wir einen leeren Liftschacht hinaufschauen würden.

Je dünner wir den Zentralkanal visualisieren desto besser. Wir können damit beginnen, ihn etwa vom Durchmesser eines Trinkhalmes zu visualisieren. Eine hilfreiche Technik ist, ihn zu Beginn der Sitzung als sehr dick zu visualisieren, zum Beispiel in der Dicke eines Armes, und uns dann vorzustellen, daß er allmählich dünner und dünner wird. Wenn er schließlich so dick wie ein Trinkhalm ist, lassen wir ihn so und richten unsere Konzentration fest darauf. Wenn sich unsere Konzentration verbessert und subtiler wird, können wir ihn sogar noch enger machen. Wir können uns über einige Tage darin schulen, die Dicke des Zentralkanals allmählich zu reduzieren. Wenn es uns ernst ist mit der Meditation über das Innere Feuer, sollten wir bereit sein, uns viele Sitzungen lang und über viele Tage, Wochen oder sogar Monate hinweg nur auf den Zentralkanal zu konzentrieren.

Nachdem wir den Zentralkanal visualisiert haben, richten wir unsere Aufmerksamkeit auf den rechten und linken Kanal und visualisieren sie deutlich. Auch wenn das Innere aller drei Kanäle rot ist, ist die Farbe außen verschieden. Der rechte Kanal ist außen rot, der linke weiß und der Zentralkanal leicht bläulich. Für diese Meditation stellen wir uns vor, daß der rechte und linke Kanal sich auf der Höhe des Nabels mit dem Zentralkanal vereinen oder in ihn einmünden und an dieser Stelle eine dreifache Verbindung bilden. Vom Nabel aufwärts bis zum Scheitel und dann in einem Bogen zur Stelle zwischen den Augenbrauen laufen alle drei Kanäle parallel zueinander. Der Zentralkanal endet an der Stelle zwischen den Augenbrauen, der rechte und linke Kanal aber gehen weiter von den Brauen zu den Nasenlöchern.

Innerhalb des Zentralkanals genau in der Mitte des Nabelkanalrades, an der Stelle, die vom zweifachen Knoten umschlossen ist, befindet sich eine kleine Vakuole, wie weiter oben beschrieben wurde. Es ist sehr wichtig zu wissen, wo diese Vakuole liegt, weil dort die eigentliche Meditation des Inneren Feuers stattfindet, und wenn wir die richtige Stelle nicht finden, wird unsere ganze Meditation über Inneres Feuer fehlerhaft sein.

Wenn unsere Visualisation der drei Kanäle stabil ist, konzentrieren wir uns auf die Speichen oder Blütenblätter der verschiedenen Kanalräder. Wir fangen an, indem wir uns vorstellen, daß wir uns innerhalb des unzerstörbaren Tropfens beim Herzkanalrad befinden. Wie bereits erwähnt wurde, ist das Zentrum des Herzkanalrades durch einen sechsfachen Knoten (drei Windungen jedes Seitenkanals) verengt, und der unzerstörbare Tropfen ist im Zentralkanal genau in der Mitte dieses Knotens.

Wir stellen uns vor, daß Licht, würden wir es einschalten, in die Gänge der acht Speichen des Herzkanalrades scheint. Wir schauen sorgfältig in diese Speichen hinein, untersuchen jede einzelne genau und kommen dann zum Schluß: «Jetzt habe ich die acht Blütenblätter des Herzkanalrades deutlich gesehen.»

Wir sind immer noch im unzerstörbaren Tropfen und reisen nun zum Halskanalrad hinauf. Wir denken, daß wir in der Vakuole des Zentralkanals sind, die vom zweifachen Knoten umschlossen ist, und untersuchen die Gänge jedes der sechzehn Speichen dieses Kanalrades. Nachdem wir sorgfältig in jeden hineingeschaut haben, denken wir wie vorher: «Jetzt habe ich die sechzehn Blütenblätter des Halskanalrades deutlich gesehen.»

Dann reisen wir zum Scheitelkanalrad hinauf und tun dasselbe wie vorher. Von der dortigen Vakuole aus, im Zentrum des zweifachen Knotens, untersuchen wir die Gänge der zweiunddreißig Speichen, bis wir denken können: «Jetzt habe ich die zweiunddreißig Blütenblätter des Scheitelkanalrades deutlich gesehen.»

Schließlich reisen wir zum Nabelkanalrad hinab. Von der dortigen Vakuole des zweifachen Knotens aus schauen wir in jede der vierundsechzig Speichen, bis wir zufrieden sind und denken: «Jetzt habe ich die vierundsechzig Blütenblätter des Nabelkanalrades deutlich gesehen.»

In allen diesen Visualisationen sollten wir die Kanalräder so sehen, wie sie oben beschrieben wurden, außer vielleicht, daß es zu Beginn wahrscheinlich besser ist, die Knoten wegzulassen. Später, wenn wir mehr Geschick und Vertrautheit haben, können wir den zweifachen Knoten am Nabel hinzufügen und dann, wenn sich unser Geschick in der Meditation genügend verbessert hat, können wir auch die Knoten an den drei andern Kanalrädern einbeziehen.

Um dies zusammenzufassen, konzentrieren wir uns bei der Visualisation der Kanäle zuerst darauf, den Zentralkanal deutlich zu sehen, stabilisieren dann unsere Visualisation des rechten und linken Kanals und sehen, wie sie sich beim Nabel mit dem Zentralkanal verbinden. Wenn wir vertraut sind mit den drei Kanälen, meditieren wir über die Speichen der verschiedenen Kanalräder, indem wir unseren Geist nacheinander in jede der kleinen Vakuolen des Zentralkanals auf jeder der vier Ebenen plazieren. Wie zuvor erwähnt, müssen wir unseren Geist benutzen, um den genauen Punkt im Zentrum der Vakuole des Nabelkanalrades zu durchdringen, wenn wir die Winde durch die Methode der Meditation des Inneren Feuers in den Zentralkanal bringen wollen. Wie wichtig es ist, absolut genau zu sein bei der Durchdringung der exakten Punkte, kann nicht genug betont werden. Diese Meditation der gründlichen Untersuchung jedes Kanalrades und schließlich der Durchdringung der Vakuole beim Nabel sollte mindestens für einige Tage ausgeführt werden.

Longdöl Lama sagte, daß es keine kraftvollere Meditation gäbe, als den Zentralkanal mit Bodhichitta-Motivation zu durchdringen. Der Grund ist, daß wir Kontrolle über die Winde gewinnen und bewirken können, daß sie in den Zentralkanal eintreten, dort verweilen und sich auflösen, indem wir über diesen Kanal meditieren. Auf dieser Grundlage können wir dann die Große Glückseligkeit des Klaren Lichtes erlangen und durch Meditation über das Klare Licht die zwei Ansammlungen von Verdiensten und Weisheit vervollständigen. Fortgeschrittene Meditierende, die die Vereinigung von Spontaner Großer Glückseligkeit und Klarer-Licht-Leerheit erreicht haben, müssen sich nicht bemühen, Verbeugungen des Körpers oder andere äußere Formen der Praxis auszuführen, weil, wie in den tantrischen Schriften erklärt wird, sie durch bloße Meditation über die Vereinigung von Glückseligkeit und Leerheit die notwendigen Ansammlungen für das Erlangen der vollen Erleuchtung vollenden können. Große Meditierende wie diese erbitten daher einfach die Segnungen ihrer Wurzel- und Überlieferungslinien-Gurus und fahren dann mit ihren Vollendungsstufenübungen fort.

SICH IN DEN PFADEN DER KANÄLE SCHULEN

Es gibt zwei Hauptgründe für die Praxis dieser dritten Stufe der Meditation. Erstens hilft sie Defekte zu beseitigen, die von den Kanälen, Winden und Tropfen stammen, indem sie diese sehr klar und flexibel macht und verhindert, daß wir Krankheiten bekommen, die damit verbunden sind. Wenn diese drei Elemente geschmeidig sind, wird auch der Körper als ganzes geschmeidig sein, denn die Kanäle, Winde und Tropfen durchdringen den ganzen Körper. Es ist sehr wichtig, daß der Körper eines Meditierenden angenehm und flexibel ist, weil dies dem Geist hilft, klar und luzid zu werden; und ein klarer Geist macht die Meditation kraftvoll und sehr nützlich. Der zweite Grund für diese Meditation ist, daß sie die Klarheit unserer Visualisation der Kanalräder in hohem Maße verstärkt.

Um uns in dieser Stufe zu schulen, stellen wir uns vor, daß unser Geist in der Form des unzerstörbaren Tropfens ist, der im Zentrum des Herzkanalrades liegt. Dieser Tropfen hat die Größe einer Erbse, ist weiß mit einem leicht rötlichen Schimmer und strahlt leuchtendes fünffarbiges Licht aus: weiß, rot, blau, grün und gelb. Dieses Licht reicht aber nicht weit über den Tropfen hinaus. Mit unserem Geist, der einsgerichtet auf diesen Tropfen konzentriert ist, denken wir tief darüber nach, daß er die Essenz der Untrennbarkeit unseres eigenen Geistes und des Geistes unseres Spirituellen Meisters ist, und wir identifizieren uns selbst mit diesem Tropfen. Dann beschließen wir, daß wir als funkelnder

Tropfen eine Reise zu den verschiedenen Kanalrädern machen wollen.

Wir steigen langsam durch den Zentralkanal auf die Höhe des Halses auf und halten genau im Zentrum der Vakuole des Halskanalrades an. Wir schauen in die Gänge jedes der sechzehn Speichen und dann, wie wenn wir ein sehr kraftvolles Licht einschalten würden, strahlen wir das fünffarbige Licht aus, so daß es alle Speichen dieses Kanalrades voll beleuchtet. Wir haben das Gefühl, daß dieses strahlende Licht alle möglichen Defekte der Speichen korrigiert, wie zum Beispiel daß sie zusammengeschrumpft, zusammengeklebt oder blockiert sind, und daß alle Speichen, die steif, hart und brüchig geworden sind, glatt, weich und geschmeidig werden. Wir denken, daß die Elemente, die in den Speichen fließen – die Winde, die weißen Tropfen und die roten Tropfen – sehr klar, kraftvoll und nützlich werden. Wir fahren mit dieser Visualisation fort, bis das Gefühl entsteht, daß alle Defekte in den Speichen entfernt worden sind, und dann nehmen wir das Licht wieder in den funkelnden Tropfen auf. Wird denken, daß wir den Zweck unseres Besuches des Halskanalrades erfüllt haben und beschließen dann, das Scheitelkanalrad zu besuchen.

Wir gehen langsam im Zentralkanal aufwärts und halten genau in der Mitte der Vakuole des Scheitelkanalrades an. Dann machen wir das gleiche wie zuvor. Wir schauen in die Gänge jedes der zweiunddreißig Speichen dieses Kanalrades hinein, strahlen das kraftvolle fünffarbige Licht in sie hinein, korrigieren alle Defekte wie zuvor und, wenn wir das Gefühl haben, daß alle Defekte beseitigt worden sind, nehmen wir das Licht wieder auf und denken, daß wir den Zweck unseres Besuches dieses Kanalrades erfüllt haben.

Jetzt denken wir, daß wir das Kanalrad an der Stelle zwischen unseren Augenbrauen besuchen möchten. Wir schauen von unserem Platz im Scheitel den Zentralkanal hinunter zu diesem Rad. Am Eingang zum Zentralkanal, der genau in der Mitte zwischen den Augenbrauen liegt, visualisieren wir eine Öffnung wie das dritte Auge mancher Gottheiten des Vajrayanas. Wir sinken langsam zu diesem Eingang hinab

Gyalwa Ensäpa

und halten an, wobei sich die eine Hälfte des funkelnden Tropfens innerhalb und die andere Hälfte außerhalb der Öffnung befindet. Von dieser Position aus führen wir eine gründliche Untersuchung innerhalb und außerhalb unseres Körpers durch, indem wir in alle Richtungen schauen. Dann strahlen wir das fünffarbige Licht aus und sehen, daß es alle Defekte der Kanäle an der Braue entfernt, während es nach innen scheint. Wenn das Licht nach außen scheint, reinigt es jede unreine Umgebung und besänftigt das Leiden und die groben und subtilen Ursachen des Leidens aller fühlenden Wesen. Wenn wir das Gefühl haben, daß diese Zwecke erfüllt worden sind, bewegen wir uns vollständig nach innen, so daß wir nicht mehr durch die Öffnung nach außen ragen und bleiben für eine Weile dort.

Wir entschließen uns dann, zu unserem Ausgangspunkt im Herzkanalrad zurückzukehren. Wir steigen langsam zum Scheitel hinauf, durchqueren dort die Vakuole, und sinken langsam durch den Zentralkanal hinab, durchqueren die Vakuole beim Hals und halten schließlich in der Mitte der Vakuole im Herzkanalrad an. Wir denken, daß wir zu unserem hauptsächlichen Aufenthaltsort zurückgekehrt sind. Jetzt untersuchen wir die acht Speichen des Herzkanalrades, strahlen das fünffarbige Licht in ihre Gänge hinein und reinigen ihre Defekte auf genau gleiche Weise wie zuvor. Haben wir dies getan, nehmen wir das Licht wieder auf und denken, daß wir jetzt zum Nabelkanalrad gehen möchten.

Wir sinken langsam durch den Zentralkanal hinab und halten in der Vakuole dort an. Wir untersuchen jede der vierundsechzig Speichen des Nabelkanalrades und strahlen wieder Licht aus, korrigieren alle Defekte der Kanäle, Winde und Tropfen und denken, daß sie alle sehr geschmeidig, biegsam, weich und angenehm geworden sind. Nachdem wir das fünffarbige Licht wieder aufgenommen haben, bleiben wir für einige Zeit in der Vakuole und erinnern uns daran, daß dies die hauptsächliche Stelle für unsere Meditation über das Innere Feuer ist.

Nachdem der unzerstörbare Tropfen so lange wie möglich in der Vakuole des Nabels geblieben ist, kehrt er zu seinem

Platz beim Herzen zurück. Wieder denken wir, daß wir zu unserem hauptsächlichen Aufenthaltsort zurückgekehrt sind und entschließen uns dann, jeden Makel zu reinigen und alle Defekte der zweiundsiebzigtausend Kanäle, die den ganzen Körper durchdringen, zu korrigieren. Wir strahlen das fünffarbige Licht in die acht Speichen des Herzkanalrades hinein und visualisieren, wie sich dieses Licht in den acht Speichen, den vierundzwanzig Kanälen der vierundzwanzig Stellen, den zweiundsiebzig Kanälen, die davon abzweigen, und schließlich durch alle zweiundsiebzigtausend Kanäle ausbreitet. Dieses fünffarbige strahlende Licht stellt alle Kanäle wieder her, die kaputt, blockiert, zusammengeschrumpft, verheddert oder zusammengeklebt sind; und alle Kanäle, die steif, hart und brüchig geworden sind, werden jetzt glatt, weich und geschmeidig. Auf diese Weise werden alle Winde und Tropfen vollkommen klar und biegsam gemacht. Schließlich nehmen wir das Licht wieder in uns selbst, den unzerstörbaren Tropfen, auf.

Es gibt verschiedene Arten, diese dritte Stufe der Meditation auszuführen, abhängig davon, wieviel Zeit wir für jeden der verschiedenen Schritte aufwenden wollen. Es ist zum Beispiel möglich, während einer ganzen Meditationssitzung nur eines der Kanalräder zu erforschen. Wenn wir dies tun, können wir die nächste Sitzung dort beginnen, wo wir zuletzt aufgehört haben, und wenn wir schließlich das Gefühl haben, diesen Teil der Meditation abgeschlossen zu haben, kehren wir zum Herzkanalrad zurück. Das wichtigste der verschiedenen zu erforschenden Kanalrädern ist das Nabelkanalrad. Wir sollten möglichst viel Zeit in diesem Kanalrad verbringen, müssen aber dafür sorgen, daß wir auch von den anderen Kanalrädern gründliche Kenntnis und Erfahrung gewinnen.

Um dies zusammenzufassen, gleicht die Schulung in den Pfaden der Kanäle in etwa einem Museumsbesuch. Wenn wir uns zu einem Besuch entschlossen haben, betreten wir das Erdgeschoß, das in diesem Fall dem Herzkanalrad entspricht, und von dort gehen wir direkt ins erste Stockwerk. Nachdem wir die Ausstellungsobjekte dieses Stockwerkes eingehend untersucht haben, gehen wir zum zweiten Stockwerk hoch. Nachdem wir die Ausstellungsobjekte dort eingehend besichtigt haben, kehren wir ins Erdgeschoß zurück. Nach der Betrachtung der Ausstellungsobjekte des Erdgeschosses steigen wir in den Keller hinunter und, wenn wir dort fertig sind, kehren wir erneut ins Erdgeschoß zurück und gehen weg. Nach einer solch ausgedehnten Tour des Museums sollten wir in der Lage sein, uns an alle Ausstellungsobjekte auf jedem Geschoß klar zu erinnern.

Es ist sehr wichtig, daß die Kanalräder in unserer Visualisation deutlich erscheinen. Wie zuvor erwähnt, müssen wir fähig sein, den genauen Punkt des Nabelkanalrades exakt und geschickt zu durchdringen, um den Yoga des Inneren Feuers der Vollendungsstufe zu praktizieren. Es ist in etwa so, wie wenn man Holz spaltet mit einer Axt. Wenn man geschickt ist und die richtige Stelle trifft, wird man das Holz ohne große Schwierigkeiten oder Anstrengung spalten können, wenn man aber die richtige Stelle verfehlt, wird man wenig Erfolg haben, selbst wenn man sich sehr anstrengt. Eine andere Analogie ist das Schlachten von Tieren. Wenn ein Schlächter sehr geschickt ist und die richtige Arterie durchtrennen kann, wird er in der Lage sein, das Tier schnell und schmerzlos zu töten, selbst wenn sein einziges Instrument eine winzige Nadel ist; wenn er aber ungeschickt ist, kann die Schlachtung zu einer langen und blutigen Prozedur werden. Ganz ähnlich wird der Meditierende der Vollendungsstufe, der die Winde in den Zentralkanal bringen will, erfolgreich sein, wenn er die genauen Punkte geschickt durchdringen kann. Das Ergebnis solch geschickter Praxis werden für den Meditierenden höchste Erlangungen ohne Schwierigkeiten sein.

Um mit den Kanälen und mit der Methode, die genauen Punkte zu durchdringen, vertraut zu werden, und auch um alle Defekte der Elemente des Vajra-Körpers zu korrigieren, sollten wir starkes Gewicht auf die Schulung in den Pfaden der Kanäle legen. Wir müssen dies über einige Tage hinweg oder so lange tun, bis wir eine deutliche Visualisation erhalten.

DIE BUCHSTABEN VISUALISIEREN UND ÜBER SIE MEDITIEREN

Es gibt ausgedehnte und kurze Erklärungen der Visualisation dieser Buchstaben. Die ausführliche Erklärung schließt nicht nur eine detaillierte Visualisation der in den vier Hauptvakuolen gelegenen Buchstaben ein – derjenigen des Nabel-, Herz-, Hals- und Scheitelkanalrades – sondern auch der Buchstaben, die an den inneren Eingängen jeder der hundertzwanzig Speichen dieser vier Kanalräder liegen. Diese ausgedehnte Erklärung wird hier nicht angeführt, weil sie recht komplex und nicht absolut notwendig ist. Eine kurze Erklärung der Buchstaben der vier Hauptvakuolen genügt, um uns zu befähigen, vollen Erfolg in unserer Praxis des Inneren Feuers zu haben.

Zuerst visualisieren wir innerhalb der Vakuole des Scheitelkanalrades ein rundes, flaches Mondkissen aus weißem Licht. Dieses Kissen hat die Größe der runden Oberfläche, die gebildet wird, wenn eine Erbse entzweigeschnitten wird. Auf diesem Mondkissen ist ein Buchstabe HAM, der von der Natur des weißen Tropfens ist, der sich beim Scheitel befindet. Er hat die Größe eines Senfkornes und ist von weißer Farbe. Das Mondkissen und das HAM stehen auf dem Kopf.

Innerhalb der Vakuole beim Hals visualisieren wir ein weiteres Mondkissen, auf dem ein Buchstabe OM ist, der von der Natur des roten Tropfens ist, der sich beim Hals befindet. Dieser Buchstabe, der die Natur von Feuer hat, hat ebenfalls die Größe eines Senfkornes, ist aber von roter Farbe und steht aufrecht.

Innerhalb der Vakuole beim Herzen ist ein weiteres Mondkissen, auf dem sich ein Buchstabe HUM befindet, dessen Natur die des unzerstörbaren Tropfens ist. Er hat die Größe eines Senfkornes und ist von blauer Farbe. Sowohl der Buchstabe als auch das Mondkissen stehen auf dem Kopf. Der unzerstörbare Tropfen ist der subtilste aller Tropfen und trägt diesen Namen, weil er nicht vor der Todeszeit schmilzt.

Schließlich visualisieren wir in der Vakuole des Nabels ganz deutlich ein weiteres Mondkissen. Darauf, wieder so groß wie ein Senfkorn, ist ein roter aufrecht stehender Buchstabe

Kurz-AH, der von der Natur des roten Tropfens ist, der sich beim Nabel befindet. Da dies das Hauptobjekt der Meditation ist, wenn man über den Yoga des Inneren Feuers meditiert, und die ganze Körperwärme von diesem Tropfen erzeugt wird, sollte das Kurz-AH von der Natur feuriger Hitze visualisiert werden. Ein Diagramm, das darstellt, wie diese vier Buchstaben visualisiert werden sollten, ist in Anhang III zu finden.

Es gibt zwei besondere Gründe, warum diese Buchstaben in den Vakuolen des Zentralkanals im Zentrum jedes Kanalrades visualisiert werden. Der erste Grund betrifft die vier Freuden. Wir können die vier Freuden nur erfahren, wenn die Winde in unseren Zentralkanal eintreten, dort verweilen und sich auflösen. Je länger und intensiver wir die Erfahrung der vier Freuden halten können, um so besser wird unsere Erfahrung sein; und unsere Fähigkeit, dies zu tun, wird durch die Visualisation der vier Buchstaben stark verbessert. Infolge der Meditation, die unten beschrieben wird, wird der weiße Tropfen im Scheitel zum Schmelzen gebracht. Wenn das geschieht, beginnt er den Zentralkanal hinabzufließen, durchläuft nach und nach das Hals-, Herz- und Nabelkanalrad und erreicht schließlich die Spitze des Geschlechtsorgans. Wenn der weiße Tropfen einmal schmilzt, fließt er ohne Unterbrechung nach unten. Wenn er durch ein bestimmtes Kanalrad fließt, ohne dort untersucht oder gehalten zu werden, wird die Erfahrung von Freude, die mit diesem Kanalrad verbunden ist, flüchtig und instabil sein. Wenn wir jedoch unsere Konzentration auf die verschiedenen Buchstaben richten, können wir das Abwärtsfließen des weißen Tropfens aufhalten und dadurch eine längere und intensivere Erfahrung von jeder der vier Freuden gewinnen.

Die vier Freuden werden im nächsten Kapitel vollständig erklärt, eine kurze Beschreibung dürfte aber an dieser Stelle hilfreich sein. Die erste Freude wird einfach «Freude» genannt, und ihre Erfahrung hat ihren Ursprung im Scheitelkanalrad, wenn der sich dort befindende weiße Tropfen schmilzt. Deshalb müssen wir zu Beginn für eine lange Zeit über den Buchstaben HAM beim Scheitel meditieren. Die Erfahrung dieser Freude ist vollständig, wenn der den Zentralkanal nach unten fließende weiße Tropfen das Halskanalrad erreicht.

Die zweite Freude, sie heißt «höchste Freude», nimmt ihren Ursprung im Halskanalrad und wird voll erfahren, wenn der den Zentralkanal nach unten fließende weiße Tropfen das Herzkanalrad erreicht. Die dritte Freude, sie heißt «außergewöhnliche Freude», nimmt ihren Ursprung im Herzkanalrad und wird voll erfahren, wenn der den Zentralkanal nach unten fließende weiße Tropfen das Nabelkanalrad erreicht. Schließlich nimmt die vierte Freude, sie heißt «spontane große Freude», ihren Ursprung im Nabelkanalrad und wird voll erfahren, wenn der den Zentralkanal nach unten fließende weiße Tropfen die Spitze des Geschlechtsorgans erreicht. Um somit eine anhaltende und stabile Erfahrung jeder dieser Freuden zu erfahren, müssen wir eine starke Kontrolle über den abwärts fließenden weißen Tropfen gewonnen haben und fähig sein, seinen Abstieg auf jeder Ebene zu stoppen. Dies wird erreicht, indem wir mit den vier Buchstaben in der Meditation vertraut werden.

Der zweite Grund, warum man die Buchstaben in den Kanalrädern visualisiert, ist, daß es uns hilft, das eigentliche Objekt der Meditation im Yoga des Inneren Feuers zu finden. Der Buchstabe HAM wird in der Vakuole des Scheitelkanalrades visualisiert. Obwohl seine äußere Erscheinung die eines Buchstabens ist, sollten wir ihn als den eigentlichen weißen Tropfen des Scheitels erkennen. Wenn wir die vierte Stufe des Inneren Feuers praktizieren, sollten wir damit beginnen, dieses weiße HAM im Scheitel zu visualisieren. Wir visualisieren es deutlich für kurze Zeit und richten dann unsere Aufmerksamkeit auf das rote OM im Hals. Nach einer Weile gehen wir zum HUM im Herzen und schließlich lassen wir unseren Geist auf dem Kurz-AH im Nabelkanalrad zur Ruhe kommen. Wir visualisieren das Kurz-AH sehr deutlich und spüren, daß es die Natur kraftvoller, feuriger Hitze hat. Unsere Konzentration sollte länger auf diesen als auf die anderen Buchstaben gerichtet sein.

Nachdem wir uns auf das Kurz-AH konzentriert haben, bewegen wir unseren Geist zurück zum HUM beim Herzen, dann zum roten OM im Hals und schließlich zum weißen HAM im Scheitel. Dann bewegen wir uns wieder nach unten, zurück zum Hals, zum Herzen und halten schließlich am Nabel an. Auf diese Weise bewegen wir unseren Geist vom Scheitel abwärts, vom Nabel aufwärts und schließlich nochmals vom Scheitel abwärts.

Jetzt ist unsere Konzentration auf das Kurz-AH des Inneren Feuers im Zentrum des Nabelkanalrades gerichtet. Wenn es nicht deutlich wahrgenommen wird, wird unsere Meditation nicht erfolgreich sein. Deshalb ist dies die Zeit, sich so lebhaft wie möglich an die ausführenden Anweisungen, die wir von unserem Spirituellen Meister erhalten haben, zu erinnern, die die besonderen Merkmale des Kurz-AH betreffen, wie zum Beispiel seine Lage, Größe, Form und Natur. Wir visualisieren die vierundsechzig Speichen dieses Rades und den umschlingenden rechten und linken Kanal, die einen zweifachen Knoten im Zentrum dieser Speichen bilden. Innerhalb des Zentralkanals im Zentrum dieses Knotens ist die Vakuole des Nabels. Der Buchstabe Kurz-AH befindet sich innerhalb dieser Vakuole, auf einem winzigen Mondkissen stehend. Der Buchstabe ist von roter Farbe, vollständig rein, unendlich strahlend und von der Natur intensiver, feuriger Hitze. Das ist das Objekt der Meditation des Inneren Feuers.

Das Auffinden des Meditationsobjektes hängt von Achtsamkeit und Wachsamkeit ab. Nachdem wir das Objekt in der oben beschriebenen Weise gefunden haben, sollten wir unseren Geist vollständig darin auflösen und uns einsgerichtet darauf konzentrieren, ohne es zu vergessen. Wenn uns dies Schwierigkeiten bereitet, können wir denken, daß der Buchstabe unser Körper ist und wir darin wohnen; oder wir können denken, daß er wie Kleider ist, die wir, der Geist, tragen. Diese Techniken werden helfen, die Lücke zwischen dem Subjekt-Geist und dem Meditationsobjekt zu schließen. Haben wir das Meditationsobjekt einmal gefunden, haben wir die erste Stufe der Meditation des Ruhigen Verweilens

Khädrub Sangye Yeshe

erreicht, sofern wir diese Stufe nicht schon durch frühere Praxis erlangt haben. Wenn wir fortwährend meditieren, können wir allmählich alle neun Ebenen des geistigen Verweilens vollenden. Daher ist das Kurz-AH ein einzigartiges Meditationsobjekt, weil eine einzige Meditation darüber vier wichtige Früchte wachsen läßt: Erreichen des Ruhigen Verweilens; Bewirken, daß die Winde in den Zentralkanal eintreten, dort verweilen und sich auflösen; Entfachen des Inneren Feuers und es zum Lodern bringen; und Vollendung der Realisation des Mahamudras.

Die gegenwärtige Meditation wird in erster Linie durchgeführt, um die Winde in den Zentralkanal zu bringen, wobei der Erfolg von vollkommener Konzentration abhängt. Wenn wir diese Meditation ausführen, ist es daher wichtig, daß wir unseren Geist und das Meditationsobjekt nicht als verschieden anschauen. Wie zuvor erwähnt, sollten wir unseren Geist vollständig in das Kurz-AH auflösen, um die Lücke zwischen Subjekt und Objekt zu beseitigen. Wenn wir dazu in der Lage sind, werden wir fähig sein, die Kontrolle über die Winde zu gewinnen, so daß sie in den Zentralkanal eintreten, dort verweilen und sich auflösen. Das ist die Grundlage für alle nachfolgenden Stufen der Meditation, die in der Realisation des Mahamudras gipfeln.

DAS ENTFACHEN DES INNEREN FEUERS (TUMMO)

Die Konzentration, die in der vierten Stufe der Meditation erzeugt wurde, ist auf den Buchstaben Kurz-AH innerhalb der Vakuole des Nabelkanalrades gerichtet. Wir kombinieren nun diese Konzentration auf das Kurz-AH mit dem Halten der Vasenatmung.

Wir beginnen die Vasenatmung, indem wir einen Teil der Winde der unteren Körperhälfte nach oben ziehen und sie gerade unterhalb des Kurz-AH im Nabelkanalrad sammeln. Dies erreichen wir hauptsächlich dadurch, daß wir uns auf die Kraft der Vorstellung verlassen; wir haben bloß das Gefühl, daß wir die Muskeln der unteren Körperhälfte zusammenziehen und dadurch die Winde sanft nach oben ziehen. In der Folge werden sich die Muskeln, die das Zurückhalten des Urins, der Exkremente und so fort kontrollieren, leicht zusammenziehen, aber nicht so stark, daß die zwei unteren Tore geschlossen werden. Wir atmen dann sanft durch beide Nasenlöcher ein, langsam und tief, und visualisieren, daß alle Winde der oberen Körperhälfte durch den rechten und linken Kanal nach unten fließen. Wenn sie den Nabel erreichen, treten sie in den Zentralkanal ein und sammeln sich gerade oberhalb des Kurz-AH. Die dritte Stufe der Vasenatmung umfaßt die tatsächliche Kontraktion der Muskeln des Beckenbodens, so daß sich die zwei unteren Tore schließen, und das vollständige Nachobenziehen aller Winde der unteren Körperhälfte. Diese Winde vereinigen sich darauf mit den bereits gesammelten Winden gerade unterhalb des Kurz-AH. Dann schlucken wir sanft etwas Speichel, ohne ein Geräusch zu machen. Dies drückt die oberen und unteren Winde leicht zusammen.

Wir denken jetzt, daß der Buchstabe Kurz-AH vollständig von den oberen und unteren Winden umgeben ist, wie ein Juwel in einem Schatzkästchen. Diese Visualisation sollte von der Größe einer kleinen Erbse sein, die entzweigeschnitten, ausgehöhlt und um ein noch kleineres Senfkorn herum wieder zusammengefügt wurde.

Wir richten unsere Aufmerksamkeit einsgerichtet auf den in der kleinen Kugel eingeschlossenen Buchstaben Kurz-AH, und stoppen jedes Aus- und Einatmen. Befinden wir uns einmal in dieser Konzentration, ist es nicht mehr länger nötig, die unteren Tore geschlossen zu halten. Wir bleiben auf diese Weise konzentriert, ohne zu atmen, bis kurz bevor wir uns unwohl zu fühlen beginnen. Dann, gerade vor der Ausatmung, visualisieren wir, daß sich die obere und untere Halbkugel von Wind in das Kurz-AH auflöst, das dadurch sogar noch heißer wird als zuvor.

Wir atmen langsam und sanft durch die Nasenlöcher (nicht durch den Mund) aus, während wir auf das Kurz-AH im Zentrum des Nabelkanalrades konzentriert bleiben. Wir ruhen uns für eine Weile aus und fahren dann wie zuvor mit der Vasenatmung fort. Wir können sieben, einundzwanzig oder mehr Vasenatmungen hintereinander in einer Meditationssitzung ausführen, je nachdem wieviel Zeit wir haben. Wenn möglich sollten wir keine zusätzlichen Atemzüge ausführen zwischen der Ausatmung, die das Ende der einen Vasenatmung ist, und der Einatmung, die der Anfang der nächsten Vasenatmung ist. Wenn dies jedoch zu schwierig ist, können wir zwischendurch ein paar Atemzüge machen.

Es gibt andere Arten der Vasenatmung, aber im Kern sind sie gleich wie die hier erklärte Methode. Diese bestimmte Methode ist für die gegenwärtige Praxis am besten geeignet. Während wir diese Meditation ausführen, lassen wir unsere Konzentration nicht von ihrem Objekt abschweifen, auch nicht für einen Augenblick, und wir sind uns immer bewußt, daß das Kurz-AH die Natur feuriger Hitze hat. Wir müssen diese Praxis, die Vasenatmung zu halten, so oft wir können wiederholen, damit wir vollständig vertraut damit werden.

Einmal mehr ist es wichtig, die Notwendigkeit zu betonen, daß unsere Konzentration präzise auf die richtige Stelle innerhalb des Zentralkanals gerichtet ist. Die Vakuole innerhalb des Zentralkanals ist das Zentrum des Nabelkanalrades, und hier wird das Kurz-AH visualisiert und hier sammeln sich die Winde. Wir müssen während dieser Stufe der Meditation vier wichtige Aufgaben ausführen: (1) dauernd prüfen, ob der Ort der Meditation genau richtig ist, (2) das Meditationsobjekt ohne Schwierigkeiten finden, (3) das Meditationsobjekt ununterbrochen durch die Kraft der Achtsamkeit halten und (4) unseren Geist vollständig mit dem Meditationsobjekt vermischen lassen. Wenn wir diese vier Aufgaben gut praktizieren, wird unsere Meditation des Inneren Feuers bestimmt erfolgreich und daher in der Lage sein zu bewirken, daß die Winde in unseren Zentralkanal eintreten, darin verweilen und sich dort auflösen.

Es gibt zwei Zwecke, denen das Halten der Vasenatmung dient. Der erste ist, daß wir den Windfluß innerhalb des rechten und linken Kanals stoppen und dadurch grobe begriffliche Geisteszustände beruhigen. Wie zuvor erwähnt, müssen die Winde innerhalb des Zentralkanals fließen, wenn sie im rechten und linken Kanal zu fließen aufhören.

Was den ersten Zweck betrifft, sollte beachtet werden, daß es möglich ist, die Winde durch bloße Konzentration auf das Kurz-AH in den Zentralkanal zu bringen, ohne überhaupt Vasenatmung auszuführen. Dies ist die friedlichste aller Techniken, um die Winde in den Zentralkanal zu bringen, und es ist ausgezeichnet, wenn wir dies tun können. Mit dieser Methode besteht keine Gefahr, die Winde zu stören. Außerdem ist diese Methode kraftvoller als andere, um eine Realisation von Klarem Licht zu gewinnen. Andererseits können wir die Winde sehr viel schneller in den Zentralkanal bringen, wenn wir die Methode der Vasenatmung benützen.

Zuvor wurde darauf hingewiesen, daß die Technik der Vasenatmung entweder friedvoll oder kraftvoll ausgeführt werden kann. Die hier beschriebene Technik, wobei die Muskeln der unteren Tore des Körpers sanft zusammengezogen werden, ist die empfohlene friedvolle Methode. Die kraftvollere Methode beinhaltet, die Muskeln der Arme und Beine anzuspannen und dadurch die unteren Winde zu zwingen, sich schneller zu sammeln. Es heißt, daß ein Meditierender oder eine Meditierende, wenn er oder sie mit der friedvollen Methode keinen Erfolg hat, für eine Weile eine kraftvollere Methode praktizieren und dann zur sanfteren Technik zurückkehren sollte.

Es besteht eine Ähnlichkeit zwischen den verschiedenen Methoden, die Winde in den Zentralkanal zu bringen, und den verschiedenen Arten des Sterbens. Die friedvolle Methode, wobei wir uns einfach nur auf das Kurz-AH konzentrieren, ist dem Vorgang ähnlich, der während eines natürlichen Todes abläuft, wenn die Winde sich langsam und nach und nach im Zentralkanal auflösen und deshalb eine bessere Möglichkeit bieten, das Klare Licht zu erkennen und darüber zu meditieren. Die kraftvollste Methode ist ähnlich dem Vorgang während eines plötzlichen, gewaltsamen Todes. Die Winde lösen sich sehr schnell auf, und in der Folge dieser hastigen Bewegung ist es schwieriger, sich der

Erscheinung des Klaren Lichtes gewahr zu sein. Deshalb ist die beste Art zu meditieren, zuerst die Vasenatmung zu benützen, um Erfahrung in der Konzentration des Geistes auf das Kurz-AH im Nabelkanalrad zu gewinnen, und dann, wenn einmal Vertrautheit erreicht worden ist, mit der friedvolleren Methode der Verwendung bloßer Konzentration fortzufahren.

Der zweite Zweck, dem das Halten der Vasenatmung dient, hat mit dem nach unten entleerenden Wind zu tun, der sich im Zentralkanal unmittelbar unter dem Nabelkanalrad befindet. Indem wir die oberen und unteren Winde des Körpers wie oben beschrieben in das Kurz-AH auflösen, sind wir in der Lage zu bewirken, daß sich der nach unten entleerende Wind nach oben bewegt. Wenn dies geschieht, wird sich das Innere Feuer entfachen und lodern.

Auch der Geschlechtsverkehr führt dazu, daß sich der nach unten entleerende Wind durch die Vereinigung der männlichen und weiblichen Geschlechtsorgane nach oben bewegt, aber diese Bewegung findet nicht im Zentralkanal statt und deshalb ist das Ergebnis nur ein momentanes Entfachen und Lodern des gewöhnlichen Inneren Feuers. Aufgrund dieses Entfachens und Loderns schmelzen die Tropfen im unteren Teil des Körpers und fließen abwärts, was in einer kurzen Erfahrung von Glückseligkeit resultiert, die aber nur anhält, bis die Tropfen durch das Geschlechtsorgan ausgeschieden werden oder, im Fall der Frau, sich in der Gebärmutter sammeln. Indem jedoch die Vasenatmung gehalten wird und man sich auf das Innere Feuer konzentriert, kann man bewirken, daß sich der nach unten entleerende Wind im Zentralkanal nach oben bewegt. Das wird dazu führen, daß das Innere Feuer entfacht wird und lodert und die Tropfen schmelzen – alles innerhalb des Zentralkanals. Wer nicht Geheimes Mantra praktiziert, kann dieses Resultat nicht erreichen. Es ist vielleicht möglich, das gewöhnliche Innere Feuer zu entfachen und zu bewirken, daß es durch den Geschlechtsverkehr lodert, es ist aber nicht möglich zu bewirken, daß die Tropfen innerhalb des Zentralkanals schmelzen oder daß sie vom Scheitelkanalrad nach unten fließen. Da gewöhnlicher Geschlechtsverkehr nicht verursachen kann, daß die Winde in den Zentralkanal eintreten oder daß das Innere Feuer sich entfacht und darin lodert, kann er der Praxis der Vollendungsstufe nie von Nutzen sein.

So wie gewöhnlicher Geschlechtsverkehr dazu führen kann, daß das Innere Feuer sich auf die beschriebene Art und Weise entfacht und lodert, so können auch gewisse gewöhnliche Meditationen die Hitze des Inneren Feuers innerhalb des Körpers erzeugen. Die Erzeugung solcher Hitze dient jedoch keinem anderen Zweck, als den Körper warm zu halten; es fehlt ihr die Kraft, Realisationen hervorzubringen. Wenn es unser einziges Ziel ist, den Körper zu wärmen, müssen wir nicht meditieren; es ist einfacher, uns in eine Decke zu wickeln oder die Heizung einzuschalten.

Um Inneres Feuer rein zu praktizieren, sollten wir danach streben, es innerhalb des Zentralkanals zu entfachen, denn es außerhalb des Zentralkanals zu tun, wird nur von der Hitze ablenken, die innerhalb erzeugt werden könnte. In der Folge werden die Tropfen nicht innerhalb des Zentralkanals schmelzen und fließen, und die Meditation wird keinerlei Realisationen der Vollendungsstufe hervorbringen. Wenn die Mahamudra-Meditation nicht erfolgreich ist, wird es nicht möglich sein, das Klare Licht wahrzunehmen. Wenn sich andererseits das Innere Feuer im Zentralkanal entfacht und lodert, werden die Winde dort eintreten, verweilen und sich auflösen. Dann gibt es nichts, was uns von der Erzeugung Spontaner Großer Glückseligkeit abhalten kann, dem Hauptzweck der Meditation des Inneren Feuers.

Um das Innere Feuer mittels der Vasenatmung zu entfachen, visualisieren wir, daß als Ergebnis des Auflösens der unteren und oberen Winde, der nach unten entleerende Wind nach oben fließt und gegen das Kurz-AH bläst. Während, wie beachtet werden sollte, das Aufsteigen der unteren Winde des Körpers durch den Zentralkanal und die Bildung der unteren Halbkugel, die das Kurz-AH umgibt, vorher bloß visualisiert wurde, fließt jetzt der nach unten entleerende Wind tatsächlich nach oben und bläst gegen den

Buchstaben. So wie rotglühende Kohlen heißer werden, wenn sie mit einem Blasebalg angeblasen werden, so brennt das Kurz-AH jetzt intensiver, während es vom nach unten entleerenden Wind angeweht wird. Wir stellen uns vor, daß der Buchstabe so heiß wird, daß er alles verbrennen könnte. Wir visualisieren, daß er heißer und heißer und immer heller glühend wird, bis die feine obere Spitze des Nadas des Kurz-AH für einen Augenblick aufflammt und die Flammen dann wieder verschwinden. Das Nada fährt fort auf diese Weise aufzuflammen und abzuklingen, während es von der Aufwärtsbewegung des nach unten entleerenden Windes angeweht wird, so wie heiße Kohlen aufflammen und dann wieder nur glühen, während sie von einem Blasebalg angefacht werden. Das ist die fünfte Stufe der Meditation, die «das Entfachen des Inneren Feuers» heißt. Wir sollten fortfahren, uns in dieser Praxis zu schulen, bis wir eine tatsächliche Erfahrung dieser Entfachung haben.

Gemäß der Tradition Je Tsongkhapas sollte jede Stufe der Meditation des Inneren Feuers methodisch und gründlich praktiziert werden, bis sich ein Erfolg einstellt. Wenn wir die Meditation des Inneren Feuers zu schnell praktizieren, mögen wir fähig sein, Körperwärme zu erzeugen, aber dies wird sich eigentlich als Hindernis erweisen, die wahren Früchte des Inneren Feuers zu erhalten. Deshalb sollten wir alle Erwartungen aufgeben und langsam und gründlich praktizieren; dann werden wir erfolgreich sein. Viele große Meditierende der Vergangenheit nahmen sich vier, fünf oder sechs Jahre Zeit, um die Meditation des Inneren Feuers zu vervollkommnen. Wir können sogar ein ganzes Leben damit verbringen, diesen Yoga zu praktizieren. Wie Longdöl Lama sagte:

> Die Meditation des Inneren Feuers ist wie eine wunscherfüllende Kuh, von der wir unerschöpflichen Nachschub an Nahrung erhalten können.

Panchen Losang Chökyi Gyaltsän

DAS FEUER ZUM LODERN BRINGEN

Die sechste Stufe der Meditation betrifft das Lodern des Inneren Feuers. Sie ist der fünften Stufe sehr ähnlich und auch sie wird in Verbindung mit Vasenatmung ausgeführt. Wie immer ist der erste Schritt, das Meditationsobjekt zu finden – das Kurz-AH auf dem Mondkissen in der Vakuole im Zentrum des Nabelkanalrades innerhalb des Zentralkanals. Wir erinnern uns, daß das Kurz-AH die Größe eines Senfkornes und die Natur von Feuer hat, sehr rot ist und von funkelndem Licht erstrahlt. Wir finden dieses Objekt und lösen unseren Geist darin auf.

Nun praktizieren wir Vasenatmung und halten unsere Konzentration fest auf das Meditationsobjekt gerichtet. Wie zuvor bewirken die Winde, die sich im Kurz-AH auflösen, während wir die Vasenatmung halten, daß sich der nach unten entleerende Wind gerade unterhalb des Nabelkanalrades nach oben bewegt, und dies wiederum führt dazu, daß die Hitze des Kurz-AH stark zunimmt. In der fünften Stufe visualisierten wir, daß die feine obere Spitze des Nadas wiederholt aufflammte und wieder abklang, auf dieser Stufe aber visualisieren wir, daß es ständig lodert, ohne abzuklingen, so wie die Kohlen eines Feuers von selbst lodern, sind sie einmal entfacht.

Die Flamme an der Spitze des Nadas verlängert sich allmählich, bis sie die Größe und den Durchmesser einer Nähnadel erreicht und eine sehr scharfe obere Spitze hat. Obwohl die Flamme sehr klein ist, ist sie äußerst kraftvoll. Wir visualisieren diese Flammennadel genau in der Mitte des Zentralkanals, ganz gerade stehend. Wir visualisieren jetzt, daß die kraftvolle Hitze, die durch diese Feuernadel erzeugt wird, den Zentralkanal hinaufsteigt, so wie Hitze von einer Kerzenflamme aufsteigt. Durch diese aufsteigende Hitze erwärmt, heizen sich das HUM im Herzkanalrad, das OM im Halskanalrad und das HAM im Scheitelkanalrad auf, bis sie fast schmelzen.

Zu diesem Zeitpunkt sollte unsere Konzentration hauptsächlich auf das Kurz-AH im Nabelkanalrad gerichtet sein, aber ein Teil unseres Geistes sollte die anderen Buchstaben innerhalb der oberen Kanalräder visualisieren und fühlen, daß sie den Schmelzpunkt erreichen. Diese ganze Visualisation wird ausgeführt, während wir die Vasenatmung halten. Gerade bevor es unangenehm wird, sie länger zu halten, atmen wir langsam und gleichmäßig durch beide Nasenlöcher aus. Wir sollten diese Meditation praktizieren, bis wir sehr geschickt darin sind. Wie bereits erwähnt, können wir mit der Vasenatmung beginnen und dann, wenn unsere Konzentration gut entwickelt ist, die Meditation allein mit Konzentration weiterführen.

Wenn das Feuer im Zentralkanal wie beschrieben lodert, werden wir fähig sein, Spontane Große Glückseligkeit zu erzeugen, während die weißen und roten Tropfen schmelzen, aber da diese geschmolzenen Tropfen innerhalb des Zentralkanals fließen, besteht nicht die Gefahr, daß wir sie durch das Geschlechtsorgan verlieren.

Wenn wir mit der Praxis der Meditation über Inneres Feuer beginnen, sollten wir die erste Stufe betonen und dabei bleiben, bis wir eine gewisse Erfahrung gewinnen. Dann sollten wir zur zweiten Stufe übergehen und uns schulen, bis wir eine gewisse Erfahrung damit gewonnen haben, und dann zur dritten Stufe weitergehen und so fort, bis wir in allen acht Stufen gewandt sind. Wenn wir geschickt darin sind, können wir alle diese acht Stufen nacheinander in einer Meditationssitzung praktizieren. Da in der Regel die Zeit, die für die Meditation verfügbar ist, begrenzt ist, mag es schwierig sein, jeder Stufe genügend Zeit zu widmen, um die gewünschte Gewandtheit zu gewinnen. Um Vertrautheit mit der Meditation des Inneren Feuers zu gewinnen, ist es in diesem Falle möglich, alle acht Stufen in einer Sitzung zu praktizieren. Dies wird keine tiefe Erfahrung bringen, es uns aber erlauben, mit all den technischen Methoden der acht Stufen vertraut zu werden. Damit werden wir fähig sein, mit Vertrauen fortzuschreiten, wenn wir in einem Retreat die Zeit haben, eingehend zu praktizieren.

BLOSSES LODERN UND TROPFEN

Die siebte Stufe entwickelt sich aus der vorherigen Stufe und auch sie wird in Verbindung mit Vasenatmung ausgeführt. Einmal mehr finden wir das Meditationsobjekt – das Kurz-AH und seine Flammennadel – und lassen die Flamme allmählich länger werden. Sie hat die Natur sehr kraftvollen Feuers, das genau durch die Mitte des Zentralkanals aufsteigt. Wenn sie das Zentrum des Herzkanalrades erreicht, schlingt sie sich einmal im Uhrzeigersinn um den auf dem Kopf stehenden Buchstaben HUM, und bringt ihn dadurch noch näher ans Schmelzen. Die Flamme wandert dann allmählich weiter den Zentralkanal hinauf, bis sie das Zentrum des Halskanalrades erreicht, wo sie sich einmal im Uhrzeigersinn um den aufrecht stehenden Buchstaben OM schlingt, und bringt ihn dadurch ebenfalls näher ans Schmelzen. Der Flammenfaden geht dann weiter nach oben, bis er das Zentrum des Scheitelkanalrades erreicht und das untere Ende des auf dem Kopf stehenden Buchstabens HAM berührt. In der Folge tropft ein weißer Tropfen vom Buchstaben herab, so wie Butter schmilzt und tropft, wenn sie über die Flammen eines offenen Feuers gehalten wird. Zu diesem Zeitpunkt visualisieren wir, daß das Feuer nachläßt und auf eine Flammennadel reduziert wird, die vom Kurz-AH ausgeht. Während dieser Meditation ist es nicht nötig, die Mondkissen zu visualisieren.

Der geschmolzene weiße Tropfen tropft vom HAM in einem langen dünnen Faden, so fein wie der Faden eines Spinnennetzes. Das gleicht der Art und Weise wie Honig von einem kleinen Loch aus einer Honigbüchse in einem langen Faden tropft. Während er heruntertropft, löst sich der Tropfen im OM am Hals auf, was ein Gefühl äußerster Glückseligkeit in uns auslöst. Dann tropft er aus dem OM und fällt weiter hinunter, bis er das Herzkanalrad erreicht, wo er sich in das HUM auflöst, was in uns sogar noch größere Glückseligkeit als zuvor auslöst. Schließlich erreicht der Tropfen das Nabelkanalrad und löst sich in die Flamme des Kurz-AH auf, was bewirkt, daß sie sogar noch heißer wird, genauso wie Butter, die auf ein offenes Feuer tropft, das Feuer noch intensiver brennen läßt. So wie die Hitze des Buchstabens zunimmt, so nimmt unsere Erfahrung von Glückseligkeit zu. Wenn möglich sollte diese ganze Visualisation ausgeführt werden, während wir eine Vasenatmung halten. Wenn dies zu schwierig ist, können wir die Vasenatmung vorher ausführen und dann, während wir normal atmen, die Länge der Flammennadel vergrößern und mit dem Rest dieser Meditationsstufe fortfahren.

EINE ERKLÄRUNG VON AUSSERORDENTLICHEM LODERN UND TROPFEN

Diese achte Stufe ist der vorangegangenen ähnlich und auch sie wird in Verbindung mit Vasenatmung ausgeführt. Die Flammennadel steigt den Zentralkanal hinauf wie ein rotglühender elektrischer Draht. Sie schlingt sich um das HUM und OM wie zuvor und steigt zum Zentrum des Scheitelkanalrades auf. Wenn die Flamme einmal das HAM erreicht hat, verändert sich die Praxis gegenüber der vorangegangenen Stufe. Anstatt den weißen Tropfen zu schmelzen, schlingt sich der Feuerfaden einmal im Uhrzeigersinn um den Buchstaben, bringt ihn fast zum Schmelzpunkt und geht dann im Bogen weiter abwärts durch den Zentralkanal, bis er das Ende des Zentralkanals zwischen den Augenbrauen erreicht.

Wenn das Feuer den Punkt zwischen den Augenbrauen erreicht, scheint sein Licht durch die dortige Öffnung, erreicht augenblicklich das Ende des Raumes, durchdringt jede Umgebung und alle Bewohner des Begierdebereiches, des Form- und formlosen Bereiches. Das Licht reinigt die Fehler und Verunreinigungen aller dieser Welten und ihrer Bewohner und bewirkt, daß sie zu Licht schmelzen, sich vollständig vermischen und innerhalb einer einzigen kleinen Kugel blauen Lichtes ununterscheidbar werden. Wir visualisieren diese Kugel vor uns in der Größe einer Glühbirne.

Zu diesem Zeitpunkt visualisieren wir, daß alle Buddhas der drei Zeiten und der zehn Richtungen in der Form von Helden und Heldinnen in einsgerichteter Umarmung erscheinen und den ganzen Raum außerhalb der Lichtkugel ausfüllen. Wir visualisieren, daß Strahlen leuchtenden blauen Lichtes von der Kugel ausgehen und durch das linke Nasenloch jedes Vaters eintreten. Dieses Licht löst sich im unzerstörbaren Tropfen des Herzkanalrades der heiligen Wesen auf und bewirkt, daß sie nichtverunreinigte Spontane Große Glückseligkeit erfahren.

Während jedes Paar diese Große Glückseligkeit erfährt, schmilzt es zu Licht. Die Vater-Aspekte schmelzen zu weißen Tropfen und die Mutter-Aspekte zu roten Tropfen. Die von jedem Paar stammenden Tropfen vermischen sich vollständig, so daß alles, was von ihnen übrigbleibt, ein einzelner Tropfen von der Natur Großer Glückseligkeit ist, der weiß mit einem rötlichen Schimmer ist. Alle diese verschiedenen Lichttropfen verschmelzen zu einem, der durch die Stelle zwischen unseren Augenbrauen in uns eintritt. Von dort steigt dieser kraftvolle Tropfen durch den Zentralkanal auf, bis er den Buchstaben HAM im Zentrum des Scheitelkanalrades erreicht. Er löst sich dann in den Buchstaben HAM auf, der sich vollständig vereint mit der Essenz aller Helden und Heldinnen. Wir haben das Gefühl, daß das HAM jetzt durch die Kraft und Weisheit der Buddhas der drei Zeiten und der zehn Richtungen stark gesegnet wurde. Es ist sehr wichtig, daß unsere Konzentration darauf so einsgerichtet wie möglich ist.

Dann wenden wir unsere Aufmerksamkeit dem Nabelkanalrad zu. Wie zuvor sehen wir das äußerst heiße Feuer, das vom Kurz-AH als Nadelflamme erzeugt wurde. Einmal mehr steigt dieses kraftvolle Feuer durch den Zentralkanal hinauf, bis es zum HAM beim Scheitel gelangt. Da zum jetzigen Zeitpunkt die Visualisation des HUM und des OM eine Ablenkung wäre, visualisieren wir, daß die Flamme ganz gerade den Zentralkanal zum HAM hochgeht, was diesen Buchstaben zum Schmelzen bringt. Während er schmilzt, tropft der weiße Tropfen vom Buchstaben herab und beginnt, den Zentralkanal hinunter zu fließen, bis er den Buchstaben OM im Halskanalrad erreicht, an den wir uns jetzt wieder erinnern. Wenn er das OM berührt, verwandelt sich dieser Buchstabe, so daß seine Natur zur Synthese aller Helden und Heldinnen wird. Der weiße Tropfen fließt dann hinunter zum Herzkanalrad und berührt das HUM, was die gleiche Verwandlung bewirkt, und fließt dann zum Nabelkanalrad hinab, wo er auch das Kurz-AH verwandelt. Jetzt, stark konzentriert, haben wir das Gefühl, daß das Kurz-AH, das von der Natur Großer Glückseligkeit ist, die Synthese aller erleuchteten Wesen der drei Zeiten und der zehn Richtungen ist. Diese kraftvolle Segnung bewirkt, daß die durch das Kurz-AH erzeugte Hitze sehr viel stärker wird.

Wir bleiben eine Weile in dieser Konzentration und visualisieren dann, daß das gleißende Licht des Inneren Feuers sich durch die vierundsechzig Speichen des Nabelkanalrades und dann durch die zweiundsiebzigtausend Kanäle des Körpers ausbreitet und alle ihre Defekte korrigiert, alle Winde und Tropfen klärt und unsere gesamte Negativität von Körper, Rede und Geist aufzehrt. Auf diese Weise werden unsere Kanäle, Winde und Tropfen durch die Kraft und Weisheit aller voll erleuchteten Wesen gesegnet.

Wenn wir unseren Körper durch diese Meditation wärmen müssen, sollten wir das Licht, das innerhalb der zweiundsiebzigtausend Kanäle fließt, als sehr heiß ansehen. Wenn uns jedoch Geschicklichkeit fehlt, kann diese Visualisation von der Hitze im Zentralkanal ablenken und so verhindern, daß die richtigen Früchte der Meditation über Inneres Feuer reifen. Es besteht sogar die Gefahr, daß unsere Meditation über Inneres Feuer zu einer unreinen Dharma-Praxis degeneriert und dadurch mindere Resultate hervorbringt. Wie bereits festgestellt, ist das Hauptobjekt der Meditation über Inneres Feuer, alle unsere Kanäle, Winde und Tropfen zu segnen, alle unreinen Winde zu reinigen, und jeden einzelnen groben und subtilen negativen Gedanken auszumerzen, einschließlich der subtilsten dualistischen Vorstellungen, die die Erlangung der vollkommenen

Erleuchtung behindern. Alle diese höchsten Ziele werden durch die Erfahrung des Lichtes des Inneren Feuers erreicht.

Die Meditation über Inneres Feuer ist ein schrittweiser Vorgang. Wenn wir ganz am Anfang unserer Praxis viel Hitze erfahren, ist dies wahrscheinlich ein Hinweis, daß unser Geist nicht auf den richtigen Ort der Meditation gerichtet ist. Zu Beginn sollte die Hitze nur innerhalb der Vakuole im Zentralkanal beim Nabelkanalrad erzeugt werden, nicht im groben stofflichen Körper.

Es gab einen großen Yogi namens Sangye Gyatso, dessen Kloster in der Region von Se in Tibet lag. Als er starb, war es Winter und es lag viel Schnee. Während er verschied, blieb er für einen Monat in einsgerichteter Meditation über Klares Licht, und da seine Konzentration auf die Praxis des Inneren Feuers so kraftvoll war, schmolz aller Schnee um das Kloster herum.

Wenn wir alle unsere Kanäle, Winde und Tropfen erfolgreich segnen und reinigen, wird unser Geist ganz natürlich äußerst klar und luzid werden, und in der Folge werden wir ein gewisses Maß an Hellsicht und Wunderkräften erwerben. Die Voraussagen, die ein Meditierender macht, der auf diese Stufe gelangt ist, werden sehr präzise sein. Solche Kräfte sind natürliche Nebenwirkungen der Meditation über Inneres Feuer, aber sie sind keine qualifizierten Wunderkräfte. Wie Atisha in *Lampe für den Pfad zur Erleuchtung* feststellt, werden reine, qualifizierte Wunderkräfte erst erlangt, nachdem wir das eigentliche Ruhige Verweilen erreicht haben.

Wenn die Kanäle, Winde und Tropfen gereinigt und die Winde in den Zentralkanal gebracht worden sind, haben dualistische Vorstellungen – die Quelle von Samsara – keine Grundlage mehr und deshalb verschwinden sie. Die Myriaden negativer Gedanken, die durch den dualistischen Geist genährt werden, lösen sich mühelos auf und in der Folge entwickelt der Geist spontan positive Qualitäten.

Die achte Stufe der Meditation heißt «außerordentlich», weil sie die Kraft und Segnungen der Helden und Heldinnen anruft. Sie hat drei Hauptvorteile: (1) sie gewährt die

Segnungen der Helden und Heldinnen; (2) sie segnet und klärt die Kanäle, Winde und Tropfen und zerstört dadurch negative Gedanken und (3) sie entfacht das Innere Feuer und bringt es zum Lodern, so daß die Tropfen schmelzen, und im Zentralkanal fließen und dadurch Spontane Große Glückseligkeit entstehen lassen.

Dies beschließt den ersten Abschnitt der Meditation über das Innere Feuer. Diese besondere Praxis des Inneren Feuers ist bekannt als «die Wilde mit vier Rädern» und wird hauptsächlich im *Hevajra-Tantra* und auch im *Samputa-Tantra* und *Kleinen Samvara-Tantra* erklärt. Die Mehrheit der früheren Yogis praktizierte dieses System und erreichte dadurch vollkommene Realisationen, und darum ist es ein äußerst kostbarer und wertvoller Schatz.

Klares Licht und die vier Freuden

EINE ERKLÄRUNG DER PRAXIS DER VIER FREUDEN UND DER NEUN MISCHUNGEN, DIE AUF DEN ACHT STUFEN BASIERT

Dieser Abschnitt wird in zwei Teilen erklärt:

1. Eine Erklärung der vier Freuden
2. Eine Erklärung der neun Mischungen

EINE ERKLÄRUNG DER VIER FREUDEN

Es gibt zwei Gruppen der vier Freuden: die vier Freuden der Erzeugungsstufe und die vier Freuden der Vollendungsstufe; und es sind die letzteren, die hier beschrieben werden. Das Erfahren der vier Freuden der Vollendungsstufe hängt davon ab, daß die Winde in den Zentralkanal eintreten, dort verweilen und sich auflösen. Die Methode, mit der dies erreicht wird, sind die acht Stufen der Meditation über Inneres Feuer. Wenn wir diese acht Stufen erfolgreich praktizieren, ist es sicher, daß wir in der Lage sein werden, die gewünschte Kontrolle über unsere inneren Winde zu gewinnen. Weil es sehr wichtig ist zu erkennen, wann die Winde in den Zentralkanal eintreten, dort verweilen und sich auflösen, müssen wir vertraut werden mit den Zeichen, die mit jeder dieser Stufen verbunden sind. Deshalb wird es hilfreich sein, eine ausführliche Beschreibung dieser Zeichen zu präsentieren, bevor die vier Freuden besprochen werden.

Wir können feststellen, ob unsere Winde in den Zentralkanal eingetreten sind oder nicht, indem wir unsere Atmung prüfen. Normalerweise gibt es Ungleichheiten in unserer Atmung: es wird mehr Luft durch das eine als durch das andere Nasenloch ausgeatmet, und die Luft beginnt das eine

Drubchen Gendun Gyaltsän

Nasenloch früher zu verlassen als das andere. Wenn jedoch die Winde als Folge der acht Stufen der Meditation in den Zentralkanal eingetreten sind, wird der Druck und der zeitliche Ablauf unseres Atems während der Ein- und Ausatmung für beide Nasenlöcher gleich sein. Deshalb ist das erste Zeichen, das wir bemerken sollten, daß wir gleichmäßig durch beide Nasenlöcher atmen. Ein anderes auffallendes Ungleichgewicht beim normalen Atem ist, daß die Einatmung stärker ist als die Ausatmung oder umgekehrt. Das zweite Zeichen, daß die Winde in den Zentralkanal eingetreten sind, ist, daß der Druck des Einatmens genau gleich ist wie der Druck des Ausatmens.

Es gibt auch zwei Zeichen, die darauf hinweisen, daß die Winde im Zentralkanal verweilen: (1) unser Atem wird schwächer und schwächer und hört schließlich vollständig auf, und (2) jede Bewegung des Bauches, die normalerweise mit der Atmung verbunden ist, endet. Wenn unsere Atmung unter gewöhnlichen Umständen aufhören würde, wären wir von Panik ergriffen und würden denken, daß wir dem Tod nahe sind. Wenn wir aber durch die Kraft der Meditation in der Lage sind, die Atmung zu stoppen, wird unser Geist, anstatt in Panik zu geraten, sogar noch selbstsicherer, angenehmer und flexibler werden.

Wenn die Winde im Zentralkanal verweilen, sind wir zum Überleben nicht mehr länger auf grobe Luft angewiesen. Normalerweise hört unsere Atmung erst zur Zeit des Todes auf. Während des Schlafes wird unsere Atmung sehr viel feiner, aber sie hört nie vollständig auf. Während der Vollendungsstufenmeditation kann unser Atem jedoch zu einem vollständigen Stillstand kommen, ohne daß wir bewußtlos werden. Nachdem die Winde für fünf oder zehn Minuten im Zentralkanal verweilt sind, ist es möglich, daß sie wieder in den rechten und linken Kanal entwischen. Wenn dies geschieht, beginnen wir wieder zu atmen. Luft, die durch die Nasenlöcher fließt, ist ein Hinweis darauf, daß die Winde nicht innerhalb des Zentralkanals verweilen.

Wie bereits erwähnt, bewirkt die Meditation über Inneres Feuer nicht nur, daß die Winde in den Zentralkanal eintreten und dort verweilen, sondern auch daß sie sich dort auflösen. Was sind die Zeichen, daß sich die Winde im Zentralkanal aufgelöst haben? Es gibt sieben Winde, die sich auflösen müssen, und jeder dieser Winde hat ein besonderes Zeichen, das darauf hinweist, daß seine Auflösung abgeschlossen ist. Die sieben Winde sind:

(1) Der Erdelementwind
(2) Der Wasserelementwind
(3) Der Feuerelementwind
(4) Der Windelementwind
(5) Der Wind, der den Geist der weißen Erscheinung trägt
(6) Der Wind, der den Geist der roten Vermehrung trägt
(7) Der Wind, der den Geist der schwarzen Naherlangung trägt

Die ersten vier dieser Winde sind grob, und die letzten drei sind subtil. Diese sieben Winde lösen sich allmählich der Reihe nach auf, und zu jeder Auflösung gehört eine bestimmte Erscheinung.

Der Erdelementwind unterstützt und vermehrt alles, was mit dem Erdelement in unserem Körper verbunden ist, wie zum Beispiel unsere Knochen, Knorpel und Fingernägel. Wenn sich dieser Wind im Zentralkanal auflöst, nehmen wir eine Erscheinung wahr, die als «luftspiegelungsähnliche Erscheinung» bekannt ist. Diese Erscheinung gleicht schimmerndem Wasser, das man manchmal auf dem Wüstenboden sieht. Es gibt drei Ebenen, auf denen diese luftspiegelungsähnliche Erscheinung wahrgenommen wird, abhängig davon, wie stark sich der Erdelementwind im Zentralkanal aufgelöst hat. Wenn die Auflösung nur leicht ist, wird die Erscheinung vage sein, nicht sehr deutlich und sehr schwierig zu erkennen; wenn die Auflösung fast vollständig ist, wird die Erscheinung deutlicher und lebendiger sein; und wenn der Wind sich vollständig auflöst, wird die Erscheinung ganz deutlich und lebendig und unmöglich zu übersehen sein. Wenn der Erdelementwind sich aufgelöst hat und die luftspiegelungsähnliche Erscheinung wahrgenommen wurde, wird sich der nächste Wind auflösen und eine andere Erscheinung wird sich manifestieren. Je vollständiger sich der erste Wind auflöst, um so lebendiger wird unsere Wahrnehmung dieser nächsten Erscheinung sein.

Der zweite Wind, der sich auflöst, ist der Wasserelementwind, der die flüssigen Elemente des Körpers, wie zum Beispiel das Blut, unterstützt und vermehrt. Die mit dieser Auflösung verbundene Erscheinung wird «rauchähnliche Erscheinung» genannt. Einige Schriften behaupten, daß diese Erscheinung wie Rauch ist, der aus einem Kamin quillt. Das ist aber nicht die wirkliche Erscheinung. Es gibt eine Erscheinung wie quellender Rauch, aber diese ereignet sich gerade vor der eigentlichen Auflösung des Wasserelementwindes. Erst wenn diese anfängliche Erscheinung abgeklungen ist, wird die tatsächliche rauchähnliche Erscheinung wahrgenommen. Diese gleicht dünnen Rauchfähnchen von blauen Rauchschwaden, die in der Luft in der Form von langsam kreisendem Dunst schweben. Wie zuvor gibt es drei Ebenen, auf denen diese Erscheinung wahrgenommen wird, abhängig davon, wie stark sich das Wasserelement aufgelöst hat.

Als nächstes kommt die Auflösung des Feuerelementwindes. Dieser Wind unterstützt und vermehrt das Feuerelement im Körper und ist verantwortlich für die Körperwärme und ähnliches. Das Zeichen, daß sich dieser Wind aufgelöst hat, ist die «funkelnde-Leuchtkäfer-ähnliche Erscheinung». Diese Erscheinung wird manchmal mit einem offenen, knackenden Feuer in der Nacht verglichen, wobei die aufsteigenden Funken, die über dem Feuer tanzen, der funkelnden-Leuchtkäfer-ähnlichen Erscheinung gleichen. Einmal mehr gibt es drei Ebenen, auf denen diese Erscheinung wahrgenommen wird, abhängig von der Stärke der Auflösung.

Als nächstes folgt die Auflösung des Windelementwindes. Dies ist der Wind, der grobes begriffliches Denken trägt. Er regt grobe dualistische Erscheinungen und die groben begrifflichen Gedanken an, die sich ergeben, wenn diese Erscheinungen für wahr gehalten werden. Das Zeichen, daß der vierte der groben Winde begonnen hat sich aufzulösen, ist die «kerzenflammenähnliche Erscheinung». Diese Erscheinung gleicht der ruhigen, aufrechten Flamme einer ausgehenden Butterlampe oder einer Kerze in einem Raum ohne Zugluft. Einmal mehr gibt es drei Ebenen, auf denen diese Erscheinung wahrgenommen wird.

Wenn sich der Erdelementwind innerhalb des Zentralkanals aufgelöst und sich die Kraft des Erdelementes dadurch vermindert hat, mag es scheinen, als ob sich das Wasserelement verstärkt hat, weil das Wasserelement deutlicher wahrgenommen wird, wenn die Kraft des Erdelementes abnimmt. Aus diesem Grund wird die Auflösung des Erdelementwindes im Zentralkanal oft beschrieben als «das Erdelement löst sich in das Wasserelement auf». Aus ähnlichen Gründen werden die nachfolgenden Auflösungen als «das Wasserelement löst sich in das Feuerelement auf», «das Feuerelement löst sich in das Windelement auf» und «das Windelement löst sich in das Bewußtsein auf» bezeichnet.

Nach der kerzenflammenähnlichen Erscheinung haben alle groben begrifflichen Geistesarten zu funktionieren aufgehört, weil die Winde, die sie tragen, sich aufgelöst haben und verschwunden sind. Wenn der oder die Meditierende die Auflösung des vierten Windes vollendet hat, entsteht der erste subtile Geist, der Geist der weißen Erscheinung. Mit diesem Geist nimmt der oder die Meditierende eine Erscheinung von Weiß wahr wie ein leerer, vom hellen Licht des Mondes durchdrungener Himmel in einer klaren Herbstnacht. Wie zuvor gibt es drei Ebenen der Klarheit für diese Erscheinung, abhängig von der Fähigkeit des oder der Meditierenden.

Zu diesem Zeitpunkt ist der Geist vollständig frei von groben Vorstellungen, wie den unten aufgelisteten achtzig hinweisenden Vorstellungen, und die einzige Wahrnehmung ist die Wahrnehmung von weißem, leerem Raum. Auch gewöhnliche Wesen nehmen diese Erscheinung wahr, zum Beispiel wenn sie sterben. Sie sind jedoch nicht fähig, sie zu erkennen oder zu verlängern, weil auf dieser Stufe die gewöhnliche grobe Ebene von Achtsamkeit aufgehört hat zu funktionieren. Obwohl es auf dieser Stufe keine grobe Achtsamkeit gibt, sind diejenigen, die sich gemäß den Übungen des Geheimen Mantras richtig geschult haben, in der Lage, die subtile Achtsamkeit, die sie während der Meditation entwickelt haben, zu verwenden, um die weiße Erscheinung zu erkennen und zu verlängern, etwas, was gewöhnliche Wesen nicht tun können.

Wenn der subtile Wind, der den Geist der weißen Erscheinung trägt, sich auflöst, entsteht der Geist der roten Vermehrung. Dieser Geist und sein Wind sind subtiler als der Geist und Wind der weißen Erscheinung. Das Zeichen, das auftaucht, wenn dieser Geist entsteht, ist eine Erscheinung wie ein leerer, von rotem Sonnenlicht durchdrungener Himmel. Einmal mehr gibt es drei Ebenen der Klarheit für diese Erscheinung.

Wenn der subtile Wind, der den Geist der roten Vermehrung trägt, sich auflöst, entsteht der Geist der schwarzen Naherlangung. Dieser Geist und der ihn tragende Wind sind sogar noch subtiler als der Geist und Wind der roten Vermehrung. Der Geist der schwarzen Naherlangung hat zwei Ebenen: der obere Teil und der untere Teil. Der obere Teil des Geistes der schwarzen Naherlangung besitzt noch subtile Achtsamkeit, aber der untere Teil hat überhaupt keine Achtsamkeit. Er wird als überwältigende Bewußtlosigkeit erfahren, wie die einer tiefen Ohnmacht. Zu diesem Zeitpunkt würden wir anderen Menschen als tot erscheinen.

Das Zeichen, das sich zeigt, wenn der Geist der schwarzen Naherlangung entsteht, ist eine Erscheinung wie ein sehr schwarzer, leerer Himmel. Diese Erscheinung kommt zusammen mit dem oberen Teil des Geistes der schwarzen Naherlangung sofort nach der Beendigung des Geistes der roten Vermehrung. Während die Erfahrung der schwarzen Naherlangung weitergeht und wir uns der vollständigen Bewußtlosigkeit nähern, endet unsere subtile Achtsamkeit. Je stärker der Wind sich im Zentralkanal auflöst, um so tiefer bewußtlos werden wir während dem Geist der schwarzen Naherlangung; und je tiefer bewußtlos wir zu diesem Zeitpunkt werden, um so lebhafter werden wir die nachfolgende Erscheinung des Klaren Lichtes wahrnehmen. Dies gleicht der Erfahrung, die man hat, wenn man lange Zeit in einem dunklen Raum bleibt; je länger man dort bleibt, um so heller wird die äußere Welt erscheinen, wenn man schließlich wieder herauskommt. Somit hängt die Stärke der erfahrenen Helligkeit von der Tiefe und Dauer der vorangehenden Dunkelheit ab.

Wenn der subtile Wind, der den Geist der schwarzen Naherlangung trägt, sich auflöst, entsteht der Geist des Klaren Lichtes. Dieser Geist und der Wind, der ihn trägt, sind die subtilsten von allen. Das Zeichen, das sich zeigt, wenn dieser Geist entsteht, ist eine Erscheinung wie ein Herbsthimmel im Morgengrauen, vollkommen klar und leer.

Wenn der Geist des Klaren Lichtes entsteht, wird erneut eine sehr subtile Achtsamkeit hergestellt, abhängig von der Entwicklungsstufe des oder der Meditierenden. Der sehr subtile Wind und der sehr subtile Geist, der von diesem getragen wird, halten sich im unzerstörbaren Tropfen im Zentrum des Herzkanalrades auf. Normalerweise arbeitet der sehr subtile Geist nicht, aber zur Zeit des Klaren Lichtes manifestiert er sich und wird aktiv. Wenn wir uns in den Techniken des Geheimen Mantras geschult und Gewandtheit erreicht haben, werden wir fähig sein, die Erscheinung des Klaren Lichtes wahrzunehmen und aufrechtzuerhalten. Indem wir lernen, die auf dieser Stufe entwickelte sehr subtile Achtsamkeit zu benutzen, werden wir schließlich in der Lage sein, unseren sehr subtilen Geist auf Leerheit zu richten und auf diese Weise den Geist des Klaren Lichtes als Mittel zu verwenden, den Wahrheitskörper eines Buddhas zu erlangen.

Unser Geist kann nicht subtiler werden als der Geist des Klaren Lichtes. Während der ersten vier Erscheinungen (luftspiegelungsähnlich, rauchähnlich, funkelnde-Leuchtkäfer-ähnlich und kerzenflammenähnlich) lösen sich die groben Winde auf; und während der nächsten drei (weiße Erscheinung, rote Vermehrung und schwarze Naherlangung) lösen sich die subtilen Winde auf. Dann, mit der Erscheinung des Klaren Lichtes, manifestieren sich der sehr subtile Geist und der ihn tragende Wind und werden aktiv. Diese können sich nicht auflösen, weil sie unzerstörbar sind. Nach dem Tod gehen sie einfach zum nächsten Leben weiter.

Von den drei subtilen Winden, die die drei subtilen Geistesarten tragen, ist der am wenigsten subtilste derjenige, der den Geist der weißen Erscheinung trägt. Dieser Geist wird «weiße Erscheinung» genannt, weil alles, was wahrgenommen wird, eine Erscheinung von weißem, leerem Raum ist. Er wird auch «leer» genannt, weil der Geist der weißen Erscheinung diesen weißen Raum als leer wahrnimmt. Auf dieser Stufe sind die Erscheinung von weiß und die Erscheinung von leer von gleicher Stärke.

Wenn der Wind, der den Geist der weißen Erscheinung trägt, sich auflöst, entsteht der zweite der drei subtilen Geistesarten, der Geist der roten Vermehrung. Der Wind, der diesen Geist trägt, ist subtiler als derjenige, der den Geist der weißen Erscheinung trägt. Dieser Geist wird «rote Vermehrung» genannt, weil sich die Erscheinung von rotem Raum vermehrt. Er wird auch «sehr leer» genannt, weil die Erscheinung von leer stärker ist als beim vorherigen Geist. Auf dieser Stufe ist die Erscheinung von leer stärker als die Erscheinung von rot.

Wenn der Wind des Geistes der roten Vermehrung sich auflöst, entsteht der dritte subtile Geist, der Geist der schwarzen Naherlangung. Dieser Geist wird «Naherlangung» genannt, weil die Erfahrung des Klaren Lichtes jetzt greifbar nah ist. Er wird auch «groß leer» genannt, weil die Erscheinung von leer noch größer ist als beim vorherigen Geist.

Wenn der dritte subtile Wind, derjenige, der den Geist der schwarzen Naherlangung trägt, sich auflöst, entsteht der Geist des Klaren Lichtes. Dieser Geist wird «Klares Licht» genannt, weil seine Natur sehr luzid und klar ist und weil er eine Erscheinung wie das Licht der Morgendämmerung im Herbst wahrnimmt. Er wird auch «ganz leer» genannt, weil er leer von allen groben und subtilen Winden ist und nur eine leere Erscheinung wahrnimmt. Das Objekt des Geistes des Klaren Lichtes ist in seiner Erscheinung sehr ähnlich dem Objekt, das ein Höheres Wesen in meditativem Gleichgewicht über Leerheit wahrnimmt. Zusammen werden die vier Geistesarten – der Geist der weißen Erscheinung, der Geist der roten Vermehrung, der Geist der schwarzen Naherlangung und der Geist des Klaren Lichtes – als die «vier Leeren» bezeichnet.

Wenn ein Meditierender oder eine Meditierende des Geheimen Mantras sehr fortgeschritten ist, wird er oder sie über eine sehr lebhafte Erfahrung des Klaren Lichtes verfügen und fähig sein, diese Erfahrung für eine lange Zeit aufrechtzuerhalten. Wie lebendig unsere Erfahrung des Klaren Lichtes ist, hängt davon ab, wie lebendig die vorangegangenen sieben Erscheinungen waren, und dies wiederum hängt davon ab, wie kräftig sich die Winde im Zentralkanal aufgelöst haben. Wenn die Winde sich sehr stark auflösen, wird der oder die Meditierende eine lebhafte Erfahrung aller Erscheinungen haben und in der Lage sein, die Erfahrung jeder einzelnen zu verlängern. Je länger wir fähig sind, jede Erscheinung zu erfahren, desto länger werden wir fähig sein, das Klare Licht selbst zu erfahren.

Wenn eine Person eines gewaltsamen Todes stirbt, geht sie sehr schnell durch diese Erscheinungen hindurch. Wenn der Tod aber langsam oder natürlich ist, werden die Erscheinungen nach und nach und für längere Zeit erfahren. Wenn wir die Realisation des Isolierten Geistes der Vollendungsstufe entwickelt haben – was später ausführlicher erklärt wird –, werden wir in der Lage sein, während wir in tiefer Konzentration sind, die genau gleiche Erfahrung dieser Erscheinungen zu haben, wie wenn wir tatsächlich sterben würden. Wenn wir uns außerdem gut in dieser Meditation geschult haben, werden wir fähig sein, durch alle «vier Leeren» hindurch über Leerheit zu meditieren, außer in der Zeit während der Ohnmacht des Geistes der schwarzen Naherlangung.

Um die «vier Leeren» deutlich wahrnehmen zu können, genau wie beim Todesvorgang, müssen wir alle Winde in den unzerstörbaren Tropfen im Zentrum des Herzkanalrades auflösen können. Wenn sie sich in ein anderes Kanalrad auflösen, werden wir ähnliche Erscheinungen erfahren, aber sie werden künstlich sein, nicht die wahren Erscheinungen, die sich zeigen, wenn sich die Winde in den unzerstörbaren Tropfen auflösen, wie sie es zur Todeszeit tun.

Obwohl ein vollendeter Meditierender resp. eine vollendete Meditierende für eine lange Zeit im Klaren Licht verweilen kann, muß er oder sie schließlich weitergehen. Wenn wir uns aus dem Klaren Licht erheben, ist das erste, was wir erfahren, der Geist der schwarzen Naherlangung der umgekehrten Folge. Dann erfahren wir nacheinander den Geist der roten Vermehrung, den Geist der weißen Erscheinung, die achtzig groben begrifflichen Geistesarten, die Geistesarten der kerzenflammenähnlichen Erscheinung und so fort, während die Geistesarten sich in einer Reihenfolge entwickeln, die umgekehrt der Reihenfolge ist, in der sie sich vorher auflösten.

Somit ist der Geist des Klaren Lichtes die Grundlage aller anderen Geistesarten. Wenn die groben und subtilen Geistesarten und die sie tragenden Winde sich im unzerstörbaren Tropfen beim Herzen auflösen, bleiben wir nur mit dem Klaren Licht zurück, und dann bilden sich nacheinander aus diesem Klaren Licht heraus alle anderen Geistesarten, eine gröber als die andere.

Im allgemeinen heißt es, daß es fünfundzwanzig grobe Phänomene gibt, die sich auflösen, wenn ein fühlendes Wesen durch den Todesvorgang geht. Es sind:

Die fünf Anhäufungen:

(1) Die Anhäufung von Form
(2) Die Anhäufung von Gefühl
(3) Die Anhäufung von Unterscheidung
(4) Die Anhäufung von zusammensetzenden Faktoren
(5) Die Anhäufung von Bewußtsein

Die vier Elemente:

(6) Das Erdelement
(7) Das Wasserelement
(8) Das Feuerelement
(9) Das Windelement

Die sechs Kräfte:

(10) Die Augensinneskraft
(11) Die Ohrensinneskraft
(12) Die Nasensinneskraft
(13) Die Zungensinneskraft
(14) Die Körpersinneskraft
(15) Die geistige Kraft

Die fünf Objekte:

(16) Die in unserem eigenen Kontinuum enthaltenen visuellen Formen
(17) Die in unserem eigenen Kontinuum enthaltenen Klänge
(18) Die in unserem eigenen Kontinuum enthaltenen Gerüche
(19) Die in unserem eigenen Kontinuum enthaltenen Geschmäcke
(20) Die in unserem eigenen Kontinuum enthaltenen Objekte des Tastsinnes

Die fünf grundlegenden Weisheiten:

(21) Die grundlegende spiegelgleiche Weisheit
(22) Die grundlegende Weisheit der Gleichheit
(23) Die grundlegende Weisheit der individuellen Analyse
(24) Die grundlegende Weisheit, Handlungen zu vollenden
(25) Die grundlegende Weisheit des Dharmadhatus

Die ersten vier dieser Gruppen sind leicht zu verstehen. Zu den fünf grundlegenden Weisheiten folgt nun eine kurze Erklärung. Die grundlegende spiegelgleiche Weisheit heißt so, weil es ein gewöhnlicher Geist ist, der viele Objekte gleichzeitig wahrnehmen kann, so wie ein Spiegel gleichzeitig viele verschiedene Formen reflektieren kann. Die grundlegende Weisheit der Gleichheit ist der Geist, der sich an Erfahrungen als angenehm, unangenehm oder neutral erinnert;

die grundlegende Weisheit individueller Analyse ist der Geist, der sich an die individuellen Namen unserer Freunde, Verwandten und so fort erinnert; die grundlegende Weisheit, Handlungen zu vollenden, ist der Geist, der sich an normale äußere Handlungen, Aufgaben und so fort erinnert; und die grundlegende Weisheit des Dharmadhatus ist der Geist, der der Samen des Weisheits-Wahrheitskörpers eines Buddhas ist.

Zur Zeit des Todes erfahren die meisten Leute die Auflösung dieser fünfundzwanzig Objekte in der unten angegebenen Reihenfolge, wobei sich bestimmte Phänomene in Verbindung mit jeder der fünf Anhäufungen auflösen:

Die fünf Phänomene auf der Ebene der Anhäufung von Form:

(1) Die Anhäufung von Form
(2) Die grundlegende spiegelgleiche Weisheit
(3) Das Erdelement
(4) Die Augensinneskraft
(5) Die in unserem eigenen Kontinuum enthaltenen visuellen Formen

Die fünf Phänomene auf der Ebene der Anhäufung von Gefühl:

(6) Die Anhäufung von Gefühl
(7) Die grundlegende Weisheit der Gleichheit
(8) Das Wasserelement
(9) Die Ohrensinneskraft
(10) Die in unserem eigenen Kontinuum enthaltenden Klänge

Die fünf Phänomene auf der Ebene der Anhäufung der Unterscheidung:

(11) Die Anhäufung der Unterscheidung
(12) Die grundlegende Weisheit individueller Analyse
(13) Das Feuerelement

Drungpa Tsöndru Gyaltsän

(14) Die Nasensinneskraft
(15) Die in unserem eigenen Kontinuum enthaltenen Gerüche

Die fünf Phänomene auf der Ebene der Anhäufung der zusammensetzenden Faktoren:

(16) Die Anhäufung der zusammensetzenden Faktoren
(17) Die grundlegende Weisheit, Handlungen zu vollenden
(18) Das Windelement
(19) Die Zungensinneskraft
(20) Die in unserem eigenen Kontinuum enthaltenden Geschmäcke

Die fünf Phänomene auf der Ebene der Anhäufung von Bewußtsein:

(21) Die achtzig hinweisenden Vorstellungen
(22) Der Geist der weißen Erscheinung
(23) Der Geist der roten Vermehrung
(24) Der Geist der schwarzen Naherlangung
(25) Der Geist des Klaren Lichtes des Todes

Die äußeren Zeichen, die mit der Auflösung jedes der fünf Phänomene auf der Ebene der Anhäufung von Form verbunden sind, sind:

(1) Die Glieder des Körpers werden dünner und der Körper wird schwächer und verliert seine Kraft
(2) Unser Sehvermögen wird undeutlich und verschwommen
(3) Der Körper wird dünn, die Glieder locker, und wir haben das Gefühl, in die Erde zu sinken
(4) Wir können unsere Augen nicht mehr länger öffnen und schließen
(5) Der Körperglanz geht verloren und unsere Schönheit schwindet

Das innere Zeichen, das mit diesen fünf Auflösungen verbunden ist, ist die luftspiegelungsähnliche Erscheinung. Diese Erscheinung entsteht, weil die Kraft des Erdelementes abnimmt, wenn sich der Wind des Erdelementes innerhalb des Zentralkanals auflöst, und es deshalb scheint, als ob die Kraft des Wasserelementes stärker würde.

Die äußeren Zeichen, die mit der Auflösung jedes der fünf Phänomene auf der Ebene der Anhäufung von Gefühl verbunden sind, sind:

(6) Das Körpergewahrsein erfährt keine angenehmen, unangenehmen oder neutralen Gefühle mehr
(7) Wir erfahren keine individuellen Gefühle mehr von geistigem Glück, geistigem Leiden oder geistiger Gleichgültigkeit
(8) Die Körperflüssigkeiten beginnen auszutrocknen
(9) Wir hören keine äußeren Klänge mehr
(10) Der innere Klang des Rauschens in den Ohren wird nicht mehr wahrgenommen

Das innere Zeichen, das mit diesen fünf Auflösungen verbunden ist, ist die rauchähnliche Erscheinung. Diese Erscheinung entsteht, weil die Kraft des Wasserelementes abnimmt, und deshalb scheint es, als ob die Kraft des Feuerelementes stärker würde.

Die äußeren Zeichen, die mit der Auflösung jedes der fünf Phänomene auf der Ebene der Anhäufung von Unterscheidung verbunden sind, sind:

(11) Wir können nahe Verwandte und Freunde nicht mehr länger erkennen
(12) Wir können uns nicht mehr an die Namen von nahen Verwandten und Freunden erinnern
(13) Die Wärme verläßt den Körper und die Verdauung stoppt

(14) Unsere Einatmung wird schwach und oberflächlich, während unsere Ausatmung lang und kräftig wird; wir fangen an zu stöhnen und produzieren das Todesröcheln
(15) Wir können keine Gerüche mehr wahrnehmen, auch nicht unseren eigenen Geruch

Das innere Zeichen, das mit diesen fünf Auflösungen verbunden ist, ist die funkelnde-Leuchtkäfer-ähnliche Erscheinung. Diese Erscheinung entsteht, weil die Kraft des Feuerelementes abnimmt, und deshalb scheint es, als ob die Kraft des Windelementes stärker würde.

Die äußeren Zeichen, die mit der Auflösung jedes der fünf Phänomene auf der Ebene der Anhäufung der zusammensetzenden Faktoren verbunden sind, sind:

(16) Wir können uns nicht mehr bewegen
(17) Wir können uns nicht mehr an den Zweck unserer Arbeit und Handlungen erinnern, und auch nicht daran, was sie in dem jetzt endenden Leben waren
(18) Die Ein- und Ausatmung durch die Nasenlöcher ist nicht mehr vorhanden; die Atmung hört ganz auf, jetzt da die zehn Winde sich beim Herzen gesammelt haben
(19) Die Zunge wird kurz, dick und am Ansatz blau, und wir können nicht mehr deutlich sprechen
(20) Wir können keine Geschmäcke mehr wahrnehmen

Zu dieser Zeit kann das Körpergewahrsein auch keine Objekte des Tastsinnes mehr erfahren wie Rauheit und Glätte, Härte und Weichheit, Wärme und Kälte. Die Ursache besteht in der Auflösung der Körpersinneskraft und der Objekte des Tastsinnes innerhalb unseres eigenen Kontinuums. Das innere Zeichen, das mit allen diesen Auflösungen verbunden ist, ist die kerzenflammenähnliche Erscheinung.

Zu diesem Zeitpunkt haben sich die meisten groben Geistesarten und ihre Winde aufgelöst. Was übrigbleibt ist die Erfahrung der Auflösungen der Anhäufung des Bewußtseins. Diese Anhäufung hat grobe und subtile Ebenen. Der letzte grobe Geist, der sich auflöst, ist zwangsläufig einer der achtzig hinweisenden Vorstellungen. Welche von diesen es ist, hängt ab von den Handlungen und Gewohnheiten der sterbenden Person im gerade endenden Leben. Wenn sie sich zum Beispiel ausführlich in Bodhichitta geschult hat, könnte der letzte grobe Geist, der entsteht, sehr wohl derjenige von Mitgefühl sein. Andererseits könnte die letzte grobe Vorstellung im Kontinuum von jemandem mit einem ungezügelten Geist leicht Wut oder Anhaftung sein. Jetzt da die kerzenflammenähnliche Erscheinung entstanden ist, wird schließlich der letzte dieser achtzig Geistesarten zusammen mit der groben geistigen Kraft und der grundlegenden Weisheit des Dharmadhatus absorbiert.

Obschon wir zahllose grobe begriffliche Geistesarten haben, sind sie alle in den achtzig groben Vorstellungen enthalten. Diese werden wiederum in drei Gruppen aufgeteilt: dreiunddreißig grobe Vorstellungen, die auf den Geist der weißen Erscheinung hinweisen, vierzig, die auf den Geist der roten Vermehrung hinweisen, und sieben, die auf den Geist der schwarzen Naherlangung hinweisen. Sie werden «hinweisend» genannt, weil diese Vorstellungen schlüssige Gründe sind, die auf die Existenz der subtilen Geistesarten hinweisen, aus denen sie entstehen. Das Kontinuum der ersten dreiunddreißig Vorstellungen entsteht ursprünglich aus dem Geist der weißen Erscheinung und löst sich beim Tod wieder in diesen Geist auf. Auf gleiche Weise entsteht das Kontinuum der nächsten vierzig Vorstellungen ursprünglich aus dem Geist der roten Vermehrung und löst sich beim Tod wieder in diesen Geist auf, und das Kontinuum der letzten sieben Vorstellungen entsteht ursprünglich aus dem Geist der schwarzen Naherlangung und löst sich beim Tod wieder in diesen Geist auf. Obwohl sich also alle achtzig groben Vorstellungen auflösen, bevor der Geist der weißen

Erscheinung entsteht, lösen sich ihre Kontinua zu diesem Zeitpunkt nicht vollständig auf. Das Kontinuum der ersten dreiunddreißig Vorstellungen löst sich schließlich zur Zeit des Geistes der weißen Erscheinung auf, das Kontinuum der nächsten vierzig Vorstellungen zur Zeit des Geistes der roten Vermehrung und das Kontinuum der letzten sieben Vorstellungen zur Zeit des Geistes der schwarzen Naherlangung.

Normalerweise sind wir uns der Geistesarten der weißen Erscheinung, der roten Vermehrung und der schwarzen Naherlangung nicht bewußt, weil diese Geistesarten bei gewöhnlichen Wesen, wenn sie einschlafen, nur schwach und während des Todesvorganges bloß leicht stärker sind. Zu diesen Zeiten besitzen wir jedoch keine grobe Achtsamkeit. Wir können aber von der Existenz dieser drei subtilen Geistesarten Kenntnis haben aufgrund unserer Erfahrung der achtzig groben Vorstellungen, die aus ihnen entstehen und ihre Auswirkungen sind. Indem wir zum Beispiel die ersten dreiunddreißig Vorstellungen beobachten, können wir sehen, daß die Geistesarten und ihre sie tragenden Winde ganz stark oder grob entstehen. Auf ähnliche Weise können wir beobachten, daß die Geistesarten und Winde der nächsten vierzig Vorstellungen weniger stark und diejenigen der letzten sieben Vorstellungen noch weniger stark entstehen. Daraus können wir auf die Existenz von drei Arten von subtilen Geistesarten und Winden schließen, die diese groben Vorstellungen verursachen, jede zunehmend subtiler als die vorangehende, und auf diese Weise können wir Kenntnis von der Existenz der Geistesarten der weißen Erscheinung, roten Vermehrung und schwarzen Naherlangung haben. Weil somit diese achtzig groben Vorstellungen schlüssige Gründe sind – es sind Auswirkungen, die auf die Existenz ihrer Ursachen hinweisen – heißt es, daß sie «hinweisend» auf die drei subtilen Geistesarten sind.

Die drei Gruppen von groben Vorstellungen sind die folgenden:

Die auf den Geist der weißen Erscheinung hinweisenden dreiunddreißig Vorstellungen:

(1) Große Trennung von Anhaftung: ein Geist, der ein Objekt nicht wünscht
(2) Mittlere Trennung von Anhaftung
(3) Kleine Trennung von Anhaftung
(4) Geistiges Gehen und Kommen: ein Geist, der zu äußeren Objekten geht und zu inneren kommt
(5) Große Sorge: die geistige Sorge, die man durch die Trennung von einem attraktiven Objekt erfährt
(6) Mittlere Sorge
(7) Kleine Sorge
(8) Frieden: ein Geist, der friedvoll bleibt
(9) Begrifflichkeit: ein Geist, der zu einem äußeren Objekt hin abgelenkt wird
(10) Große Angst: der Geist von Angst, der durch das Zusammentreffen mit einem unangenehmen Objekt erzeugt wird
(11) Mittlere Angst
(12) Kleine Angst
(13) Großes Verlangen: ein Geist, der von einem angenehmen Objekt angezogen wird
(14) Mittleres Verlangen
(15) Kleines Verlangen
(16) Festhalten: ein Geist, der Objekte des Begehrens stark festhält
(17) Nichttugend: Zweifel in bezug auf tugendhafte Handlungen
(18) Hunger: ein Geist, der sich Essen wünscht
(19) Durst: ein Geist, der sich Trinken wünscht
(20) Großes Gefühl: Gefühle von Vergnügen, Schmerz oder Gleichgültigkeit
(21) Mittleres Gefühl
(22) Kleines Gefühl
(23) Vorstellung eines Erkenners
(24) Vorstellung des Erkennens
(25) Vorstellung eines erkannten Objektes

(26) Untersuchung: ein Geist, der untersucht, was passend und was unpassend ist
(27) Scham: ein Geist, der schlechtes Verhalten aus Gründen, die einen selbst betreffen, aufgibt
(28) Mitgefühl: ein Geist, der wünscht, daß andere frei von Leiden sind
(29) Erbarmen: ein Geist, der ein beobachtetes Objekt durch und durch beschützt
(30) Begehren, Attraktivem zu begegnen
(31) Gewissensbisse: ein Geist, der nicht in Sicherheit verweilt
(32) Ansammeln: ein Geist des Ansammelns von Besitz
(33) Neid: ein Geist, der durch das Glück oder die guten Qualitäten anderer gestört ist

Die auf den Geist der roten Vermehrung hinweisenden vierzig Vorstellungen:

(1) Anhaftung: ein Geist, der an ein Objekt angehaftet ist, das noch nicht erlangt wurde
(2) Festhalten: ein Geist, der an ein Objekt angehaftet ist, das bereits erlangt wurde
(3) Große Freude: ein freudvoller Geist, der entsteht, wenn etwas Attraktives gesehen wird
(4) Mittlere Freude
(5) Kleine Freude
(6) Sich erfreuen: ein glücklicher Geist, der durch das Erlangen eines gewünschten Objektes entsteht
(7) Ekstase: ein Geist, der wiederholt ein gewünschtes Objekt erfährt
(8) Staunen: über ein Objekt nachdenken, das noch nie zuvor entstanden ist
(9) Aufregung: ein Geist, der durch die Wahrnehmung eines attraktiven Objektes abgelenkt ist
(10) Zufriedenheit: ein Geist, der mit einem angenehmen Objekt zufrieden ist

(11) Umarmen: ein Geist, der sich wünscht zu umarmen
(12) Küssen: ein Geist, der sich wünscht zu küssen
(13) Saugen: ein Geist, der sich wünscht zu saugen
(14) Stabilität: ein Geist mit unveränderlichem Kontinuum
(15) Bemühen: ein Geist, der zu Tugend neigt
(16) Stolz: ein Geist, der einen selbst als hoch betrachtet
(17) Aktivität: ein Geist, der eine Handlung vervollständigt
(18) Raub: ein Geist, der sich wünscht, Reichtum zu stehlen
(19) Gewalt: ein Geist, der sich wünscht, andere zu erobern
(20) Entzücken: ein Geist, der sich an den Pfad der Tugend gewöhnt
(21) Das große Angeborene: ein Geist, der Nichttugend ausübt aufgrund von Arroganz
(22) Das mittlere Angeborene
(23) Das kleine Angeborene
(24) Vehemenz: sich ohne Grund wünschen, mit den Ausgezeichneten zu debattieren
(25) Flirt: zu spielen wünschen, wenn Attraktives gesehen wird
(26) Wütende Einstellung: ein Geist von Ressentiment
(27) Tugend: ein Geist, der sich wünscht, Bemühen für tugendhafte Handlungen aufzuwenden
(28) Deutliche Worte und Wahrheit: ein Geist, der zu sprechen wünscht, damit andere verstehen können; ein Geist, der seine Unterscheidung der Tatsachen nicht ändert
(29) Unwahrheit: ein Geist, der zu sprechen wünscht, nachdem er seine Unterscheidung der Tatsachen geändert hat
(30) Bestimmtheit: ein Geist von sehr beständiger Absicht

(31) Nichtfesthalten: ein Geist, der sich nicht wünscht, ein Objekt zu halten
(32) Spender: ein Geist, der wünscht, Besitz wegzugeben
(33) Ermahnung: ein Geist, der sich wünscht, die Faulen zu ermahnen, Dharma zu praktizieren
(34) Heldentum: ein Geist, der sich wünscht, Feinde, wie zum Beispiel die Verblendungen, zu überwinden
(35) Nichtscham: ein Geist, der Nichttugend ausübt, schlechtes Verhalten nicht aufgibt, trotz eigener Ablehnung oder religiösen Verboten
(36) Vorspiegelung: ein Geist, der andere durch Heuchelei täuscht
(37) Strenge: ein Geist scharfer Gewissenhaftigkeit
(38) Schlechtigkeit: ein Geist, der an eine schlechte Sichtweise gewöhnt ist
(39) Unsanftheit: ein Geist, der andere verletzen will
(40) Unehrlichkeit: ein Geist der Gaunerei

Die auf den Geist der schwarzen Naherlangung hinweisenden sieben Vorstellungen:

(1) Mittlere Anhaftung: ein Geist gleich starker Anhaftung und Hasses
(2) Vergeßlichkeit: ein Geist degenerierter Achtsamkeit
(3) Fehler: ein Geist, der eine Luftspiegelung als wirkliches Wasser festhält und so fort
(4) Nichtsprechen: ein Geist, der nicht zu sprechen wünscht
(5) Depression: ein Geist des Ärgers
(6) Faulheit: ein Geist, der Abneigung gegen Tugend besitzt
(7) Zweifel: ein Geist der Ungewißheit

Nach der Auflösung dieser achtzig groben Vorstellungen wird die sterbende Person die Auflösung der subtilen

Könchog Gyaltsän

Geistesarten erfahren. Es beginnt mit dem Geist der weißen Erscheinung, der eine Erscheinung wie einen klaren, leeren, von einem hellen weißen Licht durchdrungenen Himmel wahrnimmt. Die von diesem Geist wahrgenommene weiße Erscheinung entsteht, weil der Knoten im Scheitelkanalrad sich nun vollständig gelöst und den weißen Tropfen, der durch den Zentralkanal hinabsinkt, freigegeben hat. Die Erscheinung von Weiß findet statt, während dieser Tropfen zum Herzkanalrad hinuntergeht und dauert so lange an, bis er den oberen Teil des unzerstörbaren Tropfens beim Herzen erreicht hat. Daher ist zu dieser Zeit das eigentliche Objekt der Wahrnehmung wie die Erscheinung eines leeren Himmels, aber diese Erscheinung ist wegen des herabsinkenden weißen Tropfens von Weiß durchdrungen. Der Geist, der diese Erscheinung wahrnimmt, wird entweder «der Geist der weißen Erscheinung», «leer» oder «die erste Leere» genannt.

Wenn der Geist der weißen Erscheinung und der ihn tragende Wind sich schließlich im unzerstörbaren Tropfen beim Herzen auflösen, ist das Zeichen ihrer Auflösung das Entstehen des Geistes der roten Vermehrung, der eine Erscheinung wie einen leeren, von rotem Sonnenlicht durchdrungenen Himmel wahrnimmt. Die rote Erscheinung, die von diesem Geist wahrgenommen wird, entsteht, weil sich nun der Knoten am Nabelkanalrad vollständig gelöst und den roten Tropfen, der durch den Zentralkanal aufsteigt, freigegeben hat. Die Erscheinung von Rot findet statt, während dieser rote Tropfen zum Herzkanalrad aufsteigt und dauert so lange an, bis er den unteren Teil des unzerstörbaren Tropfens beim Herzen erreicht. Der Geist, der diese Erscheinung wahrnimmt, wird entweder «der Geist der roten Vermehrung», «sehr leer» oder «die zweite Leere» genannt.

Jetzt ist der unzerstörbare Tropfen vollständig von den zwei Tropfen umschlossen: dem vom Scheitel herabgesunkenen weißen Tropfen und dem vom Nabel aufgestiegenen roten Tropfen. Diese zwei Tropfen bedecken den unzerstörbaren Tropfen, wie wenn er in einer Schachtel eingeschlossen wäre, und lassen dadurch die Erfahrung von Dunkelheit entstehen. Der Geist, der diese Dunkelheit wahrnimmt, ist der Geist der schwarzen Naherlangung, der eine Erscheinung wie einen leeren, von Schwärze durchdrungenen Himmel wahrnimmt. Er entsteht, wenn sich der Geist der roten Vermehrung und der ihn tragende Wind in den unzerstörbaren Tropfen aufgelöst haben. Wie zuvor erwähnt, behalten wir zu Beginn eine subtile Achtsamkeit, wenn der Geist der schwarzen Naherlangung entsteht, aber während sich dieser Geist weiterentwickelt, verlieren wir unsere Achtsamkeit vollständig. Dieser wahrnehmende Geist wird entweder «der Geist der schwarzen Naherlangung», «groß leer» oder «die dritte Leere» genannt.

Nach der Erfahrung des Geistes der schwarzen Naherlangung lösen sich die Knoten des Herzkanalrades vollständig, was dem weißen Tropfen erlaubt, nach unten und dem roten Tropfen nach oben weiterzugehen. Während diese Tropfen sich trennen, erfährt die sterbende Person den Geist des Klaren Lichtes des Todes, der eine Erscheinung wie ein klarer leerer Himmel im Morgengrauen wahrnimmt. So wie das langsame Entfernen des Deckels einer Schachtel mehr und mehr Licht hereinläßt, so läßt die Trennung der zwei umschließenden Tropfen die Erfahrung des Klaren Lichtes entstehen. Wenn die Tropfen sich trennen, erlangt die sterbende Person eine sehr subtile Achtsamkeit als Ergebnis davon, daß sich der sehr subtile Geist und der ihn tragende Wind manifestieren. Dieser wahrnehmende Geist wird entweder «der Geist des Klaren Lichtes des Todes», «ganz leer» oder «die vierte Leere» genannt.

Während wir das Klare Licht des Todes erfahren, sind wir nicht wirklich tot. Dies deshalb, weil der unzerstörbare Tropfen beim Herzen, der durch die bei der Zeugung von unseren Eltern empfangenen und während des ganzen Lebens anwesenden sehr subtilen weißen und roten Tropfen gebildet wurde, sich noch nicht geöffnet hat. Der eigentliche Tod findet statt, wenn sich der Tropfen öffnet und der sehr subtile Geist und der ihn tragende Wind zum nächsten Leben weitergehen.

Während der Erfahrung des Klaren Lichtes des Todes lösen sich alle Winde in den unzerstörbaren Tropfen beim Herzen auf. Nachdem dieser Vorgang abgeschlossen ist, trennen sich schließlich der sehr subtile weiße und rote Tropfen, die den unzerstörbaren Tropfen bilden, und der sehr subtile Geist und der ihn tragende Wind gehen zum nächsten Leben weiter. Das allgemeine äußere Zeichen, daß wir wirklich gestorben sind und daß der sehr subtile Geist und Wind weitergegangen sind, ist, daß der weiße Tropfen durch das Geschlechtsorgan und der rote Tropfen durch die Nasenlöcher austritt. Diese Zeichen zeigen sich jedoch nicht bei denjenigen, die eines plötzlichen oder gewaltsamen Todes sterben.

Sobald die Erfahrung des Klaren Lichtes endet, entsteht die tiefe Ohnmacht des Geistes der schwarzen Naherlangung der umgekehrten Folge. Das ist der erste Geist des Zwischenzustandes. Dann erfahren wir, wie oben erwähnt, nacheinander den Geist der roten Vermehrung, den Geist der weißen Erscheinung, das Wiederauftauchen der achtzig hinweisenden Vorstellungen und die kerzenflammenähnliche Erscheinung, gefolgt von der funkelnden-Leuchtkäferähnlichen Erscheinung, der rauchähnlichen Erscheinung und schließlich der luftspiegelungsähnlichen Erscheinung zusammen mit den damit verbundenen Bewußtseinszuständen. Kurz gesagt, erfährt das Wesen des Zwischenzustandes nach dem Klaren Licht des Todes die verbleibenden sieben Zeichen in umgekehrter Reihenfolge.

Wenn ein Wesen des Zwischenzustandes innerhalb von sieben Tagen keine karmisch angemessenen Bedingungen für eine Wiedergeburt findet, wird es einen kleinen Tod erfahren und dann einen anderen Zwischenzustandskörper annehmen. Wenn ein Leben des Zwischenzustandes endet, erfahren wir die acht Zeichen von der luftspiegelungsähnlichen Erscheinung bis zum Klaren Licht, und wenn das nächste Leben des Zwischenzustandes beginnt, erfahren wir die sieben Zeichen in umgekehrter Folge, von der schwarzen Naherlangung bis zur luftspiegelungsähnlichen Erscheinung.

Ein Wesen des Zwischenzustandes wird mit Sicherheit innerhalb von neunundvierzig Tagen einen Ort der Wiedergeburt finden. Wenn dieser Ort verfügbar ist, wird es sterben und die acht Zeichen von der luftspiegelungsähnlichen Erscheinung bis zum Klaren Licht wahrnehmen. Wenn dieses Wesen zum Beispiel das Karma hat, als Mensch wiedergeboren zu werden, dann wird, wenn die Erfahrung des Klaren Lichtes aufhört, der sehr subtile Geist und der ihn tragende Wind in die Gebärmutter der Mutter eintreten. Bei der Zeugung in der Gebärmutter ist der erste Geist der Geist der schwarzen Naherlangung, und danach werden die verbleibenden Zeichen in umgekehrter Folge schrittweise erfahren. Dann, während der Fötus sich entwickelt, wird der Geist des neu gezeugten Wesens allmählich gröber und gröber.

Aus dieser kurzen Erklärung von Tod, Zwischenzustand und Wiedergeburt können wir ein ungefähres Verständnis des Vorganges gewinnen, der durch den Praktizierenden oder die Praktizierende des Vajrayana-Mahamudras kontrolliert und umgewandelt werden muß.

Bis jetzt wurde in diesem Text der Begriff «Klares Licht» verwendet, um sich auf verschiedene Arten der Erfahrung zu beziehen. Da die Erfahrung des Klaren Lichtes von zentraler Bedeutung in der Mahamudra-Meditation ist, wird es an dieser Stelle hilfreich sein, die verschiedenen Arten des Geistes des Klaren Lichtes zu erklären.

Klares Licht ist definiert als der sehr subtile Geist, der durch die Kraft der schwarzen Naherlangung entsteht und der sofort, nachdem der Geist der schwarzen Naherlangung geendet hat, erfahren wird. Das Klare Licht des Todes kann zum Beispiel nur nach der Beendigung des siebten Zeichens des Sterbens erfahren werden. Es gibt zwei Arten von Klarem Licht: Mutter-Klares-Licht und Sohn-Klares-Licht. Das Mutter-Klare-Licht ist das Klare Licht, das natürlicherweise während des Schlafes und des Todes entsteht, und das Sohn-Klare-Licht ist das Klare Licht, das nur entsteht, wenn sich die Winde durch die Kraft der Meditation im Zentralkanal aufgelöst haben.

Es gibt zwei Arten von Sohn-Klarem-Licht: der Isolierte Geist des Klaren Lichtes und der nichtisolierte Geist des Klaren Lichtes. Der Begriff «Isolierter Geist» bezieht sich im allgemeinen auf einen Geist, der isoliert ist von den Winden, die grobe Geistesarten tragen. Noch genauer wird er für irgendeine der vier Leeren angewendet, die entstehen, wenn sich durch die Kraft der Meditation die Winde im unzerstörbaren Tropfen beim Herzkanalrad auflösen. Daher ist der Geist der weißen Erscheinung, der durch die Kraft der Winde, die sich im unzerstörbaren Tropfen beim Herzen durch die Kraft der Meditation auflösen, ein Isolierter Geist, so wie es auch die Geistesarten der roten Vermehrung und der schwarzen Naherlangung sind, die entstehen, wenn die Winde sich im unzerstörbaren Tropfen beim Herzen mittels Meditation auflösen. Keiner von diesen ist jedoch ein Isolierter Geist des *Klaren Lichtes*. Dieser Geist entwickelt sich erst, nachdem die dritte Leere, der Isolierte Geist der schwarzen Naherlangung, geendet hat.

Der nichtisolierte Geist des Klaren Lichtes ist der Geist des Klaren Lichtes, der entsteht, wenn sich die Winde durch Meditation im Zentralkanal durch irgendein anderes der neun Tore als das Herzkanalrad auflösen. Wie zuvor kann ein solcher Geist nur erfahren werden, nachdem der Geist der schwarzen Naherlangung, aber nicht der Geist der schwarzen Naherlangung, der entsteht, wenn sich die Winde innerhalb des Zentralkanals via das Herz aufgelöst haben, geendet hat. Es sollte jedoch angemerkt werden, daß der nichtisolierte Geist des Klaren Lichtes in dem Sinne isoliert ist, als er von den groben Winden getrennt ist.

Sohn-Klares-Licht kann auch unterteilt werden in Beispiel-Klares-Licht und Sinn-Klares-Licht. Das Beispiel-Klare-Licht ist ein Sohn-Klares-Licht, das Leerheit begrifflich mittels eines allgemeinen Bildes realisiert, und das Sinn-Klare-Licht ist ein Sohn-Klares-Licht, das Leerheit ohne ein allgemeines Bild direkt realisiert.

Auch Beispiel-Klares-Licht hat zwei Unterteilungen: der nichtisolierte Geist des Beispiel-Klaren-Lichtes und der Isolierte Geist des Beispiel-Klaren-Lichtes. Ersteres ist ein

Sohn-Klares-Licht, das Leerheit mittels eines allgemeinen Bildes realisiert, wenn sich die Winde an irgendeinem anderen Ort als dem unzerstörbaren Tropfen beim Herzen aufgelöst haben, und letzteres ist ein Sohn-Klares-Licht, das Leerheit mittels eines allgemeinen Bildes realisiert, wenn sich die Winde im unzerstörbaren Tropfen beim Herzen aufgelöst haben.

Der Isolierte Geist des Beispiel-Klaren-Lichtes hat zwei Unterteilungen: der Isolierte Geist des endgültigen Beispiel-Klaren-Lichtes und der Isolierte Geist des nichtendgültigen Beispiel-Klaren-Lichtes. Das erstere ist das Klare Licht, das durch die Kraft aller Winde, einschließlich des alles durchdringenden Windes, entsteht, die sich im unzerstörbaren Tropfen des Herzens auflösen, und das letztere ist das Klare Licht, das durch die Kraft irgendeines der Winde, abgesehen vom alles durchdringenden Wind, entsteht, die sich im unzerstörbaren Tropfen, und sei es auch nur teilweise, auflösen. Die Erfahrungen sowohl des endgültigen Beispiel-Klaren-Lichtes als auch des nichtendgültigen Beispiel-Klaren-Lichtes hängen davon ab, daß sich die Knoten beim Herzkanalrad lösen. Der Grund ist, daß sowohl endgültiges Beispiel-Klares-Licht als auch nichtendgültiges Beispiel-Klares-Licht Isolierte Geistesarten sind. Die Methoden, mit denen diese Isolierten Geistesarten zu erreichen sind, werden in den fünf Stufen der Vollendungsstufe erklärt.

Es ist möglich, die Knoten des Herzkanalrades durch Meditationen wie Inneres Feuer und die Vajra-Rezitation des *Guhyasamaja-Tantras* teilweise zu lösen. Obwohl die acht Stufen der Meditation des Inneren Feuers, die oben beschrieben wurden, sich hauptsächlich auf das Nabelkanalrad konzentrieren, ist es relativ leicht, wenn der Zentralkanal einmal durch irgendein Tor durchdrungen worden ist, weiterzugehen und die Knoten beim Herzen zu lösen. Wenn wir uns aber einzig auf diese Meditationen verlassen, können wir die Knoten beim Herzkanalrad nicht vollständig lösen, um damit vor dem Tod den alles durchdringenden Wind im ganzen Körper in den unzerstörbaren Tropfen aufzulösen. Wenn die Kraft der Techniken wie Inneres Feuer und

Vajra-Rezitation abgeschlossen ist, muß daher der oder die Praktizierende des Geheimen Mantras entweder eine Handlungs-Mudra annehmen oder auf das Klare Licht des Todes warten, wie unten erklärt wird. Ohne eine Handlungs-Mudra anzunehmen, ist es vor dem Tod mittels Meditation allein nicht möglich zu bewirken, daß der alles durchdringende Wind sich in den unzerstörbaren Tropfen beim Herzen auflöst und daß dadurch die Erlangung des Isolierten Geistes des endgültigen Beispiel-Klaren-Lichtes ermöglicht wird. Ein voll qualifizierter Praktizierender oder eine voll qualifizierte Praktizierende des Geheimen Mantras, der oder die keine Handlungs-Mudra annimmt, kann jedoch den Isolierten Geist des endgültigen Beispiel-Klaren-Lichtes während der Erfahrung des Klaren Lichtes des Todes erfahren.

Wenn einmal der Isolierte Geist des endgültigen Beispiel-Klaren-Lichtes vor dem Tod erreicht worden ist, ist es sicher, daß der oder die Meditierende Erleuchtung in diesem Leben erlangen wird. Wenn solch ein Meditierender oder eine Meditierende aus der Sitzung, in der der Isolierte Geist des endgültigen Beispiel-Klaren-Lichtes erreicht worden ist, herauskommt, wird er oder sie automatisch den unreinen Illusorischen Körper erlangen. Dieser wird «unrein» genannt, weil der oder die Praktizierende die Behinderungen zur Befreiung noch nicht aufgegeben hat. Der Grund ist, daß er oder sie die höheren Pfade des Geheimen Mantras noch nicht erlangt hat, die Leerheit direkt mit einem Geist von Spontaner Großer Glückseligkeit realisieren. Wenn ein Praktizierender oder eine Praktizierende, der oder die den unreinen Illusorischen Körper erlangt hat, fortwährend über Leerheit meditiert, wird er oder sie schließlich das Sinn-Klare-Licht erlangen, und gleichzeitig die höheren Pfade des Geheimen Mantras erreichen. Wenn dieser oder diese Meditierende aus dem meditativen Gleichgewicht des Sinn-Klaren-Lichtes herauskommt, wird er oder sie automatisch den reinen Illusorischen Körper erlangen, der sich später in den Formkörper eines voll erleuchteten Buddhas umwandeln wird. Auf diese Weise hat ein Meditierender oder eine

Panchen Losang Yeshe

Meditierende, der oder die den Isolierten Geist des endgültigen Beispiel-Klaren-Lichtes vor dem Tod erlangt, die Gewißheit, Erleuchtung in diesem Leben zu erlangen.

Wenn der Isolierte Geist des endgültigen Beispiel-Klaren-Lichtes beim Tod erlangt wird, dann wird sich das Klare Licht des Todes selbst in den Isolierten Geist des endgültigen Beispiel-Klaren-Lichtes umwandeln und, anstatt zum Zwischenzustand zu gehen, wird der oder die Meditierende den Illusorischen Körper erlangen. Mit diesem Illusorischen Körper wird die Erleuchtung erreicht. Manchmal heißt es, daß in diesem Falle der oder die Meditierende im Zwischenzustand oder mit einem Zwischenzustandskörper ein Buddha wird, aber der Körper solch eines oder einer Meditierenden ist in der Tat kein wirklicher Zwischenzustandskörper, weil er oder sie den Illusorischen Körper erlangt hat, der der Körper einer Gottheit ist.

Gemäß dem Geheimen Mantra ist das achte Zeichen beim Tod, das Klare Licht des Todes, der Basiswahrheitskörper; der Zwischenzustandskörper, der darauf folgt, ist der Basisfreudenkörper; und der Körper, in dem die Wiedergeburt erfolgt, ist der Basisausstrahlungskörper. Diese drei sind nicht der wirkliche Wahrheitskörper, Freudenkörper und Ausstrahlungskörper eines Buddhas, sondern bloß die Grundlagen, die während der Erzeugungs- und Vollendungsstufe des Geheimen Mantras gereinigt und dadurch in die drei resultierenden Körper eines Buddhas umgewandelt werden.

Die drei Basiskörper werden durch Vollendungsstufenmeditation direkt gereinigt. Das gewöhnliche Klare Licht des Todes wird durch den Isolierten Geist des endgültigen Beispiel-Klaren-Lichtes gereinigt. Wenn dieser Isolierte Geist über Leerheit meditiert, wird er zum Mahamudra, das die Vereinigung von Glückseligkeit und Leerheit ist. Indem der oder die Meditierende die Natur der Großen Glückseligkeit des Klaren Lichtes erfährt und mit diesem Isolierten Geist über Leerheit meditiert, wird er oder sie es vermeiden, den gewöhnlichen Tod zu erfahren. Weil der oder die Meditierende auf diese Weise das Klare Licht des Todes gereinigt hat, wird er oder sie es auch vermeiden, den gewöhnlichen Zwischenzustand zu erfahren – den Geist und Körper, deren substantielle Ursache das gewöhnliche Klare Licht des Todes und der dieses tragende Wind ist – und wird statt dessen den Illusorischen Körper erlangen. Der Isolierte Geist des endgültigen Beispiel-Klaren-Lichtes wird zum Geist des Illusorischen Körpers, und der ihn tragende Wind wird zum Illusorischen Körper selbst.

Ein Meditierender oder eine Meditierende, der oder die das gewöhnliche Klare Licht des Todes und den gewöhnlichen Zwischenzustand auf diese Weise reinigen kann, wird natürlich auch in der Lage sein, gewöhnliche Wiedergeburt zu reinigen und sie in den spirituellen Pfad umzuwandeln. Der Schlüssel zur Reinigung dieser drei Grundlagen liegt in der Erlangung des Isolierten Geistes des endgültigen Beispiel-Klaren-Lichtes. Dieser Isolierte Geist gleicht in gewisser Hinsicht einem alchemistischen Elixier, das gewöhnliche Metalle in Gold verwandeln kann: er verwandelt gewöhnlichen Tod, Zwischenzustand und Wiedergeburt in die drei heiligen Körper eines erleuchteten Buddhas.

Sowohl in der Erzeugungsstufe als auch in der Vollendungsstufe des Geheimen Mantras ist es wichtig, ein klares Verständnis von drei Dingen zu haben: den Grundlagen, die gereinigt werden, davon, was diese Grundlagen reinigt, und den Ergebnissen dieser Reinigung. Die Grundlagen, die gereinigt werden, sind in beiden Stufen gleich: der Basiswahrheitskörper (gewöhnlicher Tod), der Basisfreudenkörper (gewöhnlicher Zwischenzustand) und der Basisausstrahlungskörper (gewöhnliche Wiedergeburt). Die Mittel jedoch, mit denen sie gereinigt werden, sind auf den einzelnen Stufen verschieden. In der Vollendungsstufe wird das gewöhnliche Klare Licht des Todes direkt durch den Isolierten Geist des endgültigen Beispiel-Klaren-Lichtes, der gewöhnliche Zwischenzustand durch den Illusorischen Körper und die gewöhnliche Wiedergeburt durch den Yoga der Ausstrahlungen des Illusorischen Körpers gereinigt. In den Übungen der Erzeugungsstufe werden diese drei gewöhnlichen Grundlagen durch die drei Yogas, die als «die drei Körper in den

Pfad bringen» bekannt sind, gereinigt. Diese drei Yogas reinigen die drei Grundlagen indirekt, und deshalb sind die Übungen der Erzeugungsstufe wie eine Probe für die wirklichen Reinigungen, die in der Vollendungsstufe stattfinden. Wenn unsere Erzeugungsstufenmeditationen erfolgreich sind, werden unsere Vollendungsstufenmeditationen auch sehr kraftvoll sein, und wenn diese erfolgreich sind, können die drei Grundlagen ohne große Schwierigkeiten gereinigt werden. Das Ergebnis dieser Reinigung sind die drei Körper eines Buddhas: der resultierende Wahrheitskörper, der resultierende Freudenkörper und der resultierende Ausstrahlungskörper.

Damit ist die Besprechung der Art und Weise, wie die Winde in den Zentralkanal eintreten, dort verweilen und sich auflösen, abgeschlossen. Jetzt kann mit einer Erklärung der Methode fortgefahren werden, mit der die vier Freuden durch die Praxis des Inneren Feuers erzeugt werden.

Indem wir für längere Zeit über das Kurz-AH im Zentrum des Nabelkanalrades meditieren und unseren Geist gründlich mit diesem Meditationsobjekt mischen, werden wir in der Lage sein zu bewirken, daß die Winde in den Zentralkanal eintreten, dort verweilen und sich auflösen, wie es oben beschrieben wurde. Das Ergebnis des Eintretens der Winde durch das Tor des Nabelkanalrades wird sein, daß sich der nach unten entleerende Wind, der sich gleich unterhalb dieses Kanalrades befindet, nach oben bewegt. Dies wiederum wird das Innere Feuer, als Buchstaben Kurz-AH visualisiert, entfachen und bewirken, daß es lodert. Die durch das Lodern des Inneren Feuers erzeugte Hitze wird den weißen Tropfen schmelzen, der als ein auf dem Kopf stehender Buchstabe HAM visualisiert wird, und dieser wird anfangen durch den Zentralkanal hinabzufließen. Es ist diese Bewegung des sanft den Zentralkanal nach unten fließenden weißen Tropfens, der die Erfahrung von Freude oder Glückseligkeit entstehen läßt.

Wenn der Tropfen zum Zentrum des Halskanalrades hinabfließt, erfahren wir die erste Freude, die einfach «Freude» heißt. Indem wir unsere meditative Konzentration auf das im Halszentrum visualisierte OM stabilisieren, werden wir diese erste Freude für längere Zeit erfahren können. Die erste Stufe von Freude wird man so lange erfahren, wie der weiße Tropfen nicht über das Halskanalrad hinaus weiterfließt.

Nachdem wir für eine Weile in diesem Kanalrad geblieben sind, sollten wir dem weißen Tropfen erlauben, den Zentralkanal weiter nach unten zu wandern. Wenn er zum Zentrum des Herzkanalrades hinabfließt, werden wir die zweite der vier Freuden erfahren. Sie heißt «höchste Freude», weil die Glückseligkeit zu diesem Zeitpunkt größer ist als die der ersten Freude. Wieder werden wir diese glückselige Erfahrung beibehalten können, indem wir uns auf den Buchstaben HUM im Herzzentrum konzentrieren.

Nachdem wir eine Weile in höchster Freude geblieben sind, sollten wir dem weißen Tropfen erlauben, zum Zentrum des Nabelkanalrades hinunterzufließen. Wenn dies geschieht, werden wir die dritte und sogar noch größere Freude erfahren, die als «außerordentliche Freude» bekannt ist. Wenn unsere Meditation über Inneres Feuer erfolgreich gewesen ist, werden wir diese Erfahrung außerordentlicher Freude, so lange wir es wünschen, aufrechterhalten können.

Wenn der weiße Tropfen das Nabelkanalrad verläßt, fließt er den Zentralkanal hinunter, bis er die Spitze des Geschlechtsorgans erreicht. Dies läßt die vierte der vier Freuden, bekannt als «spontane große Freude», entstehen, die eine Stufe Spontaner Großer Glückseligkeit ist. Diese glückselige Erfahrung übertrifft die drei vorangegangenen Freuden und kann für eine lange Zeit aufrechterhalten werden. Wenn der weiße Tropfen bei gewöhnlichen Wesen die Spitze des Geschlechtsorgans erreicht, wird er bald freigelassen und die Stärke der glückseligen Erfahrung vermindert sich rasch. Bei einem vollendeten Meditierenden des Geheimen Mantras geschieht dies jedoch nicht. Weil der Yogi die Winde in den Zentralkanal eintreten, dort verweilen und sich auflösen ließ und Kontrolle über den nach unten entleerenden Wind erlangt hat, wird der weiße Tropfen nur innerhalb des Zentralkanals fließen und kann somit an der Spitze des Geschlechtsorgans gehalten werden, ohne freigelassen zu werden.

Wenn wir diese glückselige Erfahrung erlangt haben, sollten wir den Geist von spontaner großer Freude verwenden, um über Leerheit, das Fehlen von inhärenter Existenz, zu meditieren. Nachdem wir für eine Weile mit dieser Erfahrung verblieben sind, sollten wir den Fluß des weißen Tropfens umkehren und ihn durch den Zentralkanal nach oben fließen lassen. Solange wir mit dieser Meditation nicht vertraut sind, benötigen wir ein großes Maß an Konzentration, um diese Umkehrung auszuführen. Mit Übung werden wir jedoch in der Lage sein, den Fluß des weißen Tropfens ganz natürlich und fast mühelos umzukehren.

Wenn der weiße Tropfen aufwärts fließt, werden wir vier zunehmend kraftvollere Zustände von Freude erfahren. Weil der weiße Tropfen jetzt nach oben fließt, werden sie die «vier Freuden in umgekehrter Folge» genannt. Jede von ihnen ist eine Stufe Spontaner Großer Glückseligkeit und sollte mit Meditation über Leerheit verbunden werden.

Die erste Freude der umgekehrten Folge entsteht, wenn der weiße Tropfen zum Nabelkanalrad hinauffließt. Wenn er zum Herz hinauffließt, erfahren wir die höchste Freude der umgekehrten Folge, und wenn er zum Hals hinauffließt, erfahren wir die außergewöhnliche Freude der umgekehrten Folge. Wenn der weiße Tropfen schließlich zum Scheitelkanalrad hinauffließt, erfahren wir die spontane große Freude der umgekehrten Folge. Dies ist die höchste aller Erfahrungen der Freude. Wenn sie sich einstellt, sind wir von einer ungeheuren Glückseligkeit durchdrungen, und wir sind in der Lage, für eine sehr lange Zeit in dieser Erfahrung zu verbleiben. Tatsächlich werden wir diese Glückseligkeit unaufhörlich weiter erfahren, selbst wenn wir nicht mehr länger meditieren. Die Praxis, diese Stufen spontaner großer Freude zu erfahren und diese Geistesarten zu benutzen, um über Leerheit zu meditieren, ist die eigentliche Essenz der Vollendungsstufe, und wir können unser ganzes Leben nutzbringend damit verbringen.

Es wurde weiter oben erwähnt, daß Sutra und Geheimes Mantra verschiedene Ebenen des Geistes verwenden, um über das Objekt Leerheit zu meditieren. Der kraftvollste aller dieser Geistesarten ist der Geist von Spontaner Großer Glückseligkeit. Er hat weitaus größere Kraft, die Behinderungen zur Befreiung und Allwissenheit zu zerstören, als jeder andere Geist, weil er vollständig frei von groben begrifflichen Gedanken und dualistischen Erscheinungen ist. Grobe Vorstellungen können den Geist Spontaner Großer Glückseligkeit nicht stören, weil die Winde, die solche Vorstellungen unterstützen, bereits im Zentralkanal aufgelöst worden sind und damit zu funktionieren aufgehört haben. Weil die Gefahr einer Störung durch diese groben Vorstellungen nicht mehr länger besteht, sind wir in der Lage, mit großer Kraft und Klarheit über Leerheit zu meditieren. Der Subjekt-Geist und das Objekt Leerheit mischen sich ununterscheidbar wie Wasser, das mit Wasser gemischt wird.

Nicht nur ist diese Meditation die höchste Methode zur Beseitigung der Behinderungen zur Befreiung und Allwissenheit, sondern sie ist auch die höchste Methode, die heiligen Körper eines Buddhas zu vollenden. Der Geist Spontaner Großer Glückseligkeit ist die substantielle Ursache für den Wahrheitskörper eines Buddhas, und der ihn tragende Wind ist die substantielle Ursache für den Formkörper eines Buddhas. Von daher können wir verstehen, daß die Meditation über Spontane Große Glückseligkeit auch die beste Methode ist, die zwei Ansammlungen von Weisheit und Verdiensten zu vervollständigen, die die Ursachen des Wahrheitskörpers respektive des Formkörpers sind.

Meditierende, die erfolgreich in diesen Übungen sind, müssen keine anderen spirituellen Handlungen ausüben. Denjenigen, die das Glück haben, solche Methoden zu beherrschen, helfen alle ihre täglichen Handlungen – sei es gehen, essen oder irgend etwas anderes – die Ansammlung von Weisheit und Verdiensten zu vervollständigen. Geheimes Mantra wird der «schnelle Pfad» genannt, weil eine einzige Praxis, die Meditation über Spontane Große

Glückseligkeit und Leerheit, die zwei Behinderungen vernichtet und die zwei Ansammlungen vervollständigt.

Es gibt Leute, die haben eine völlig falsche Sicht von Geheimem Mantra. Ohne irgendeine Erfahrung von Spontaner Großer Glückseligkeit und Leerheit zu haben, verkünden sie nichtsdestotrotz: «Ich bin ein Yogi des Geheimen Mantras», und trinken Alkohol, rauchen Zigaretten, nehmen Drogen, streiten sich, üben sexuelles Fehlverhalten aus usw. Solches Verhalten sollte nicht mit dem Befolgen des Pfades des Geheimen Mantras gleichgesetzt werden. Schließlich kann jeder solche Handlungen ausführen. Diejenigen, die den reinen Wunsch haben, wahre Yogis oder Yoginis des Geheimen Mantras zu werden, sollten statt dessen ein großes Maß an Bemühen darauf verwenden, die eben beschriebene Meditation zu meistern; und dies sollten sie mit einer makellosen Bodhichitta-Motivation tun.

Wenn die Erfahrung der vier Freuden genauer analysiert wird, ist es möglich, sechzehn Freuden in fortlaufender Folge und sechzehn Freuden in umgekehrter Folge zu unterscheiden. Wenn zum Beispiel der weiße Tropfen einen Viertel des Weges zwischen dem Scheitel- und Halskanalrad zurückgelegt hat, wird die erste Unterteilung der ersten Freude erfahren. Jede der vier Freuden ist auf ähnliche Weise in vier Abschnitte zunehmender Intensität unterteilt, was ein Total von zweiunddreißig Stufen glückseliger Erfahrung ergibt.

Während wir in der spontanen großen Freude in umgekehrter Folge verweilen, wird unser primärer Geist vollständig in die Natur Spontaner Großer Glückseligkeit umgewandelt. Solch ein Bewußtsein ist sowohl ein subtiler Geist als auch ein primärer Geist. Gemäß Sutra kann Glückseligkeit nur ein geistiger Faktor, nicht aber ein primärer Geist sein, doch das ist nicht der Fall im Geheimen Mantra. Hier gibt es einen Geist von Spontaner Großer Glückseligkeit, der auch ein primärer Geist ist.

Die substantielle Ursache des Illusorischen Körpers ist der sehr subtile Wind, der den sehr subtilen Geist des Klaren Lichtes, der über Leerheit meditiert, trägt. Wenn der oder die Meditierende sich von der Sitzung erhebt, in der der Isolierte Geist des endgültigen Beispiel-Klaren-Lichtes erlangt wurde, wird er oder sie einen Körper erlangen, der nicht der gleiche ist wie sein oder ihr vorheriger Körper. Er wird die gleiche Erscheinung haben wie der Körper der persönlichen Gottheit der Erzeugungsstufe, außer daß er von weißer Farbe ist. Solch eine Form kann nur von jemandem wahrgenommen werden, der den Illusorischen Körper bereits erlangt hat. In dieser Beziehung ist deshalb der Illusorische Körper ähnlich einem Traumkörper, weil sowohl der Traumkörper als auch der Illusorische Körper aus dem sehr subtilen Wind entstehen. Das *Guhyasamaja-Tantra* sagt, daß der Traumkörper die beste Analogie für den Illusorischen Körper sei und beweise, daß es möglich sei, ihn zu erlangen.

Um den Isolierten Geist des endgültigen Beispiel-Klaren-Lichtes zu erlangen, müssen wir die Kraft unserer Meditation über die Kanäle, Winde und Tropfen vollendet haben. Außerdem ist es notwendig, eine qualifizierte Handlungs-Mudra anzunehmen, um vor dem Klaren Licht des Todes den Isolierten Geist des endgültigen Beispiel-Klaren-Lichtes zu erlangen. Der hoch realisierte Lama Je Tsongkhapa nahm keine Handlungs-Mudra, weil er sich um das Wohlergehen seiner ordinierten Gefolgsleute sorgte. Obschon er sich auf einer Stufe befand, auf der er auch als Mönch mit einer Handlungs-Mudra hätte meditieren können, ohne die geringste Negativität anzusammeln, tat er es nicht. Warum nicht? Er wollte die ungeduldigen Schüler der Zukunft beschützen, die, ohne voll qualifiziert zu sein, versucht gewesen wären, vorzeitig eine Gefährtin zu nehmen, und dadurch die Ursache für eine niedere Wiedergeburt statt für die Erleuchtung geschaffen hätten.

Je Tsongkhapa wurde während und nach seinem Leben in weiten Kreisen gelobt für seine klare und einzigartige Darstellung der Übungen des Geheimen Mantras. Er war besonders berühmt für seine Erklärung der Mittel, den Illusorischen Körper zu erlangen. Während seines Lebens demonstrierte er, wie die vier Leeren des Isolierten Geistes durch die Kraft der Vajra-Rezitation des *Guhyasamaja-Tantras* zu erlangen sind. Dann, am fünfundzwanzigsten Tag des zehnten tibetischen Monats, als er dabei war, seinen groben physischen Körper zu verlassen, erlangte er den Isolierten Geist des endgültigen Beispiel-Klaren-Lichtes, indem er Sohn- und Mutter-Klares-Licht mischte. Als er sich von dieser Meditation erhob, erlangte er den Illusorischen Körper, mit dem er Erleuchtung erlangte.

In Wirklichkeit war Je Tsongkhapa bereits der voll erleuchtete Buddha Manjushri. Um Lebewesen zu nützen, erscheint Manjushri in vielen Formen: erleuchtet und gewöhnlich, ordiniert und als Laie. In diesem Fall erschien er als ein verehrter Lehrer, der in seinem Leben und seinen Werken die reinen Sutra- und Geheimen Mantra-Pfade zur vollen Erleuchtung aufzeigte und seinen vom Glück begünstigen Schülern ein ausgezeichnetes Beispiel zur Nachahmung gab. Die Handlungen erleuchteter Wesen wie Manjushris übersteigen den geistigen Horizont gewöhnlicher Wesen.

Im allgemeinen gibt es vier Freuden der Erzeugungsstufe und vier Freuden der Vollendungsstufe. Um die ersteren zu erreichen, ist es nicht notwendig, die Winde in den Zentralkanal zu bringen, weil diese vier Freuden in erster Linie durch die Kraft der meditativen Konzentration erlangt werden. Die letzteren aber ergeben sich aus dem Schmelzen und Fließen des weißen Tropfens innerhalb des Zentralkanals. Wir sollten uns durch Proben auf diese Erfahrung vorbereiten, indem wir die vier Freuden der Erzeugungsstufe praktizieren, wie sie in den Tantras von Guhyasamaja, Heruka, Vajrayogini und so fort beschrieben werden, und indem wir den Anweisungen eines voll qualifizierten tantrischen Meisters folgen.

Die vier Freuden der Vollendungsstufe werden in Verbindung mit der Meditation des Inneren Feuers und anderen Methoden wie Vajra-Rezitation praktiziert. Zuerst sollten wir die acht Stufen der Meditation des Inneren Feuers ausüben, wie es oben beschrieben wurde. Die dadurch erzeugte

Hitze wird den weißen Tropfen beim Scheitel schmelzen, der vom Scheitel den Zentralkanal hinab zum Hals, vom Hals zum Herzen, vom Herzen zum Nabel und vom Nabel zur Spitze des Geschlechtsorgans fließen wird. Dies wird die Erfahrung spontaner großer Freude mit sich bringen, und wir sollten diese Erfahrung beibehalten, während wir über Leerheit meditieren. Dann sollten wir die vier Freuden in umgekehrter Folge erzeugen – es sind alles Stufen Spontaner Großer Glückseligkeit – und damit fortfahren, mit einem höchst glückseligen Geist über Leerheit zu meditieren. Dies beschließt die Erklärung der vier Freuden.

Die neun Mischungen und die zwei Mudras

EINE ERKLÄRUNG DER NEUN MISCHUNGEN

Die neun Mischungen sind die Hauptmethode, gewöhnlichen Tod, Zwischenzustand und Wiedergeburt in die Pfade der drei Körper eines Buddhas zu bringen. Sie werden ausführlich in den Texten zum *Guhyasamaja-Tantra* erklärt, und sowohl Nagarjuna als auch sein Schüler Aryadeva schrieben klare Kommentare dazu. Diese Anweisungen wurden später von Indien nach Tibet gebracht und sind von tibetischen Meistern ohne Unterbrechung bis zum heutigen Tag praktiziert worden.

Die neun Mischungen sind eine essentielle Praxis der Vollendungsstufenmeditation, und ohne sie ist es nicht möglich, Buddhaschaft innerhalb eines Lebens zu erlangen. Sowohl Marpa als auch Milarepa haben diese Praxis ganz besonders gepriesen, und der große Meditierende Khädrub Rinpoche sagte, daß selbst wenn man die vollständige Erfahrung dieser neun Mischungen nicht erlangt, ein großes Maß an Verdiensten erlangt werden kann, allein indem man ein intellektuelles Verständnis von ihnen erwirbt. Kurz gesagt verlassen sich alle qualifizierten Meditierenden der Vollendungsstufe des Geheimen Mantras auf die Praxis der neun Mischungen. Die folgenden Anweisungen wurden den Unterweisungen Vajradharas entnommen, die im *Guhyasamaja-Tantra* enthalten sind; aus diesem wurden sie in andere Formen der Praxis des Höchsten Yoga-Tantras eingefügt.

Die neun Mischungen werden in drei Teilen erklärt:

Losang Trinlay

1. Eine Erklärung der Mischungen während des Wachzustandes
2. Eine Erklärung der Mischungen während des Schlafes
3. Eine Erklärung der Mischungen während des Todes

EINE ERKLÄRUNG DER MISCHUNGEN WÄHREND DES WACHZUSTANDES

Die Erklärung hat drei Teile:

1. Mischung mit dem Wahrheitskörper während des Wachzustandes
2. Mischung mit dem Freudenkörper während des Wachzustandes
3. Mischung mit dem Ausstrahlungskörper während des Wachzustandes

MISCHUNG MIT DEM WAHRHEITSKÖRPER WÄHREND DES WACHZUSTANDES

Die erste der neun Mischungen ist die Mischung mit dem Wahrheitskörper während des Wachzustandes. Wie bereits erklärt, werden die Winde durch die Kraft der Meditation des Inneren Feuers dazu gebracht, in den Zentralkanal einzutreten, dort zu verweilen und sich aufzulösen, und infolgedessen erfahren wir die acht Zeichen von der luftspiegelungsähnlichen Erscheinung bis zum Klaren Licht. Wir wandeln dann den Geist des Klaren Lichtes in den Pfad um, indem wir über Leerheit meditieren. So wird das Klare Licht mit dem Wahrheitskörper gemischt. Obwohl diese Meditation «Mischung mit dem Wahrheitskörper während des Wachzustandes» heißt, stellt sich der oder die Meditierende bloß vor, daß sein oder ihr Geist des Klaren Lichtes der eigentliche Wahrheitskörper ist; zu diesem Zeitpunkt gibt es keinen eigentlichen Wahrheitskörper. Gemäß dem Geheimen Mantra gibt es drei Arten von Wahrheitskörpern: der

Basiswahrheitskörper, der Pfad-Wahrheitskörper und der resultierende Wahrheitskörper. Die ersten beiden sind nicht der eigentliche Wahrheitskörper, werden aber Wahrheitskörper genannt, weil das Praktizieren des Pfad-Wahrheitskörpers auf der Grundlage des Basiswahrheitskörpers zur Erlangung des eigentlichen, resultierenden Wahrheitskörpers führt.

Die Praxis der Mischung mit dem Wahrheitskörper während des Wachzustandes wird folgendermaßen erklärt. Wie zuvor ist das anfängliche Meditationsobjekt das Kurz-AH im Zentrum des Nabelkanalrades. Wir konzentrieren uns auf dieses Objekt, bis wir die acht Zeichen erfahren. Während des ganzen Ablaufs der acht Zeichen ist es sehr wichtig, Leerheit nicht zu vergessen, denn wenn wir uns nicht mit unserem groben Geist an Leerheit erinnern, wird es unmöglich sein, sie mit unserem subtilen Geist zu realisieren. Wenn wir die luftspiegelungsähnliche Erscheinung erfahren, erinnern wir uns also daran, daß diese Erscheinung nicht aus sich selbst heraus existiert, sondern bloß eine Erscheinung unseres wahrnehmenden Bewußtseins ist. Wir wenden die gleiche Art von Achtsamkeit während der nächsten drei Zeichen an: rauchähnliche Erscheinung, funkelnde-Leuchtkäfer-ähnliche Erscheinung und kerzenflammenähnliche Erscheinung. Nachdem sie alle erfahren worden sind, wird unsere grobe Achtsamkeit verschwinden. Während der nächsten Erscheinung, dem Geist der weißen Erscheinung, der ersten der vier Leeren, wird nur die subtile Achtsamkeit funktionieren.

Während des Geistes der weißen Erscheinung werden wir nur eine Erscheinung wahrnehmen, die einem leeren, vom hellen weißen Licht eines Herbstvollmondes durchdrungenen Himmel ähnlich ist, und wir meditieren darüber, daß die Leerheit dieser Erscheinung das Fehlen von inhärenter Existenz ist. Weil der Geist jetzt ein subtiler Geist ist, wird es anfangs schwierig sein, das Fehlen von inhärenter Existenz mittels logischer Begründungen festzulegen. Wenn wir jedoch vertrauter mit der Erfahrung subtiler Geisteszustände werden, werden wir logische Begründungen verwenden können, um Leerheit festzulegen, selbst während des Geistes der weißen Erscheinung.

Vom Geist der weißen Erscheinung gehen wir dann weiter zum Geist der roten Vermehrung, der eine Erscheinung wahrnimmt wie ein leerer Himmel, der von rotem Sonnenlicht durchdrungen ist. Wie zuvor halten wir unsere Achtsamkeit von Leerheit aufrecht und meditieren darüber, daß die Leerheit dieser zweiten Leere das Fehlen von inhärenter Existenz ist. Wenn dann der Geist der schwarzen Naherlangung entsteht, der eine Erscheinung wahrnimmt wie ein leerer Himmel, der von Schwärze durchdrungen ist, sollten wir unsere Achtsamkeit von Leerheit beibehalten, bis wir die tiefe Ohnmacht dieses subtilen Geistes erfahren. Während dieser Ohnmacht werden wir unsere Achtsamkeit vorübergehend verlieren, weil es zu diesem Zeitpunkt keinerlei bewußte Aktivität gibt.

Nach der Beendigung des Geistes der schwarzen Naherlangung wird der sehr subtile Geist des Klaren Lichtes, der subtilste aller Geisteszustände, entstehen. Dieser sehr subtile Geist wird eine Erscheinung wie ein leerer Herbsthimmel im Morgengrauen wahrnehmen, der von einem klaren und strahlenden Licht durchdrungen ist. Mit diesem sehr subtilen Geist des Klaren Lichtes sollten wir darüber meditieren, daß die Leerheit des Klaren Lichtes das Fehlen von inhärenter Existenz ist. Die Fähigkeit, sich zu dieser Zeit an Leerheit zu erinnern, hängt von der Fähigkeit ab, sich während der vorangegangenen Leeren an Leerheit zu erinnern, mit der vorübergehenden Ausnahme der tiefen Ohnmacht des Geistes der schwarzen Naherlangung; und sich an Leerheit während der Erscheinung der subtilen Geisteszustände zu erinnern hängt davon ab, sich mit dem groben Geist, vor seiner Auflösung, an Leerheit erinnert zu haben. Somit ist es wichtig, schon ganz zu Anfang der luftspiegelungsähnlichen Erscheinung Leerheit nicht zu vergessen.

Wenn unser sehr subtiler Geist von Klarem Licht über Leerheit meditiert und diese Vereinigung von Klarem Licht und Leerheit für im Aspekt ähnlich dem Wahrheitskörper hält, praktizieren wir die erste der drei Mischungen:

Mischung mit dem Wahrheitskörper während des Wachzustandes. Auf dieser Grundlage sollten wir den göttlichen Stolz entwickeln, der eigentliche Wahrheitskörper eines Buddhas zu sein, und auf diese Weise unsere Realisation des Wahrheitskörpers absolut unzerstörbar machen. Es genügt nicht, dies nur ein- oder zweimal zu tun; es ist notwendig, andauernd auf diese Weise zu praktizieren, bis wir eine stabile Realisation erlangen.

Wie weiter oben erklärt wurde, bringen wir während der Erzeugungsstufe des Geheimen Mantras den Tod in den Pfad des Wahrheitskörpers. Der Zweck ist, uns auf die Mischung mit dem Wahrheitskörper während des Wachzustandes, die wir während der Vollendungsstufe praktizieren, vorzubereiten und sie zu erleichtern. Die Mischung mit dem Wahrheitskörper während des Wachzustandes erleichtert die Mischung mit dem Wahrheitskörper während des Schlafes, und dies wiederum erleichtert die Mischung mit dem Wahrheitskörper während des Todes. Wenn unser sehr subtiler Geist des Klaren Lichtes über Leerheit meditiert, haben wir die erste Realisation des Vajrayana-Mahamudras erlangt.

MISCHUNG MIT DEM FREUDENKÖRPER WÄHREND DES WACHZUSTANDES

Indem wir mit einem von allen groben dualistischen Erscheinungen freien Geist den göttlichen Stolz erzeugen, der Wahrheitskörper zu sein, machen wir unsere Realisation des Wahrheitskörpers unzerstörbar. Dieses Klare Licht hat einen ähnlichen Aspekt wie das Klare Licht des Todes. Wie oben erklärt, nehmen gewöhnliche Wesen nach der Erfahrung des Klaren Lichtes des Todes einen Zwischenzustandskörper an, aber ein vollendeter Meditierender oder eine vollendete Meditierende nimmt statt dessen den Körper seiner oder ihrer persönlichen Gottheit an. Wenn wir die zweite der neun Mischungen praktizieren, sollten wir deshalb darüber meditieren, daß wir aus dem Klaren-Licht-Zustand der Leerheit oder dem Wahrheitskörper in der Form unserer persönlichen Gottheit entstehen. Wenn zum Beispiel unsere persönliche Gottheit Heruka ist, dann denken wir mit göttlichem Stolz, daß wir in seiner Form entstanden sind. Doch anstatt von blauer Farbe zu sein, ist unser Körper weiß, und wir umarmen eine weiße Vajravarahi. Wir meditieren darüber, daß der sehr subtile Wind, der den Geist des Klaren Lichtes trägt, in der Form von Herukas Körper entsteht und daß der sehr subtile Geist des Klaren Lichtes Herukas Geist ist. Dann meditieren wir mit göttlichem Stolz darüber, daß wir der eigentliche Freudenkörper Buddha Herukas sind.

Wenn wir auf diese Weise praktizieren, schaffen wir für uns selbst die Ursache, in der Zukunft einen wirklichen Illusorischen Körper in der Form unserer persönlichen Gottheit zu erlangen. Solch ein Illusorischer Körper kann nicht von jedermann gesehen werden. Obschon es ein wirklicher Körper ist, kann er nur von anderen Wesen, die einen Illusorischen Körper erlangt haben, gesehen werden. Im allgemeinen wird dieser Illusorische Körper «der Pfad-Freudenkörper» genannt. So wie im Falle des Wahrheitskörpers gibt es gemäß dem Geheimen Mantra drei Arten von Freudenkörpern: der Basisfreudenkörper, der Pfad-Freudenkörper und der resultierende Freudenkörper; und einmal mehr sind die ersten beiden nur dem Namen nach Freudenkörper. Nach der Erlangung des Illusorischen Körpers oder des Pfad-Freudenkörpers praktiziert der Meditierende kontinuierlich weiter und wird schließlich ein Buddha, wobei er den resultierenden Freudenkörper erlangt, der ein eigentlicher Körper eines Buddhas ist.

Um dies zusammenzufassen, wenn wir aus dem Klaren Licht in der weißen Form unserer persönlichen Gottheit entstehen, sollten wir unsere Aufmerksamkeit auf diesen Körper richten und den göttlichen Stolz entwickeln, der denkt: «Jetzt bin ich der wirkliche Freudenkörper.» Das ist die Praxis der Mischung mit dem Freudenkörper während des Wachzustandes. Diese Art der Praxis erleichtert die Mischung mit dem Freudenkörper während des Schlafes, und dies wiederum erleichtert die Mischung mit dem Freudenkörper während des Todes. Allen diesen Mischungen geht die Praxis der Erzeugungsstufe voran, in der wir den Zwischenzustand in den Pfad des Freudenkörpers bringen und dadurch die während der Vollendungsstufe ausgeübten Mischungen mit dem Freudenkörper proben und erleichtern.

MISCHUNG MIT DEM AUSSTRAHLUNGSKÖRPER WÄHREND DES WACHZUSTANDES

Zu diesem Zeitpunkt sind wir immer noch in der Form des weißen Freudenkörpers unserer persönlichen Gottheit. Wir verstehen, daß dieser Körper und unser normaler stofflicher Körper total verschieden sind und denken:

> *Wenn ich in diesem Zustand bleibe, werden mich gewöhnliche Wesen nicht sehen können, und deshalb werde ich ihnen nicht helfen können, Leiden zu überwinden und Buddhaschaft zu erlangen.*

Mit diesem Gedanken und durch Bodhichitta motiviert, fassen wir dann einen festen Entschluß, einen Ausstrahlungskörper anzunehmen, der von gewöhnlichen Wesen wahrgenommen werden kann, damit wir anderen von größtmöglichem Nutzen sein können.

Vor dem Praktizieren der Mischungen während des Wachzustandes hatten wir uns selbst im Aspekt unserer persönlichen Gottheit erzeugt. Diese wird «das Verpflichtungswesen» genannt. Wenn unsere persönliche Gottheit zum Beispiel Heruka ist, sind wir selbst das Verpflichtungswesen in der Form von Heruka, von blauer Farbe mit einem Gesicht und zwei Händen. Ein Verpflichtungswesenskörper dieser Art ist während der ganzen Vollendungsstufenmeditation gegenwärtig, aber er hört auf, ein Meditationsobjekt zu sein, während wir die Mischungen mit dem Wahrheitskörper und Freudenkörper praktizieren. Dies ist der Art und Weise ähnlich, wie die Erscheinung unseres gewöhnlichen Körpers endet, wenn wir einschlafen und träumen, denn obschon unser stofflicher Körper dableibt, sind wir uns seiner nicht mehr bewußt.

Jetzt, nach der Mischung mit dem Wahrheitskörper, sind wir als der Illusorische Körper in der Form des weißen Heruka entstanden. Dieser weiße Heruka unterscheidet sich vom blauen Verpflichtungswesenskörper auf ganz ähnliche Weise, wie ein Traumkörper sich von einem groben stofflichen Körper unterscheidet. Während wir die Mischung mit dem Freudenkörper praktizieren, entwickeln wir den starken göttlichen Stolz, der eigentliche Freudenkörper von Heruka zu sein. Dieser weiße Heruka ist das Weisheitswesen. Wenn wir uns als Folge unserer starken Bodhichitta-Motivation entschließen, in der Form eines Ausstrahlungskörpers zum Wohle anderer zu entstehen, meditieren wir, daß dieser weiße Heruka durch den Scheitel in den Körper des Verpflichtungswesens eintritt. Dies ist der Art und Weise ähnlich, wie unser Traumkörper wieder in unseren groben stofflichen Körper eintritt, wenn wir aus einem Traum erwachen. An diesem Punkt unserer Meditation bleibt der weiße Heruka als ein Weisheitswesen im Herzen des Ausstrahlungskörpers – des blauen Heruka. Indem wir unsere Aufmerksamkeit auf den Körper des blauen Heruka richten, entwickeln wir dann den göttlichen Stolz, der eigentliche Ausstrahlungskörper zu sein. Das ist die Praxis der Mischung mit dem Ausstrahlungskörper während des Wachszustandes.

EINE ERKLÄRUNG DER MISCHUNGEN WÄHREND DES SCHLAFES

Die Erklärung hat drei Teile:

1. Mischung mit dem Wahrheitskörper während des Schlafes
2. Mischung mit dem Freudenkörper während des Schlafes
3. Mischung mit dem Ausstrahlungskörper während des Schlafes

Drubwang Losang Namgyal

MISCHUNG MIT DEM WAHRHEITSKÖRPER WÄHREND DES SCHLAFES

Wenn gewöhnliche Wesen einschlafen, erfahren sie das Klare Licht des Schlafes. Der oder die Meditierende des Geheimen Mantras strebt danach, dieses Klare Licht des Schlafes mit dem Wahrheitskörper zu mischen. Dies kann jedoch nur von denjenigen vollbracht werden, die zuvor eine Erfahrung der vier Leeren gewonnen haben, indem sie die Mischungen während des Wachzustandes wie oben beschrieben praktizierten. Deswegen wird eine Meditation dieser Art nur erfolgreich sein, wenn wir willentlich fähig sind zu bewirken, daß unsere Winde in den Zentralkanal eintreten, dort verweilen und sich auflösen.

Wenn wir die Mischungen während des Schlafes praktizieren wollen, sollten wir unmittelbar vor dem Einschlafen über Inneres Feuer meditieren. Zu diesem Zeitpunkt müssen wir nicht in der Meditationshaltung sitzen; wir können Inneres Feuer praktizieren, während wir in unserer normalen Schlafhaltung liegen. Wenn möglich, ist es jedoch von Vorteil, in der Löwenhaltung zu schlafen, wobei wir auf unserer rechten Seite liegen und unsere rechte Wange auf der Handfläche unserer rechten Hand ruht, unsere Beine ausgestreckt sind, das linke auf dem rechten ruhend, und unser linker Arm auf unserem linken Oberschenkel liegt. Dies ist die Haltung, in der Buddha Shakyamuni aus dem Leben schied, und es ist die beste Haltung, die wir einnehmen können, wenn wir uns schlafen legen.

Wie in der normalen Praxis des Inneren Feuers ist das Meditationsobjekt das Kurz-AH in der Vakuole im Zentrum des Nabelkanalrades. Wenn wir damit vertraut sind, die Winde während des Wachzustandes in den Zentralkanal eintreten, dort verweilen und sich auflösen zu lassen, sollten wir das gleiche während des Schlafes ohne große Schwierigkeit tun können. Wir praktizieren die Meditation des Inneren Feuers bis wir die luftspiegelungsähnliche Erscheinung des Schlafes wahrnehmen. Während wir einschlafen, müssen wir durch die Kraft der Achtsamkeit fähig sein, jede

Erscheinung zu identifizieren, wenn sie entsteht. Wir müssen uns auch ganz von Anfang der luftspiegelungsähnlichen Erscheinung an bis und mit der vierten Leere, die das Klare Licht selbst ist, an das Fehlen von inhärenter Existenz erinnern. Wir denken, daß diese acht Zeichen bloße Erscheinungen sind, die von unserem primären Geist wahrgenommen werden, und daß sie leer sind, d. h. daß ihnen wahre Existenz fehlt. Wenn unser sehr subtiler Geist des Klaren Lichtes während des achten Zeichens über Leerheit meditiert, wird unsere Erfahrung von Leerheit äußerst kraftvoll werden, weil dieser sehr subtile Geist sich mit seinem Objekt vermischen kann wie Wasser mit Wasser. Wenn wir diesen Punkt in unserer Praxis erreichen, sollten wir darüber meditieren, daß die Nichtdualität unseres Geistes und der Leerheit absolut unzerstörbar geworden ist, und auf dieser Grundlage den göttlichen Stolz erzeugen, der Wahrheitskörper eines Buddhas zu sein. Dies ist die Praxis der Mischung des Wahrheitskörpers während des Schlafes.

Um in dieser Meditation erfolgreich zu sein, müssen wir zwei tiefgründige Methoden praktizieren können: (1) bewirken, daß die Winde während des Wachzustandes in den Zentralkanal eintreten, dort verweilen und sich auflösen, und somit fähig sein, das gleiche während des Schlafes tun zu können, und (2) verhindern, daß die Kraft der Achtsamkeit während des Schlafes abnimmt. Die erste Methode wurde bereits besprochen. Was folgt, ist eine Erklärung der zweiten Methode.

Wenn wir einschlafen, verlieren wir normalerweise die Kraft unserer Achtsamkeit restlos, und deshalb erkennen wir die acht Zeichen des Schlafes nicht, wenn sie auftauchen. Wenn andererseits die Kraft unserer Achtsamkeit nicht abnimmt, finden wir es unmöglich, überhaupt einzuschlafen. Deshalb müssen wir sehr geschickt sein, wenn wir die Mischung mit dem Wahrheitskörper während des Schlafes praktizieren; wir müssen einschlafen können und trotzdem die Kraft unserer Achtsamkeit beibehalten. Dies gelingt uns, wenn wir unserer Achtsamkeit erlauben, ganz geringfügig abzunehmen, gerade genug um Schlaf möglich zu machen, aber nicht so stark, daß wir nicht einmal das erste der acht Zeichen des Schlafes erkennen können. Im allgemeinen wissen gewöhnliche Wesen nicht, daß sie schlafen oder träumen, weil ihre Achtsamkeit zu dieser Zeit vollständig abgenommen hat, aber vollendete Meditierende können die acht Zeichen als die acht Zeichen des Schlafes identifizieren, und sie sind auch in der Lage zu merken, wenn sie in den Traumzustand eingetreten sind.

Wenn wir uns also zum Schlafen hinlegen, sollten wir die Meditation über Inneres Feuer praktizieren, wobei das Kurz-AH beim Zentrum des Nabelkanalrades das Hauptobjekt ist. Zur gleichen Zeit sollten wir mit einem Teil unseres Geistes fest entschlossen sein, unsere Achtsamkeit beizubehalten, damit wir die acht Zeichen identifizieren können, wenn sie erscheinen, und sie als leer von inhärenter Existenz erkennen können. Wenn wir fortwährend auf diese Weise praktizieren, wird die Kraft unserer Konzentration und unsere Entschlossenheit schließlich zum Erfolg führen; aber jedesmal, wenn wir praktizieren, ist es essentiell, ganz zu Beginn den starken Entschluß zu erzeugen, die acht Zeichen zu identifizieren. Der Erfolg in dieser Praxis wird sich sogar noch leichter einstellen, wenn wir uns daran erinnern, während wir die Mischungen im Wachzustand praktizieren, daß die gleichen acht Zeichen auftauchen werden, wenn wir einschlafen. Wenn zum Beispiel die luftspiegelungsähnliche Erscheinung während unserer Praxis des Wachzustandes entsteht, sollten wir uns daran erinnern, daß dieses Zeichen auch entstehen wird, wenn wir schlafen.

Obwohl gewöhnliche Wesen das Klare Licht wahrnehmen, wenn sie sterben und einschlafen, können sie es nicht als das Klare Licht erkennen. Ein vollendeter Meditierender oder eine vollendete Meditierende hat jedoch diese Erkenntnis und benützt sie als Mittel, um Erleuchtung zu erlangen. Er oder sie ist in der Lage, das Klare Licht während des Schlafes noch lebhafter wahrzunehmen als bei der Mischung mit dem Wahrheitskörper während des Wachzustandes. Deshalb ist die Mischung mit dem Wahrheitskörper während des Schlafes eine noch kraftvollere Meditation als diejenige, die während des Wachzustandes ausgeführt wird.

Als der große Bodhisattva Shantideva sich an der Klosteruniversität von Nalanda aufhielt, dachten die anderen Mönche, er sei sehr faul, weil er nur drei Dinge zu tun schien: essen, den Darm entleeren und schlafen, und von diesen drei vor allem das letztere! In Wirklichkeit übte er jedoch die sehr fortgeschrittenen Übungen des Geheimen Mantras der drei Mischungen während des Schlafes aus. Dies zeigt, daß für einen wahrhaft geschickten Meditierenden der Schlaf eine kraftvolle spirituelle Praxis werden kann.

Bei der Mischung mit dem Wahrheitskörper während des Schlafes sollten wir versuchen, die Erfahrung der vier Leeren, die während der Meditation im Wachzustand gewonnen wurde, in die Erfahrung der vier Leeren, die während des Einschlafens wahrgenommen wurde, zu integrieren. Auf diese Weise wird unsere Meditation sehr kraftvoll werden. Um die Mischungen während des Schlafes jedoch gut praktizieren zu können, sollte unser Schlaf lang, tief und ungestört sein. Wenn wir während unserer Meditation des Schlafes unterbrochen werden, wird dies unsere Fähigkeit stören, über das Klare Licht zu meditieren. Wenn wir zum Beispiel, nachdem wir die ersten zwei Zeichen des Schlafes erfahren haben, aufgeweckt oder durch etwas gestört werden, wird das die Wahrnehmung der verbleibenden Zeichen stören und somit wird unsere Praxis der Mischung mit dem Wahrheitskörper während des Schlafes unterbrochen werden. In *Lampe der zusammengefaßten Taten* fragt Aryadeva: «Was ist die Ursache für einen langen, tiefen Schlaf?» und antwortet, daß die Ursache sei zu bewirken, daß sich die Winde stark beim Herzen sammeln. Je stärker sich diese Winde beim Herzen sammeln, um so länger und tiefer wird unser Schlaf sein.

Weil ein langer, tiefer Schlaf das beste für die Praxis der Mischungen während des Schlafes ist, sollten wir versuchen, die Winde mittels der folgenden Visualisation bei unserem Herzen zu sammeln. Während wir einschlafen, sollten wir unseren Geist auf den unzerstörbaren Tropfen im Zentrum unseres Herzkanalrades richten. Wir konzentrieren unseren Geist auf diesen Tropfen und erlauben uns einzuschlafen. Wenn wir es vorziehen, können wir einen Buchstaben bei unserem Herzen visualisieren. Zum Beispiel kann ein Praktizierender der Meditation des Inneren Feuers das Kurz-AH verwenden. Zu Beginn konzentrieren wir uns auf dieses Kurz-AH des Inneren Feuers im Nabelkanalrad. Dann, gerade bevor wir einschlafen, bewegen wir den Buchstaben durch den Zentralkanal hinauf, bis er die Vakuole des Herzkanalrades erreicht, wo sich der unzerstörbare Tropfen befindet. Dann visualisieren wir dieses Kurz-AH bei unserem Herzen, während wir einschlafen.

Es gibt eine andere Methode, die effektiv ist, einen langen und tiefen Schlaf zu produzieren, und sie ist besonders hilfreich, wenn wir schnell einschlafen wollen. Zuerst visualisieren wir, daß der unzerstörbare Tropfen im Zentrum unseres Herzens in der Form eines strahlenden weißen Tropfens ist. Dieser Tropfen geht dann durch den Zentralkanal hinab, bis er schließlich an der Spitze des Geschlechtsorgans zur Ruhe kommt, wo er sich in einen schwarzen Tropfen verwandelt. Dann schlafen wir ein, während wir uns auf diesen schwarzen Tropfen konzentrieren.

Da es viel leichter ist, die acht Zeichen während eines langen und tiefen Schlafes wahrzunehmen, sollten wir diejenige Methode anwenden, die wir am nützlichsten finden, um dieses Ziel zu erreichen. Selbst wenn wir noch nicht bereit sind, die eigentliche Praxis der Mischungen während des Schlafes zu beginnen, ist es wichtig, mit unserer Schulung jetzt anzufangen, damit die Samen dieser Praxis innerhalb unseres Geistes gesät und gepflegt werden. Dies gilt für alle neun Mischungen.

Es ist nicht nötig, die Methoden des Geheimen Mantras zu praktizieren, um die bewußte Erkenntnis zu gewinnen, daß unser Schlaf Schlaf ist oder unsere Träume Träume sind. Eine solche Erkenntnis kann allein durch die Kraft von Entschlossenheit und Konzentration erreicht werden. Wenn wir wach sind, sollten wir einen starken und anhaltenden Entschluß entwickeln, unseren Schlaf als Schlaf und unsere Träume als Träume zu erkennen. Dann können wir diese zwei Erkenntnisse kraft unserer festen Konzentration erlangen. Wenn wir Geheimes Mantra tatsächlich praktizieren, werden diese zwei Erkenntnisse gewonnen, indem wir bewirken, daß die Winde in den Zentralkanal eintreten, dort verweilen und sich auflösen, kombiniert mit der Kraft der Konzentration. Wenn wir uns zuvor an die Erfahrung der vier Leeren gewöhnt haben, indem wir die Mischungen im Wachzustand praktiziert haben, wird es nicht schwierig sein, sie zu erkennen, wenn wir schlafen.

Abschließend läßt sich sagen, daß wir, wenn wir das Klare Licht des Schlafes wahrnehmen, diesen Geist verwenden sollten, um über Leerheit zu meditieren. Wenn wir diese Praxis beherrschen, werden wir das Sohn- und Mutter-Klare-Licht des Schlafes mischen und in der Folge werden wir auch das Sohn- und Mutter-Klare-Licht des Todes mischen können. Wenn wir wach sind, ist das einzige Klare Licht, das wir erfahren können, das Sohn-Klare-Licht; deshalb ist die einzige Zeit, in der wir das Sohn- und Mutter-Klare-Licht vor unserem eigentlichen Tod mischen können, die Zeit, wenn wir schlafen. Dies befähigt uns, das Klare Licht des Schlafes in den eigentlichen Wahrheitskörper des Pfades (Beispiel-Klares-Licht oder Sinn-Klares-Licht) oder einen Wahrheitskörper des Pfades umzuwandeln, der ihm ähnlich ist. Wenn wir darin erfolgreich sind, wird selbst unser Schlaf eine kraftvolle und nützliche Meditation werden.

MISCHUNG MIT DEM FREUDENKÖRPER WÄHREND DES SCHLAFES

Die fünfte der neun Mischungen kann nur praktiziert werden, wenn wir träumen. Im allgemeinen gibt es zwei Arten von Schlaf: Schlaf ohne Träume und Schlaf mit Träumen. Der während der Entwicklung der acht Zeichen erfahrene Schlaf ist Schlaf ohne Träume. Träume entstehen, wenn das Klare Licht des Schlafes endet. Dies gleicht der Art und Weise, wie der Zwischenzustand entsteht, unmittelbar nachdem das Klare Licht des Todes endet.

Es gibt auch zwei Arten von Schlaf ohne Träume: leichter Schlaf und tiefer Schlaf. Leichter Schlaf wird erfahren von der luftspiegelungsähnlichen Erscheinung bis und mit der Erscheinung der roten Vermehrung, doch unser Schlaf wird fortschreitend tiefer mit der Erscheinung jedes aufeinanderfolgenden Zeichens. Der tiefste Schlaf ist derjenige, der während der Ohnmacht des Geistes der schwarzen Naherlangung erfahren wird, wenn unsere Achtsamkeit vorübergehend verlorengeht.

Von Beginn der luftspiegelungsähnlichen Erscheinung an hält der oder die Praktizierende des Geheimen Mantras Leerheit als Meditationsobjekt, aber die Fähigkeit, dieses Objekt zu halten, endet für eine Weile während der Ohnmacht des Geistes der schwarzen Naherlangung. Wenn die vierte Leere, die das Klare Licht selbst ist, langsam erscheint, gewinnen wir erneut eine sehr subtile Achtsamkeit. Mittels der Kraft dieser sehr subtilen Achtsamkeit können wir das Sohn- und Mutter-Klare-Licht des Schlafes mischen.

Wir werden keine Träume erfahren, bis das Klare Licht des Schlafes endet. Nach der Mischung mit dem Wahrheitskörper während des Schlafes, während dem wir das Umwandeln des Klaren Lichtes des Schlafes in den Pfad-Wahrheitskörper praktizieren, praktiziert der oder die Meditierende des Geheimen Mantras die Mischung mit dem Freudenkörper während des Schlafes. Dazu braucht es die Schulung darin, den gewöhnlichen Traumzustand in den Freudenkörper des Pfades umzuwandeln. Während wir immer noch in der Form des Wahrheitskörpers sind, entschließen wir uns, den Freudenkörper zu erlangen, damit wir einen Formkörper besitzen, der für andere sichtbar ist. Wenn dann der Traumzustand beginnt, erkennen wir ihn als das, was er ist, und praktizieren das Umwandeln des Traumkörpers in den Freudenkörper des Pfades, indem wir in der Form unserer persönlichen Gottheit entstehen, von weißer Farbe, mit einem Gesicht und zwei Händen und eine Weisheitsgefährtin umarmend. Auf dieser Grundlage entwickeln wir dann den göttlichen Stolz, der Freudenkörper zu sein. Auf diese Weise sind wir in der Lage, den gewöhnlichen Traumzustand in den eigentlichen Freudenkörper des Pfades

Kachen Yeshe Gyaltsän

(den Illusorischen Körper) oder in einen Freudenkörper des Pfades umzuwandeln, der ihm ähnlich ist.

Der eigentliche Freudenkörper des Pfades entsteht aus dem Isolierten Geist des endgültigen Beispiel-Klaren-Lichtes und dem ihn tragenden Wind. Wie bereits erwähnt, ist der Freudenkörper ganz und gar verschieden vom groben stofflichen Körper. Obschon er ein wirklicher Körper ist, wird er nur von denjenigen wahrgenommen, die bereits einen Illusorischen Körper erlangt haben, so wie ein Traumkörper nur von Träumern wahrgenommen wird. Wenn wir den Illusorischen Körper erlangen, verwandelt sich unsere subtile Form tatsächlich in den Aspekt unserer persönlichen Gottheit. Das ist der eigentliche Freudenkörper des Pfades. Bei der Mischung mit dem Freudenkörper während des Schlafes wandeln wir unseren Traumkörper entweder in den eigentlichen Freudenkörper des Pfades oder in einen Freudenkörper des Pfades um, der ihm ähnlich ist.

Auch der Traumschlaf ist eine Form von leichtem Schlaf. Um fähig zu sein, diesen Schlaf in unserer Praxis zu verwenden, sollten unsere Träume sehr lange und deutlich sein, und wir sollten eine stark entwickelte Kraft der Achtsamkeit haben, damit wir unsere Träume als solche erkennen können und dadurch fähig sind, den Traumkörper in den Freudenkörper des Pfades umzuwandeln. Solange unser Traumkörper dableibt, sollten wir versuchen, diese Umwandlung zusammen mit dem göttlichen Stolz aufrechtzuerhalten, der resultierende Freudenkörper eines Buddhas zu sein. Wenn wir dann erkennen, daß der Traum bald enden wird, bereiten wir uns darauf vor, die sechste der neun Mischungen zu praktizieren: die Mischung mit dem Ausstrahlungskörper während des Schlafes.

MISCHUNG MIT DEM AUSSTRAHLUNGSKÖRPER WÄHREND DES SCHLAFES

Die sechste Mischung kann anhand der Heruka-Praxis erklärt werden. Während des Traumzustandes meditieren wir darüber, daß wir in der Form des weißen Freudenkörpers von Heruka sind. Dann denken wir, daß gewöhnliche Wesen uns nicht sehen können, wenn wir in dieser Form bleiben, weil nur Höhere Bodhisattvas und Buddhas fähig sind, den Freudenkörper eines Buddhas wahrzunehmen. Folglich fassen wir einen starken Entschluß, in der Form eines Ausstrahlungskörpers zu entstehen, den selbst gewöhnliche Wesen sehen und aus dem sie einen Nutzen ziehen können.

Dann erwachen wir mit starker Bodhichitta-Motivation aus dem Schlaf des Traumzustandes. Es ist wichtig, daß wir das Aufwachen auf eine besondere Weise praktizieren. Die Mischungen während des Schlafes zu praktizieren ist sehr ähnlich der Praxis der Mischungen während des Wachzustandes. Bevor wir einschliefen, visualisierten wir uns selbst als das Verpflichtungswesen Heruka, von blauer Farbe, mit einem Gesicht und zwei Händen und seine Gefährtin umarmend; aber während wir die Mischung mit dem Wahrheitskörper und Freudenkörper während des Schlafes praktizierten, verloren wir die Erscheinung des Verpflichtungswesens. Als wir in den Traumzustand eintraten, entstanden wir aus dem Klaren Licht des Schlafes in der Form des weißen Heruka und verwandelten dabei den Traumkörper in den Freudenkörper. Dieser weiße Heruka ist das Weisheitswesen. Der Körper dieses Weisheitswesens ist eine vom Verpflichtungswesen, dem blauen Heruka, verschiedene Wesenheit, so wie unser Traumkörper eine von unserem groben stofflichen Körper verschiedene Wesenheit ist.

Um das Mischen mit dem Ausstrahlungskörper während des Schlafes zu praktizieren, lassen wir das Weisheitswesen auf die gleiche Weise in den Körper des Verpflichtungswesens eintreten, wie der Traumkörper in den groben stofflichen Körper eintritt, wenn wir aufwachen. Somit tritt der weiße Heruka in den blauen Heruka ein und bleibt im Herzen des blauen Heruka. Dann entstehen wir aus dem Traumzustand in der Form des blauen Heruka und erzeugen den starken göttlichen Stolz, der Ausstrahlungskörper eines Buddhas zu sein. Wir denken: «Ich bin der resultierende

Ausstrahlungskörper; ich bin Heruka.» Obwohl dieser göttliche Stolz erzeugt wird, während wir wach sind, heißt diese Praxis «Mischung mit dem Ausstrahlungskörper während des Schlafes». Der Grund dafür ist, daß dieser Vorgang der Mischung mit einem starken Entschluß anfängt, der erzeugt wird, während wir uns noch im Schlaf des Traumzustandes befinden.

Wenn wir die drei Mischungen des Schlafes praktizieren, werden die Zeit des Schlafes und des Traumes zur Meditationssitzung und das Aufwachen in der Form des Ausstrahlungskörpers wird zur nachfolgenden Erlangung gerechnet. Während der nachfolgenden Erlangung sollten wir alle Erscheinungen immer als leer von inhärenter Existenz betrachten, alle diese Leerheiten als in der Natur von Glückseligkeit anschauen und diese Glückseligkeit als in der Form des Körpers der Gottheit wahrnehmen.

Dieser Abschnitt, der die Mischungen während des Schlafes behandelt, wird mit fünf Fragen und Antworten abgeschlossen, die aus Aryadevas *Lampe der zusammengefaßten Taten* stammen.

(1) Was ist die Ursache von Schlaf im allgemeinen und eines langen und tiefen Schlafes im besonderen? Schlaf stellt sich ein, wenn sich die fünf groben Winde – die die fünf Sinnesgewahrseinsarten tragen – natürlicherweise beim Herzen sammeln. Solange sich diese Winde nicht dort sammeln, ist es unmöglich einzuschlafen. Wenn wir Schwierigkeiten haben einzuschlafen, dann tatsächlich deshalb, weil sich diese Winde aus dem einen oder anderen Grund nicht beim Herzen sammeln. Manchmal sammeln sie sich ganz natürlich, selbst wenn wir das nicht wollen, zum Beispiel während Unterweisungen oder in der Mitte einer Meditationssitzung! Dieses ungewollte Sammeln der Winde beim Herzen kann durch geistiges Sinken, Dumpfheit, körperliche Müdigkeit, Überessen, zu wenig Schlaf in der vergangenen Nacht und so fort verursacht werden.

Es sollte beachtet werden, daß sich die Winde der fünf Sinnesgewahrseinsarten zusätzlich zu diesem natürlichen

Vorgang des Sammelns auch durch die Kraft der Meditation beim Herzen und zur Todeszeit sammeln können, aber in diesen Fällen stellt sich der Schlaf nicht ein, da das Sammeln der Winde nicht auf natürliche Weise erfolgt. Die Ursache eines langen und tiefen Schlafes entsteht, wenn die Winde sich nicht nur auf natürliche Weise beim Herzen sammeln, sondern wenn sie es zudem auf kräftige Weise tun.

(2) Was ist die Ursache von Träumen im allgemeinen und von langen und deutlichen Träumen im besonderen? Wie oben dargelegt, erfahren wir einen Zustand tiefen Schlafes, solange die Winde beim Herzen bleiben. Wenn diese Winde das Herz verlassen und sich beim Hals sammeln, bewegen wir uns vom Zustand des tiefen Schlafes zum leichteren Zustand des Traumschlafes. Mit anderen Worten stellt sich der Traumzustand ein, wenn sich der Tropfen beim Halskanalrad und die Winde treffen. Die Ursache langer und deutlicher Träume ist das starke Sammeln der Winde beim Hals. Solange die Winde beim Hals versammelt sind, werden wir uns im Traumzustand befinden, und je länger und stärker sie sich dort sammeln, desto länger und deutlicher werden unsere Träume sein.

(3) Was führt dazu, daß der Traumkörper in den groben Körper eintritt, wenn wir vom Traumzustand aufwachen? Selbst wenn unser Traumkörper zu einem weit entfernten Ort reist, tritt er sofort wieder in unseren groben Körper ein, wenn wir aufwachen. Dies geschieht, weil der Traumkörper den groben Körper nur vorübergehend verlassen hat und die Beziehung, die zwischen den beiden besteht, noch nicht beendet ist. Solange ihre karmische Verbindung nicht durchtrennt ist, wird der Traumkörper immer zum groben Körper zurückkehren. Wenn zum Beispiel ein Familienvater zur Arbeit geht, verläßt er seine Familie nur vorübergehend, und wenn er seine Arbeit abgeschlossen hat, kehrt er zu ihr zurück. Er tut dies wegen der Beziehung, die er mit seiner Familie hat. Wenn jedoch diese Beziehung oder Verbindung aus irgendeinem Grund beendet wird, kann der Vater nicht zurückkehren, wie er es ursprünglich geplant hat. In der

Traumsituation ist der Ort, an den der Traumkörper reist, jedoch kein wirklicher Ort, sondern ein Traumort.

(4) Wenn der Traumkörper und der grobe Körper verschieden sind, warum reifen dann die Erfahrungen des Traumkörpers im groben Körper? Es kann vorkommen, daß eine Person von einem schrecklichen Alptraum aufwacht und entdeckt, daß ihr Herz stark klopft und die Handflächen feucht sind, oder ein Mann träumt vielleicht nur, Geschlechtsverkehr zu haben, doch er vergießt tatsächlich Samen. Der Grund, warum diese Dinge geschehen, ist, daß der Geist der träumenden Person und der Geist der wachen Person dasselbe Kontinuum sind. Es existiert nur eine Person in bezug auf dieses Kontinuum, und deswegen kann die Erfahrung ihres Traumgeistes im Geist des Wachzustandes reifen. Aber auch das Umgekehrte kann geschehen. Wird man zum Beispiel während des Schlafes verregnet, kann die Folge sein, daß man träumt, zu schwimmen oder zu ertrinken.

(5) Was ist die Ursache, die einen aus dem Schlaf erwachen läßt? Wir erwachen aus dem Traumzustand, wenn die Winde den Hals verlassen und sich bei den Augenbrauen sammeln. Wenn wir rasch und mit einem klaren Geist aus dem Schlaf zu erwachen wünschen, sollten wir einen weißen Tropfen am Augenbrauenkanalrad visualisieren und uns darauf konzentrieren, bevor wir einschlafen. Wie zuvor erwähnt, sammeln sich die tragenden Winde immer an der Stelle, auf die der Geist gerichtet wird, und es ist dieses Sichsammeln der Winde bei den Augenbrauen, das das Erwachen aus dem Schlaf bewirkt.

EINE ERKLÄRUNG DER MISCHUNGEN WÄHREND DES TODES

Da es in jedem Leben nur eine Gelegenheit gibt, die Mischungen während des Todes zu praktizieren, ist es sehr wichtig, daß wir uns darin schulen, während wir leben. Die erfolgreiche Praxis der Mischungen während des Todes hängt davon ab, Gewandtheit in den drei Mischungen während des Schlafes zu gewinnen. Wenn wir uns nicht mit dem

Wahrheitskörper, Freudenkörper und Ausstrahlungskörper während des Schlafes mischen können, werden wir sicherlich nicht in der Lage sein, uns während des Todes mit ihnen zu mischen. Außerdem hängt der Erfolg im Praktizieren der drei Mischungen während des Schlafes davon ab, die Praxis der drei Mischungen während des Wachzustandes zu beherrschen. Die leichtesten Übungen sind die Mischungen während des Wachzustandes, weil sie mehr Gelegenheit bieten, unsere grobe Achtsamkeit zu verwenden.

Allgemein gesagt, sind sich Einschlafen und Sterben in der Hinsicht sehr ähnlich, als sich in beiden Fällen die Winde beim Herzen sammeln. Zur Todeszeit erfahren wir die acht Zeichen von der luftspiegelungsähnlichen Erscheinung bis zum Klaren Licht. Ein vollendeter Meditierender oder eine vollendete Meditierende verbindet diese acht Zeichen des Todes mit den acht Zeichen, die stattfinden, wenn die Winde sich durch die Kraft der Vollendungsstufenmeditation im Zentralkanal auflösen. Auf diese Weise wandelt er oder sie die acht Zeichen des Sterbens in den spirituellen Pfad um. Hier meinen wir einen Meditierenden oder eine Meditierende, der oder die die Meditation des Geheimen Mantras praktiziert, aber noch nicht Erleuchtung erlangt hat. Wie bereits dargelegt wurde, muß man die drei Mischungen während des Todes nicht praktizieren, wenn man bereits Erleuchtung während seines Lebens erlangt hat, weil man den gewöhnlichen Tod bereits überwunden hat. Das Leben ist jedoch sehr kurz und der Tod kann selbst einen großen Meditierenden ereilen, bevor er Erleuchtung erlangt hat. Wenn dies geschieht, ist es notwendig, die Mischungen während des Todes zu praktizieren.

Wenn wir diese Mischungen während des Todes nicht praktizieren können, müssen wir, ohne eine Wahl zu haben, eine gewöhnliche samsarische Wiedergeburt annehmen, und es besteht die große Gefahr, daß wir alle spirituellen Kenntnisse vergessen, die wir in diesem Leben gewonnen haben. Wenn wir ohne bewußte Kontrolle sterben, verlieren wir alles, was wir in diesem Leben so angestrengt zu lernen versucht haben; nur die Prägungen dieser Kenntnisse bleiben zurück. Selbst wenn wir das Glück haben, in unserem nächsten Leben als Mensch wiedergeboren zu werden, werden wir erneut von vorn beginnen und dieselben Schwierigkeiten beim Erwerben von Kenntnissen erfahren müssen, denen wir bereits begegnet sind. Wenn wir andererseits kontrolliert sterben, können wir unsere Praxis von diesem ins nächste Leben mitnehmen. Nur unser stofflicher Körper wird sich geändert haben; die angesammelten Kenntnisse werden intakt bleiben.

Es ist sehr wichtig, mit einem glücklichen und positiven Geist zu sterben. Selbst wenn wir in diesem Leben sehr hart praktizieren, werden wir in einen der niederen Bereiche fallen, wenn wir mit einem wütenden oder negativen Geist sterben. Deshalb sollten wir sehr gut auf unsere geistige Aktivität achten, während wir sterben, und prüfen, ob sie tugendhaft ist oder nicht. Die wahre Prüfung für einen vollendeten Meditierenden oder eine vollendete Meditierende ist, ob er oder sie die Dharma-Praxis während des Sterbevorganges aufrechterhalten kann.

Wenn wir die Mischungen während des Wachzustandes praktizieren, sollten wir uns daran erinnern, daß der Zweck darin besteht, sie während des Schlafes praktizieren zu können, und wenn wir sie während des Schlafes praktizieren, sollten wir uns daran erinnern, daß der Zweck darin besteht, sie während des Todes praktizieren zu können. Die Praxis während des Todes hat drei Hauptziele: (1) uns vor Angst während des Sterbevorganges zu beschützen, (2) uns die Kraft zu geben, die Umstände unserer nächsten Wiedergeburt zu wählen, und (3) uns zu befähigen, die Praxis dieses Lebens in unser nächstes Leben mitzunehmen. Diese drei Gründe allein genügen schon, um zu zeigen, wie kostbar die Übungen des Vajrayanas sind. Außerdem werden wir durch die vollkommene und reine Praxis des Vajrayanas sicherlich in der Lage sein, in unserem nächsten Leben Erleuchtung zu erlangen, wenn wir nicht fähig sind, es in diesem zu tun.

So wie die Mischungen, die während des Wachzustandes und des Schlafes praktiziert werden, haben die Mischungen während des Todes drei Teile:

Phurchog Ngawang Jampa

1. Mischung mit dem Wahrheitskörper während des Todes
2. Mischung mit dem Freudenkörper während des Todes
3. Mischung mit dem Ausstrahlungskörper während des Todes

MISCHUNG MIT DEM WAHRHEITSKÖRPER WÄHREND DES TODES

Sobald wir sicher sind, daß wir sterben, beginnen wir mit dieser Praxis, indem wir ein Meditationsobjekt wählen, das bewirkt, daß unsere Winde in den Zentralkanal eintreten, dort verweilen und sich auflösen. Wenn unsere Hauptpraxis während unseres Lebens Inneres Feuer war, sollten wir dies als Meditationsobjekt verwenden und fortfahren zu praktizieren, bis wir sterben. Wenn wir Inneres Feuer während des Sterbevorganges praktizieren, werden die acht Zeichen sehr deutlich erscheinen.

Wenn diese Zeichen erscheinen, sollten wir darüber meditieren, daß ihnen inhärente Existenz fehlt. Diese Meditation sollte ganz zu Beginn der luftspiegelungsähnlichen Erscheinung ihren Anfang nehmen und durch die acht Zeichen hindurch fortgeführt werden. Wenn wir das Klare Licht des Todes erreichen, sollten wir die Kraft unserer Achtsamkeit nicht verlieren, sondern sollten statt dessen unsere subtile Achtsamkeit verwenden, um es uns zu ermöglichen, mit unserem sehr subtilen Geist des Klaren Lichtes über Leerheit zu meditieren. Wie zuvor erwähnt, verlieren gewöhnliche Wesen die Kraft der Achtsamkeit während des Sterbevorganges und können deshalb das Klare Licht nicht erkennen, selbst wenn es entsteht. Ein vollendeter Meditierender oder eine vollendete Meditierende ist jedoch aufgrund der vorangegangenen intensiven Schulung in den Mischungen des Wachzustandes und des Schlafes in der Lage, seine oder ihre Achtsamkeit aufrechtzuerhalten. Deshalb kann ein solcher Meditierender oder eine solche Meditierende nicht nur das Klare Licht des Todes erkennen, sondern kann zudem mit diesem sehr subtilen Geist über Leerheit meditieren. Auf diese Weise praktizieren wir die Umwandlung des gewöhnlichen Klaren Lichtes des Todes in den Wahrheitskörper des Pfades.

Während dieses Geistes des Klaren Lichtes sollten wir den göttlichen Stolz erzeugen, der resultierende Wahrheitskörper zu sein. Dies wird die siebte Mischung unzerstörbar machen.

MISCHUNG MIT DEM FREUDENKÖRPER WÄHREND DES TODES

Wenn wir uns im Wahrheitskörper des Pfades schulen, konzentrieren wir uns mit dem Geist des Klaren Lichtes auf Leerheit. Das ist unsere Hauptpraxis, aber ein kleiner Teil unseres Geistes sollte den Entschluß fassen, daß wir in der Form des Freudenkörpers entstehen werden, wenn die Zeit des Zwischenzustandes kommt. Wenn wir es beherrschen, den Schlaf als Schlaf und Träume als Träume zu erkennen, können wir auch den Zwischenzustand als das erkennen, was er ist.

Durch die Kraft des vorangegangenen Entschlusses kann ein vollendeter Meditierender oder eine vollendete Meditierende das Erscheinen des gewöhnlichen Zwischenzustandes verhindern und an seiner Stelle die Form der Gottheit erzeugen. Wenn also Heruka unsere persönliche Gottheit ist, sollten wir den Zwischenzustandskörper in Herukas Körper, von weißer Farbe, mit einem Gesicht und zwei Händen und eine Weisheitsgefährtin umarmend, umwandeln. Dann sollten wir über den göttlichen Stolz meditieren, der resultierende Freudenkörper eines Buddhas zu sein.

Wer auf diese Weise meditieren kann, hat die Praxis des vorangegangenen Lebens in den Zwischenzustand gebracht. Dieses Zwischenzustandswesen hat die Kontrolle, die Umstände der nächsten Wiedergeburt zu wählen, und kann überall erscheinen, wo es will, zum Beispiel in Vajrayoginis Reinem Land oder in einem anderen Buddha-Land. Solch einem Praktizierenden oder solch einer Praktizierenden ist das Mischen mit dem Freudenkörper während des Todes gelungen.

Es ist wichtig, sich an die besondere Bedeutung der hier verwendeten Begriffe zu erinnern. Der Freudenkörper, in dem wir uns auf dieser Stufe schulen, ist der Pfad-Freudenkörper, nicht der eigentliche, resultierende Freudenkörper eines Buddhas. Wie bereits dargelegt, heißt der gewöhnliche Zwischenzustand gemäß dem Geheimen Mantra Basisfreudenkörper. Durch die Kraft des Isolierten Geistes des endgültigen Beispiel-Klaren-Lichtes wird der vollendete Meditierende oder die vollendete Meditierende den Illusorischen Körper, den Pfad-Freudenkörper, anstelle des gewöhnlichen Zwischenzustandskörpers erlangen. Der Zwischenzustandskörper und der Illusorische Körper entstehen beide aus der gleichen Substanz, dem sehr subtilen Wind. Wenn schließlich der resultierende Freudenkörper eines Buddhas erlangt wird, wird auch dieser aus dem sehr subtilen Wind entstehen. Wir sollten uns jedoch daran erinnern, daß, obwohl der Basisfreudenkörper und der Pfad-Freudenkörper «Freudenkörper» genannt werden, sie nicht der eigentliche Freudenkörper eines Buddhas sind.

Um dies zusammenzufassen, wenn wir uns mit dem Freudenkörper während des Todes mischen, entstehen wir aus dem Klaren Licht in der weißen Form unserer persönlichen Gottheit. Somit entstehen wir als weißer Heruka, weiße Vajrayogini und so fort, abhängig von unserer vorangegangenen Praxis. Die weiße Farbe weist auf den Illusorischen Körper hin, weil die Substanz dieses Illusorischen Körpers – der sehr subtile Wind – weiß ist. Dann meditieren wir mit göttlichem Stolz darüber, daß wir den resultierenden Freudenkörper eines Buddhas erlangt haben. Dies ist die Praxis der Mischung mit dem Freudenkörper während des Todes.

MISCHUNG MIT DEM AUSSTRAHLUNGSKÖRPER WÄHREND DES TODES

Jetzt sind wir bereit, die neunte und letzte der neun Mischungen zu praktizieren: Mischung mit dem Ausstrahlungskörper während des Todes. Diese Praxis beginnt, während wir uns noch mit dem Freudenkörper mischen.

Während wir den göttlichen Stolz haben, der resultierende Freudenkörper zu sein, entschließen wir uns, zum Wohle aller Lebewesen im Aspekt des Ausstrahlungskörpers zu entstehen.

Wir denken:

> *Wenn ich für immer in der Form des Freudenkörpers bleibe, können mich gewöhnliche Wesen nicht sehen, und deshalb werde ich ihnen nicht helfen können. Wenn ich außerdem meinen Wunsch erfüllen will, die Praxis des Geheimen Mantras abzuschließen, muß ich einen Ausstrahlungskörper annehmen.*

Zu diesem Zeitpunkt wählen wir unsere nächste Wiedergeburt, die im menschlichen Bereich oder in einem der Reinen Länder sein kann. Wenn wir zum Beispiel wünschen, als Mensch, unter günstigen Bedingungen für die Fortsetzung unserer Praxis des Geheimen Mantras geboren zu werden, würden wir denken:

> *Da ich meine Praxis des Geheimen Mantras noch nicht abgeschlossen habe, muß ich im menschlichen Bereich wiedergeboren werden. Welches Land wäre deshalb am günstigsten für meine Praxis?*

Wenn wir ein vollendeter Meditierender oder eine vollendete Meditierende sind, werden wir dann in einem Land wiedergeboren werden, wo das Geheime Mantra von voll qualifizierten Spirituellen Meistern gelehrt wird. Im Gegensatz zu gewöhnlichen Wesen, die aus dem Zwischenzustand ohne bewußte Kontrolle oder Wahl in der Gebärmutter ihrer Mutter wiedergeboren werden, können vollendete Meditierende bestimmen, wo und wann sie wiedergeboren werden.

Es folgt nun eine kurze Erklärung des Vorganges von kontrollierter Wiedergeburt. Wenn unsere persönliche Gottheit Heruka ist, sollten wir unsere zukünftige Mutter als Vajravarahi und unseren zukünftigen Vater als Heruka betrachten. Durch die Kraft dieser Visualisation verhindern wir gewöhnliche Erscheinung unserer Mutter und unseres Vaters und bringen die Praxis unseres vorangegangenen Lebens ins nächste Leben. Aus dem Zwischenzustand heraus betrachten wir unsere Mutter als das Verpflichtungswesen und uns selbst als Weisheitswesen. Wenn sich dann die roten und weißen Tropfen unserer zukünftigen Mutter und unseres zukünftigen Vaters vermischen, treten wir in diese Vereinigung der Keimzellen ein und entwickeln den göttlichen Stolz, der resultierende Ausstrahlungskörper eines Buddhas zu sein. Dieser Ausstrahlungskörper wird als von blauer Farbe, mit einem Gesicht und zwei Händen und eine Gefährtin umarmend visualisiert. Wenn andererseits unsere persönliche Gottheit Vajrayogini ist, wird dieser Ausstrahlungskörper als von roter Farbe, mit einem Gesicht und zwei Händen gesehen.

Wenn jemand, der auf diese Weise gezeugt wurde, aus der Gebärmutter der Mutter geboren wird, werden gewöhnliche Wesen ihn oder sie als gewöhnlichen Säugling wahrnehmen. Dies ist jedoch bloß die äußere Erscheinung; innerlich wird er oder sie den unaufhörlichen göttlichen Stolz haben, der Ausstrahlungskörper einer bestimmten Gottheit zu sein, obwohl dies für andere nicht ersichtlich ist. Jemand, der diese Ebene der Praxis erreicht hat, verdient es, ein Ausstrahlungskörper oder Tulku genannt zu werden. Somit ist ein Tulku nicht einfach jemand, der sich an sein oder ihr früheres Leben erinnern kann, sondern ein Meditierender oder eine Meditierende, der oder die die Bedingungen für seine oder ihre gegenwärtige Wiedergeburt bewußt gewählt hat und eine in der beschriebenen Art und Weise kontrollierte Wiedergeburt angenommen hat.

Zusammenfassend kann man sagen, daß ein Ausstrahlungskörper oder Tulku jemand ist, der gestorben ist, durch den Zwischenzustand gegangen ist und eine Wiedergeburt angenommen hat, alles unter bewußter Kontrolle und ohne seine Praxis von einem Leben zum nächsten zu unterbrechen. Das ist die Praxis der Mischung mit dem Ausstrahlungskörper während des Todes. Wieder sollte angemerkt werden, daß der oder die Meditierende in diesem Fall den göttlichen Stolz hat, der Ausstrahlungskörper zu sein, tatsächlich aber den eigentlichen resultierenden Ausstrahlungskörper eines Buddhas nicht besitzt; dieser wird nur durch die Kraft des resultierenden Freudenkörpers erlangt.

Die ganze obige Erklärung kontrollierter Wiedergeburt trifft nur auf einen Meditierenden oder eine Meditierende zu, der oder die den Isolierten Geist des endgültigen Beispiel-Klaren-Lichtes während des Todes nicht erlangt hat. Hätte er oder sie diesen Geist erlangt, würde er oder sie, statt in den Zwischenzustand einzutreten, den Illusorischen Körper und in Abhängigkeit davon volle Erleuchtung erlangen.

Von den zwei Methoden zur Entwicklung des Objekt-Besitzers, Spontaner Großer Glückseligkeit, ist jetzt die erste Methode, wie man die genauen Punkte seines eigenen Körpers durchdringt, erklärt worden. Indem wir über unsere Kanäle, Tropfen und Winde meditieren, bewirken wir, um dies abzuschließen, daß unsere Winde in den Zentralkanal eintreten, dort verweilen und sich auflösen, und in der Folge erzeugen wir die Erfahrung von Spontaner Großer Glückseligkeit.

Es ist wichtig zu beachten, daß diese Meditationen von beiden Geschlechtern erfolgreich ausgeführt werden können. Die einzige Vorbedingung ist, daß wir eine geeignete Ermächtigung von einem qualifizierten Vajra-Meister erhalten haben. Abhängig von der Ermächtigung und den Unterweisungen, die wir erhalten haben, können wir uns selbst während der Erzeugungsstufe in der Form einer männlichen oder weiblichen Gottheit visualisieren, unabhängig von unserem Geschlecht. Zum Beispiel können sich Männer als Heruka und Frauen als Vajrayogini visualisieren, oder, wenn sie es vorziehen, können sich Männer als Vajrayogini und Frauen als Heruka visualisieren; das ist unerheblich. Wenn die persönliche Gottheit eines Mönches Vajrayogini ist, muß er sich in diesem weiblichen Aspekt erzeugen, so wie es auch alle anderen Männer mit der gleichen persönlichen Gottheit tun müssen. Der essentielle Punkt aller dieser Übungen ist, gewöhnliche Erscheinungen an der Entstehung zu hindern. Wenn es einem Mann unangenehm ist, sich selbst als Vajrayogini zu sehen, und eine Frau dieselbe Schwierigkeit mit Heruka hat, weist dies darauf hin, daß es ihnen nicht gelungen ist, ihre gewöhnlichen Erscheinungen zu überwinden. Wenn dieser Fehler einmal beseitigt worden ist, ist es unerheblich, ob wir wählen, uns selbst als männliche oder weibliche Gottheit zu sehen.

Wenn der Vater-Mutter-Aspekt einer Höchsten-Yoga-Tantra-Gottheit betrachtet wird – zum Beispiel in einer Abbildung von Heruka in Umarmung mit Vajravarahi – mag es scheinen, daß die zwei Figuren zwei verschiedene Wesenheiten sind, so wie ein gewöhnlicher Ehemann und seine Ehefrau zwei verschiedene Leute sind, aber in Wirklichkeit symbolisiert ihre göttliche Umarmung die Vereinigung von Spontaner Großer Glückseligkeit und Leerheit. Diese Glückseligkeit und Leerheit sind die Methode respektive die Weisheit von Vajradhara – der Geheimen-Mantra-Manifestation von Buddha – und sind ein und dieselbe Essenz. Im Gegensatz zu den Geisteszuständen gewöhnlicher Wesen kann der allwissende Geist eines Buddhas Form annehmen. Daher kann Vajradharas Geist, der der Geist der Vereinigung von Spontaner Großer Glückseligkeit und Leerheit ist, in der scheinbar zweifachen Form des Vater- und Mutter-Aspektes von Heruka erscheinen. In diesem Fall erscheint Vajradharas Methode von Großer Glückseligkeit im Aspekt von Heruka und seine Weisheit von Leerheit erscheint im Aspekt seiner Gefährtin, Vajravarahi, aber sie bleiben im wesentlichen identisch.

Es gibt viele wirksame Methoden, Spontane Große Glückseligkeit zu erzeugen. Dazu gehören auch die Vajra-Rezitation, wie sie im *Guhyasamaja-Tantra* erklärt wird, und andere Methoden, die in den Tantras von Vajrabhairava und so weiter gefunden werden können. Gemäß dem hier erklärten Mahamudra-System wird Große Glückseligkeit hauptsächlich entwickelt, indem man sich auf die Meditation des Inneren Feuers verläßt, wodurch wir bewirken, daß die Winde in den Zentralkanal eintreten, dort verweilen und sich auflösen. Da jede im Höchsten Yoga-Tantra erklärte Methode für sich selbst genommen ausreichend ist, besteht keine

Panchen Palden Yeshe

Notwendigkeit, sie alle zu praktizieren, um Spontane Große Glückseligkeit zu erfahren. Wenn dieser Geist einmal durch irgendeine dieser Methoden erzeugt worden ist, können wir die früher erwähnten neun Mischungen praktizieren, um die Behinderungen sowohl zur Befreiung wie auch zur Allwissenheit zu überwinden und dadurch volle Erleuchtung zu erlangen. Die Erlangung dieses erhabenen Zustandes ist der Zweck der Erzeugung Spontaner Großer Glückseligkeit.

Dies beschließt die Erklärung, wie Spontane Große Glückseligkeit erzeugt wird, indem die genauen Punkte unseres eigenen Körpers durchdrungen werden.

DIE DURCHDRINGUNG DER GENAUEN PUNKTE DES KÖRPERS VON JEMAND ANDEREM

Diese zweite Methode, Spontane Große Glückseligkeit zu entwickeln, wird unter zwei Überschriften erklärt:

1. Sich auf eine Handlungs-Mudra verlassen
2. Sich auf eine Weisheits-Mudra verlassen

SICH AUF EINE HANDLUNGS-MUDRA VERLASSEN

Sich auf eine Handlungs-Mudra verlassen ist die Meditation mit einer wirklichen Gefährtin oder einem Gefährten. Um mit einer Handlungs-Mudra auf der Vollendungsstufe praktizieren zu können, müssen wir bereits fähig sein zu bewirken, daß unsere Winde durch die Kraft der Meditation in unseren Zentralkanal eintreten, dort verweilen und sich auflösen. Eine Person, der es nicht gelingt, ihre Winde auf diese Weise durch Meditation zu kontrollieren, kann es unmöglich durch Geschlechtsverkehr tun. Wenn jemand durch das Ausüben von sexueller Aktivität mit einer Handlungs-Mudra zu praktizieren wünscht, muß er oder sie durch die Kontrolle der Winde Spontane Große Glückseligkeit erzeugen und dann mit diesem glückseligen Geist über Leerheit meditieren. Ein Laien-Praktizierender, der momentan unfähig ist, die sexuelle Aktivität auf diese Weise in den Pfad umzuwandeln, sollte das starke Bestreben und die Motivation erzeugen, dies in der Zukunft tun zu können.

Wenn unser Zentralkanal nicht bereits geöffnet worden ist, indem die genauen Punkte unseres eigenen Körpers durchdrungen wurden, dann können wir die Winde nicht in den Zentralkanal bringen, während wir eine Gefährtin oder einen Gefährten umarmen. Der Hinweis, daß wir die genauen Punkte unseres eigenen Körpers erfolgreich durchdrungen und bewirkt haben, daß die Winde in den Zentralkanal eingetreten sind, dort verweilt und sich aufgelöst haben, ist, daß wir zumindest eine grobe Erfahrung der acht Zeichen von der luftspiegelungsähnlichen Erscheinung bis zum Klaren Licht haben. Wenn wir eine solche Erfahrung gewonnen haben, indem wir die genauen Punkte unseres eigenen Körpers durchdrungen haben, werden wir keine Schwierigkeiten haben, die Winde zu kontrollieren, während wir mit einer Gefährtin oder einem Gefährten meditieren. Wenn wir es deshalb beherrschen, unsere Winde durch die Kraft der Meditation zu kontrollieren, kann die Meditation mit einer Gefährtin oder einem Gefährten sehr nützlich sein für unsere Praxis.

Eine Handlungs-Mudra muß Ermächtigungen des Geheimen Mantras empfangen haben, muß die Bedeutung des Geheimen Mantras kennen und fähig sein, alle Gelübde und Verpflichtungen des Geheimen Mantras einzuhalten, und wenn möglich Erfahrung in der Vollendungsstufe oder zumindest eine gewisse Erfahrung in der Erzeugungsstufe besitzen. Wenn der männliche oder die weibliche Meditierende Erfahrungen in den Übungen der Vollendungsstufe besitzt und fähig ist, die Winde in den Zentralkanal zu bringen, kann die Meditation mit einer Gefährtin oder einem Gefährten äußerst nützlich sein. Die Winde treten durch die Meditation mit einer Gefährtin oder einem Gefährten stärker in den Zentralkanal ein, als sie es durch Meditation allein tun. Dies ist der Grund dafür, daß die Umarmung einer Gefährtin oder eines Gefährten uns befähigt, die Knoten beim Herzkanalrad vollständig zu lösen. Tatsächlich muß eine Person, die den Isolierten Geist der vier Leeren in

Abhängigkeit von Meditation allein erlangt hat, eine Handlungs-Mudra annehmen, wenn sie wünscht, den Isolierten Geist des endgültigen Beispiel-Klaren-Lichtes vor dem Tode zu erlangen.

Das *Heruka-Wurzel-Tantra* enthält eine ausführliche Erklärung der Definition und der verschiedenen Klassen der Handlungs-Mudras sowie vollständige Unterweisungen darüber, wo, wann und wie wir die Praxis beginnen sollten, damit unsere Winde in den Zentralkanal gebracht werden können. Gemäß diesem Text sollte jeder Körperteil der Gefährtin oder des Gefährten, selbst die Augen, eine bestimmte Form haben, die Stimme sollte einen bestimmten Tonfall haben und so fort. Zusätzlich dazu, eine bestimmte Ebene innerer Realisationen erlangt zu haben, sollte die Gefährtin oder der Gefährte die vierundsechzig Künste der Liebe beherrschen. Da es heutzutage sehr schwierig ist, eine Gefährtin oder einen Gefährten zu finden, die oder der alle diese Bedingungen erfüllt, sollten wir, wenn wir selbst die oben erwähnten Qualifikationen besitzen, uns auf eine Gefährtin oder einen Gefährten verlassen, die oder der zumindest die folgenden minimalen Bedingungen erfüllt. Er oder sie muß: (1) eine gewisse Erfahrung der drei Hauptaspekte des Pfades besitzen (Entsagung, Bodhichitta und die korrekte Sicht von Leerheit), (2) von einem Meister des Geheimen Mantras eine angemessene Ermächtigung in Höchstem Yoga-Tantra empfangen haben, (3) sich freuen, die Gelübde und Verpflichtungen des Geheimen Mantras einzuhalten und (4) tiefes Vertrauen in unseren eigenen Spirituellen Meister und unsere persönliche Gottheit besitzen. Wenn schließlich weder wir selbst noch unser Partner diese minimalen Qualifikationen besitzen, wir aber trotzdem wünschen, Geheimes Mantra zu praktizieren, dann sollten wir während der sexuellen Handlungen beide versuchen, gewöhnliche Erscheinungen an der Entstehung zu hindern, den Gedanken entwickeln, Gottheiten zu sein und eine starke Motivation erzeugen, daß unser Geschlechtsverkehr die Ursache werden wird, daß unsere Winde in den Zentralkanal eintreten, dort verweilen und sich auflösen, und dadurch zur Erfahrung von Spontaner Großer Glückseligkeit führen wird.

Für alle Stufen der Pfade von Sutra und Geheimem Mantra ist es sehr wichtig, ständig dafür zu beten, daß wir bald fähig sein werden, diejenigen Übungen, für die wir vorläufig unqualifiziert sind, auszuführen. Wenn wir solche innigen Gebete machen, werden wir mit Bestimmtheit die gewünschten Ergebnisse erfahren. Deshalb sollten wir, selbst bevor wir eine bestimmten Praxis beherrschen, versuchen, so gut wir können, mit ihr vertraut zu werden. Obwohl wir zum Beispiel vielleicht zur Zeit nicht in der Lage sind, Spontane Große Glückseligkeit zu erzeugen, indem wir die acht Stufen der Meditation des Inneren Feuers praktizieren, werden wir nichtsdestotrotz die eigentliche Erfahrung dieser Meditation schließlich gewinnen, wenn wir diese acht Stufen immer wieder praktizieren. Der Grund ist, daß die Prägungen, die wir in unseren Geist setzen, indem wir die Praxis versuchen, schließlich in der Form der gewünschten Erfahrung reifen werden. Wenn wir jedoch faul sind und überhaupt nicht praktizieren, und wenn wir kein inniges Bestreben entwickeln, in der Zukunft praktizieren zu können, werden wir überhaupt keine Realisationen oder Erfahrungen erlangen.

SICH AUF EINE WEISHEITS-MUDRA VERLASSEN

Wenn wir noch nicht qualifiziert sind, eine Handlungs-Mudra zu umarmen, und die notwendigen Bedingungen noch nicht angetroffen haben, können wir trotzdem praktizieren, indem wir eine Weisheits-Mudra, eine visualisierte Gefährtin oder einen visualisierten Gefährten, visualisieren. Indem wir mit einer Weisheits-Mudra praktizieren, können wir Spontane Große Glückseligkeit mittels Visualisation und Konzentration erzeugen. In diesem Fall nimmt die Weisheits-Mudra die Stelle der Handlungs-Mudra ein. Tatsächlich ist eine der Verpflichtungen der Ermächtigung des Mutter-Tantras – zum Beispiel die Ermächtigung von Heruka oder Vajrayogini –, dreimal am Tag und dreimal in der Nacht die Umarmung mit einer Weisheits-Mudra zu visualisieren. Wenn wir außerdem genügend Zeit haben, wenn wir die Weisheits-Mudra umarmen, sollten wir das Schmelzen des weißen Tropfens bei unserem Scheitel praktizieren und die vier Freuden auf der Grundlage der acht Stufen der Meditation des Inneren Feuers erfahren, wie oben beschrieben.

Damit ist von den zwei Hauptteilen des Mahamudras, das die Vereinigung von Glückseligkeit und Leerheit ist, der erste Teil – den Objekt-Besitzer, Spontane Große Glückseligkeit, erzeugen – jetzt abgeschlossen.

Khädrub Ngawang Dorje

Einführung in die Natur des Geistes

EINE ERKLÄRUNG DER METHODE, DAS OBJEKT, LEERHEIT, KORREKT ZU REALISIEREN

Dies hat drei Teile:

1. Wie eine direkte Realisation der Leerheit von Ruhigem Verweilen abhängt
2. Die außergewöhnliche Erklärung, wie man über Ruhiges Verweilen meditiert
3. Wie man die Sicht von Leerheit durch Meditation sucht

WIE EINE DIREKTE REALISATION DER LEERHEIT VON RUHIGEM VERWEILEN ABHÄNGT

Damit der Geist eine direkte Realisation von Leerheit gewinnen kann, muß er sein Meditationsobjekt ohne Schwankungen halten können. Dies ist aber schwierig für einen gewöhnlichen Geist, der in ständiger Bewegung ist, weil er nicht durch Ruhiges Verweilen unterworfen wurde. Begriffliche Gedanken zerstreuen laufend den Geist, so daß er sich nicht lange genug einsgerichtet fokussieren kann, um irgendeine direkte Realisation zu gewinnen. Für solch einen zerstreuten Geist ist es unmöglich, eine klare Wahrnehmung eines subtilen Objektes wie Leerheit zu entwickeln.

Wir können Objekte wie visuelle Formen, Klänge, Gerüche, Geschmäcke und Tastobjekte direkt mit unseren Sinnesgewahrseinsarten wahrnehmen, aber falls wir kein erleuchtetes Wesen sind, können wir subtile Objekte wie Leerheit nicht mit diesen Gewahrseinsarten wahrnehmen. Solche subtilen Objekte werden «verborgene Objekte» genannt, weil sie anfänglich nur begrifflich durch geistiges Gewahrsein erkannt werden können. Weil jedoch zur Zeit unser begrifflicher Geist nicht unterworfen und in ständiger Bewegung ist, ist es für unser geistiges Gewahrsein unmöglich, diese subtilen verborgenen Objekte deutlich wahrzunehmen. Infolgedessen hat unser Geist nicht die Möglichkeit, sich mit diesen Objekten zu vermischen und eine direkte Realisation von ihnen zu gewinnen.

Ruhiges Verweilen ist ein Zustand bewegungsloser Konzentration, in der begriffliche Gedanken den Geist nicht mehr länger bewegen oder stören können. Wenn wir Ruhiges Verweilen erlangen, wird unser Geist in der Lage sein, sich einsgerichtet zu konzentrieren und unabgelenkt für ausgedehnte Zeiträume auf jedem Objekt, das wir wählen, zu bleiben, sogar auf einem subtilen verborgenen Objekt wie Leerheit. Je länger der Geist auf sein Objekt gerichtet bleibt, um so deutlicher wird dieses Objekt wahrgenommen. Schließlich werden wir eine direkte Realisation des Objektes gewinnen. Somit können wir sehen, daß die Erlangung von Ruhigem Verweilen, das die Natur vollkommener Ruhe hat, eine unabdingbare Voraussetzung dafür ist, das subtile verborgene Objekt Leerheit direkt zu realisieren.

Je Tsongkhapa gab die folgende Analogie, um die Notwendigkeit der Erlangung des Ruhigen Verweilens zu demonstrieren. Stellen wir uns vor, daß wir nachts im Scheine einer Kerzenflamme versuchen, einen Text zu lesen. Läßt ein Luftzug die Flamme flackern, können wir die Wörter auf der Seite nicht genau lesen und sind deshalb nicht fähig, ihre Bedeutung aufzunehmen; doch wenn die Flamme beständig ist, werden wir nicht unter diesem Problem leiden. Das gleiche gilt, wenn unser Geist von den Winden begrifflichen Denkens umhergeblasen wird, dann kann er subtile, verborgene Objekte nicht klar sehen oder verstehen. Dieses Problem ist aber gelöst, wenn die Winde begrifflicher Ablenkung einmal durch die Erlangung des Ruhigen Verweilens befriedet sind.

Ohne die Erlangung des Ruhigen Verweilens wird unser Geist nicht geschmeidig und biegsam, sondern stur und schwierig zu kontrollieren sein. Wir werden es schwierig finden, uns auf tugendhafte Meditationsobjekte zu richten, und selbst wenn wir uns momentan auf solche Objekte richten können, sind wir nicht in der Lage, für eine lange Zeit konzentriert auf ihnen zu bleiben. Solch ein Geist ist wie ein undressiertes Pferd, über das der Reiter keine Kontrolle hat. Es ist, als ob unser Geist der Meister wäre und wir seinen Wünschen nachkommen müßten. Solch ein ungezogener Geist lehnt es ab, sich auf tugendhafte Handlungen einzulassen, die wir möglicherweise auszuüben wünschen. Wenn wir beispielsweise Konzentration entwickeln wollen, stellt er uns nur Hindernisse in den Weg und ist keine Hilfe.

Wenn wir einmal Ruhiges Verweilen erlangt haben, ist die Situation umgekehrt. Wie ein gut geschultes Pferd wird unser Geist empfänglich und gehorsam. Durch die Zügel von Achtsamkeit und Wachsamkeit kontrolliert, wird dieser gehorsame Geist tun, was immer wir wollen. Anstatt eine Störung zu sein, wird er unser größter Helfer werden. Mit ihm können wir tief in jedes Meditationsobjekt eindringen, das wir wählen. Schließlich werden wir eine direkte Realisation von Leerheit gewinnen können.

Da es zu Anfang unmöglich ist, Leerheit direkt zu realisieren, müssen wir zuerst ein allgemeines Bild von Leerheit erlangen und dies als unser Meditationsobjekt verwenden. Wenn dann unsere Meditation Fortschritte macht, wird unsere Realisation von Leerheit immer lebendiger werden. Schließlich werden wir den Punkt erreichen, wo das allgemeine Bild verschwindet und keine Lücke zwischen dem Subjekt (unserem Geist) und dem Objekt (Leerheit selbst) besteht. Wenn dies geschieht, werden wir Leerheit direkt realisiert haben und dadurch ein Höheres Wesen geworden sein.

Wir fragen uns vielleicht, warum es notwendig ist, Leerheit direkt zu realisieren. Der Grund dafür ist, daß wir ohne eine direkte Realisation von Leerheit das Festhalten am Selbst nicht aufgeben können und deshalb noch nicht einmal die Befreiung eines Feindzerstörers erlangen können, geschweige denn die volle Erleuchtung eines Buddhas.

Deshalb genügt es nicht, Leerheit nur zu realisieren; wir müssen sie direkt realisieren.

Obschon Ruhiges Verweilen durch Verwendung irgendeines Meditationsobjektes erlangt werden kann, sollten wir Sorge tragen, diese Erlangung nicht als ein Ziel an und für sich zu betrachten. Wenn wir unsere spirituelle Schulung vollenden und den erhabenen Zustand der Buddhaschaft zum Wohle aller Lebewesen erlangen wollen, müssen wir Bodhichitta erzeugen und unsere Konzentration des Ruhigen Verweilens dazu verwenden, über Leerheit zu meditieren. Auf diese Weise werden wir schließlich sowohl die Behinderungen zur Befreiung als auch die Behinderungen zur Allwissenheit aufgeben und den erhabenen Zustand der Buddhaschaft erlangen.

DIE AUSSERGEWÖHNLICHE ERKLÄRUNG, WIE MAN ÜBER RUHIGES VERWEILEN MEDITIERT

Diese Erklärung wird unter zwei Überschriften gegeben:

1. Eine Einführung in das Meditationsobjekt, den Geist
2. Die eigentliche Erklärung, wie man sich schult

EINE EINFÜHRUNG IN DAS MEDITATIONSOBJEKT, DEN GEIST

Gemäß dem System, das von den Meistern der Mahamudra-Überlieferungslinie dargelegt wurde, sollten wir den Geist als unser Objekt des Ruhigen Verweilens wählen. Dies ist nicht das einzige Objekt, das wir verwenden können. Wir können uns zum Beispiel in Ruhigem Verweilen schulen, indem wir statt dessen über das Kurz-AH meditieren. Während jedoch die Verwendung des Kurz-AH ausschließlich eine Praxis des Geheimen Mantras ist, kann der Geist an sich sowohl in den Übungen von Sutra als auch Geheimem Mantra als Meditationsobjekt verwendet werden.

Den Geist als Meditationsobjekt zu verwenden hat mehrere Vorteile. Es ist leichter, Ruhiges Verweilen zu erlangen, äußere Ablenkungen zu überwinden und Leerheit zu realisieren. Es ist außerdem viel leichter, die Natur des sehr subtilen Geistes zu erkennen, der von Leben zu Leben geht. Aus diesem Grund haben die Spirituellen Meister der Mahamudra-Überlieferungslinie klare und ausführliche Einführungen in die Natur des Geistes gegeben.

Traditionellerweise erklärt der Spirituelle Meister dem Schüler oder der Schülerin zuerst die Merkmale des Geistes und lehrt ihn oder sie, wie in der Meditation nach dem Geist gesucht wird. Dann zieht sich der Schüler oder die Schülerin an einen Ort der Einsamkeit zurück und meditiert gemäß den empfangenen Unterweisungen. Nach einiger Zeit kehrt der Schüler oder die Schülerin zum Spirituellen Meister zurück und bespricht, was für Erfahrungen er oder sie gemacht hat. Mittels dieses Dialoges werden alle falschen Vorstellungen und Mißverständnisse beseitigt und der Schüler resp. die Schülerin kommt schließlich zu einem korrekten Verständnis und einer korrekten Erfahrung in groben und subtilen Geisteszuständen.

Neben der deutlichen Beschreibung der Unterschiede zwischen der konventionellen Natur des Geistes und der endgültigen Natur des Geistes, liefern die Mahamudra-Unterweisungen auch ausführliche Erklärungen verschiedener grober und subtiler Ebenen des Geistes. Diese Anweisungen sind sehr wichtig, denn sind wir nicht fähig, den groben Geist korrekt zu erfahren, werden wir nicht fähig sein, subtile Geisteszustände zu erfahren; und wenn wir die subtilen Geisteszustände nicht erfahren können, können wir den sehr subtilen Geist nicht erfahren und von der Erfahrung des Klaren Lichtes profitieren.

Die Einführung in das Meditationsobjekt, den Geist, hat drei Teile:

1. Eine Einführung in den allgemeinen Geist
2. Eine Einführung in die individuellen Geistesarten
3. Vermeiden, daß die Einführung in die konventionelle Natur des Geistes für eine Einführung in die endgültige Natur des Geistes gehalten wird

EINE EINFÜHRUNG IN DEN ALLGEMEINEN GEIST

Wir haben vielleicht das Gefühl, daß eine Einführung in den Geist im allgemeinen relativ einfach sein sollte, weil jedermann einen Geist hat. Tatsächlich aber benötigen wir einige ausführende Anweisungen, um den Geist genau erkennen zu können. Da es unter den Philosophen viele Debatten darüber gibt, was der Geist tatsächlich ist, müssen wir selbst eine gründliche Untersuchung durchführen, um der Wahrheit auf den Grund zu gehen.

Zuerst sollten wir fragen: «Wo befindet sich der Geist?» Im allgemeinen gibt es auf diese Frage drei mögliche Antworten. Einige Leute glauben, der Geist sei im ganzen Körper verteilt, andere meinen, er existiere hauptsächlich im Gehirn, während wieder andere glauben, daß er hauptsächlich beim Herzen lokalisiert ist. Zur ersten Behauptung ist zu sagen, daß es gute Gründe dafür gibt zu sagen, daß der Geist im ganzen Körper verteilt ist. Wie Aryadeva in seinen *Vierhundert* darlegt, sind alle Körperteile von der Körpersinneskraft und damit von Tastgewahrsein durchdrungen. Wenn wir unseren Körper berühren, erfahren wir am Kontaktpunkt ein Gefühl und dieses Gefühl ist Geist. Deshalb ist es in diesem Sinne korrekt zu sagen, daß der Geist den ganzen Körper durchdringt. Wir können selbst überprüfen, ob dies stimmt oder nicht.

Auch das Gehirn ist der Sitz verschiedener Fähigkeiten der Sinne. Wenn somit jemand einen Teil unseres Gehirns berühren oder stimulieren würde, würden bestimmte Gefühle entstehen und, wie zuvor festgestellt, sind Gefühle Geist. Vielleicht ist dies auch der Grund dafür, daß einige Leute behaupten, daß das Gehirn der Hauptaufenthaltsort des Geistes ist. Wenn jedoch keine Gefühle als Antwort auf die Stimulation des Gehirns erfahren würden, müßten wir daraus schließen, daß es im Gehirn keinen Geist gibt.

Es gibt gute Gründe zu behaupten, daß der Geist hauptsächlich innerhalb des Herzkanalrades lokalisiert ist, weil der Ursprungsgeist – der sehr subtile Geist – und der ihn tragende Wind sich dort aufhalten. Da sich alle groben und subtilen Geisteszustände aus diesem Geist entwickeln, ist es vernünftig zu behaupten, daß der Geist hauptsächlich beim Herzzentrum lokalisiert ist.

In den Schriften wird der Geist verschieden definiert. In einigen Texten ist die Definition des Geistes einfach das, was klar ist und erkennt. In anderen Texten, wie den Schriften des ersten Panchen Lama, ist die Definition des Geistes das, was klar, leer von Form und erkennend ist. Somit legt der erste Panchen Lama dar, daß der Geist zusätzlich dazu, klar und erkennend zu sein, auch leer von Form ist. Zu sagen, daß der Geist leer von Form ist, bedeutet einfach, daß er keine materiellen Eigenschaften hat. Dieser Punkt wird in die Definition aufgenommen, um die Behauptung einiger Gelehrter zu widerlegen, daß der Geist von stofflicher Form ist.

Dinge können auf viele Arten leer sein. Zum Beispiel heißt es, daß der Himmel leer ist, weil ihm behindernder Kontakt fehlt, das heißt, er ist nicht greifbar und behindert Bewegung nicht; aber dem Himmel fehlt es nicht an stofflicher Form, weil wir die Farbe blau sehen, wenn wir zu ihm aufschauen. In diesem Fall wird behindernder Kontakt, aber nicht Form verneint. Im Fall des Geistes aber ist es Form, die verneint wird. Daher sind, obwohl es heißt, daß sowohl der Geist als auch der Himmel leer sind, ihre Objekte der Verneinung verschieden. Der Himmel wird als leer bezeichnet, weil ihm behindernder Kontakt fehlt, während der Geist als leer bezeichnet wird, weil ihm Form fehlt. Obwohl in beiden Fällen der gleiche Begriff benutzt wird, ist seine Bedeutung verschieden, weil das Objekt, das verneint wird, verschieden ist. Es wird wichtig sein, sich später an diese Unterscheidung zu erinnern, wenn die viel subtilere Leerheit, das Fehlen von inhärenter Existenz, besprochen wird.

Wenn man sagt, daß der Geist leer von stofflicher Form ist, ist diese Leerheit nicht die endgültige Natur des Geistes, sondern seine konventionelle Natur. Nur der Geist ist leer von Form und erkennt dennoch Objekte. Der Geist hält Objekte fest und nimmt sie wahr und übt zudem viele andere Funktionen aus, wie zu unterscheiden und seine

Objekte zu erfahren. Zusammenfassend läßt sich sagen, daß es die Funktion des Geistes ist, Objekte zu erkennen.

Indem wir über die oben beschriebenen Definitionen und Funktionen nachdenken, sollten wir zu einem allgemeinen Bild des Geistes gelangen. Da gegenwärtig unser Geist durch begriffliches Denken verdunkelt ist, ist es zu Anfang schwierig, den Geist deutlich wahrzunehmen; deshalb sollten wir auf dieser Stufe danach streben, ein genaues allgemeines Bild des Geistes zu erlangen, und darüber meditieren. Obwohl wir zum Beispiel vielleicht noch nie in Lhasa gewesen sind, können wir dennoch ein allgemeines Bild von Lhasa gewinnen, indem wir den Geschichten eines erfahrenen Reisenden zuhören, der dort gewesen ist. Obwohl wir uns gegenwärtig nicht direkt auf unseren Geist richten können, können wir ein genaues allgemeines Bild davon gewinnen, wie er ist, und dann über dieses allgemeine Bild meditieren. Dann werden sich durch Meditation in Ruhigem Verweilen unsere groben dualistischen Gedanken allmählich abschwächen, und wir können den Geist selbst wahrnehmen, deutlich und direkt.

Obwohl vorher gesagt wurde, daß der Körper von Tastgewahrsein durchdrungen ist, sollten wir verstehen, daß dieses Gewahrsein sich nur manifestiert, wenn die Körpersinneskraft ein Tastobjekt trifft. Ganz ähnlich wird ein Augengewahrsein nur auftreten, wenn die Augensinneskraft eine visuelle Form trifft. Wenn eine visuelle Form, aber keine Augensinneskraft vorhanden ist, oder wenn eine funktionierende Augensinneskraft, aber keine visuelle Form vorhanden ist, wird kein Augengewahrsein entstehen. Kurz gesagt, wenn sich ein Objekt und eine Kraft nicht treffen, kann sich kein Geist oder Gewahrsein entwickeln, so wie es keinen Klang von zwei klatschenden Händen geben kann, wenn sich nicht zwei Hände treffen.

Vollendete Praktizierende der Meditation des Ruhigen Verweilens nehmen im allgemeinen den sehr subtilen Geist als ihr Meditationsobjekt, der sich im Zentrum des Herzkanalrades befindet. Dieser Geist wird als «Ursprungsgeist» und auch als «verweilender Geist» bezeichnet. «Verweilender

Geist» wird gebraucht, um den sehr subtilen Geist von den groben und subtilen Geisteszuständen zu unterscheiden, die vorübergehend sind und während eines Lebens viele Male erscheinen und verschwinden. Obwohl der sehr subtile Geist insofern unbeständig ist, als er sich von Moment zu Moment ändert, ist er insofern konstant, als er von einem Leben zum nächsten fortbesteht.

Diesen sehr subtilen Ursprungsgeist als das Objekt der Meditation des Ruhigen Verweilens zu verwenden, ist eine kraftvolle Technik, weil sowohl das Subjekt als auch das Objekt der Geist selbst sind. Obschon diese Meditation sehr glückselig und kraftvoll ist, könnten wir verwirrt werden, weil wir denken, daß es zwei verschiedene Arten von Geist gibt: einen, der das Subjekt ist, und einen, der das Objekt ist. Diese Unsicherheit ist ein Hinweis, daß diese Art von Meditation neu für uns ist. Wenn wir ganz und gar mit ihr vertraut werden, werden wir das Gefühl haben, daß das Subjekt und Objekt absolut ununterscheidbar sind.

Über den beim Herzzentrum lokalisierten Ursprungsgeist zu meditieren, ist eine sehr wirkungsvolle Methode, um die Winde in den Zentralkanal zu bringen. Wenn wir diese Meditation im Rahmen der Praxis des Geheimen Mantras ausführen, sollten wir über den subtilen unzerstörbaren Geist meditieren, der in der Vakuole innerhalb des Zentralkanals im Zentrum des Herzkanalrades weilt. Wie früher erwähnt wurde, ist das Hauptziel des Meditierenden des Geheimen Mantras, Spontane Große Glückseligkeit zu entwickeln, indem die Winde in den Zentralkanal gebracht werden. Wenn wir daher den Geist selbst als Objekt wählen, um uns in der Meditation des Ruhigen Verweilens zu schulen, und ihn als im Zentrum des Herzkanalrades weilend visualisieren, bereiten wir den Weg vor, daß Spontane Große Glückseligkeit entsteht. Wenn diese Art von Meditation mit Übungen des Geheimen Mantras verbunden wird, wird sie zu einer indirekten Vollendungsstufenmeditation. Somit kann vielfältiger Nutzen daraus gewonnen werden, den Geist selbst als unser Objekt der Meditation des Ruhigen Verweilens zu wählen.

EINE EINFÜHRUNG IN DIE INDIVIDUELLEN GEISTESARTEN

Sowohl gemäß Sutra als auch gemäß dem Geheimen Mantra gibt es zwei Arten von Geist: primäre Geistesarten und geistige Faktoren. Im allgemeinen gibt es sechs primäre Geisteszustände und einundfünfzig geistige Faktoren. Diese werden in *Den Geist verstehen* vollständig erklärt und werden deshalb hier nicht aufgezählt. Gemäß Geheimem Mantra kann Geist auch unterteilt werden in grobe und subtile Geistesarten sowie den sehr subtilen Geist. Die fünf Sinnesgewahrseinsarten – das Augengewahrsein, das Ohrengewahrsein, das Nasengewahrsein, das Zungengewahrsein und das Körpergewahrsein – sind alles grobe Geisteszustände. Das sechste Gewahrsein, das geistige Gewahrsein, besitzt alle drei Unterteilungen von grob, subtil und sehr subtil. Alle früher aufgelisteten achtzig hinweisenden Vorstellungen sind grobe Geisteszustände und geistige Gewahrseinsarten. Diese sind die «benützten Geistesarten» gewöhnlicher Wesen und schließen unsere verschiedenen Gedanken, Erinnerungen, Verblendungen und so fort ein. Sie werden «benützte Geistesarten» genannt, weil sie ihre Objekte realisieren, halten und erkennen, und während sie denken und meditieren, benützen wir, die Person, sie.

Die Geistesarten der luftspiegelungsähnlichen Erscheinung, der rauchähnlichen Erscheinung, der funkelnde-Leuchtkäferähnlichen Erscheinung und der kerzenflammenähnlichen Erscheinung sind ebenfalls grobe Geistesarten. Es sind alles grobe Geistesarten, weil ihre tragenden Winde grob sind, obwohl jeder Geist zunehmend subtiler ist: der Geist der rauchähnlichen Erscheinung ist subtiler als der Geist der luftspiegelungsähnlichen Erscheinung und so fort.

Die Geistesarten von weißer Erscheinung, roter Vermehrung und schwarzer Naherlangung sind subtile Geistesarten. Wie zuvor ist jeder Geist subtiler als der vorangegangene. Sie sind subtile Geistesarten, weil sie frei von groben begrifflichen Gedanken sind. Nachdem der Geist der schwarzen Naherlangung geendet hat, entsteht der Geist des Klaren Lichtes. Dieser wird der «sehr subtile Geist» genannt, weil es keinen subtileren Geist als diesen gibt.

Ein vollendeter Meditierender der Vollendungsstufe wird jede dieser Geistesarten der Reihe nach – von den groben zu den subtilen Geistesarten bis hin zum sehr subtilen Geist – während des Wachzustandes erfahren, so wie sie während des Schlafes und des Todes vorkommen. Der entscheidende Punkt der Vollendungsstufenmeditation ist, den sehr subtilen Geist zu erfahren. Obschon der Geist des Klaren Lichtes ein sehr subtiler Geist ist, sind nicht alle sehr subtilen Geistesarten notwendigerweise der Geist des Klaren Lichtes. Der Grund ist, daß gewöhnliche Wesen die ganze Zeit einen sehr subtilen Geist, aber nicht die ganze Zeit einen Geist des Klaren Lichtes besitzen. Für sie findet das Klare Licht nur während des Schlafes und des Todes statt. Nur Yogis können das Klare Licht während des Wachzustandes erfahren.

Die Methode, diesen sehr subtilen Geist zu erfahren, wird in den Mahamudra-Unterweisungen des Geheimen Mantras vollständig erklärt. Warum? Weil wir in diesem Leben in Abhängigkeit von diesem sehr subtilen Geist und seinem ihn tragenden Wind Erleuchtung erlangen können. Der sehr subtile Geist ist die substantielle Ursache für den Wahrheitskörper eines Buddhas und der ihn tragende sehr subtile Wind ist die substantielle Ursache für den Formkörper eines Buddhas. Ohne diesen sehr subtilen Geist und Wind zu benützen, ist es unmöglich, die vollkommene Erleuchtung der Buddhaschaft zu erlangen.

Die Fähigkeit eines Geistes zu funktionieren, hängt von seinem tragenden Wind ab. Wenn ein Wind unrein ist, ist der Geist, der von ihm getragen wird, ebenfalls unrein. Wenn es andererseits ein Weisheitswind ist, wird der Geist, der von ihm getragen wird, ein Weisheitsgeist sein. Die Winde, die innerhalb des rechten und linken Kanals fließen und diejenigen, die durch alle anderen zweiundsiebzigtausend Kanäle des Körpers fließen, lassen allesamt dualistische Vorstellungen entstehen. Die Winde jedoch, die innerhalb des Zentralkanals fließen, sind Weisheitswinde und heißen so, weil Yogis ihre Weisheitsgeistesarten aus ihnen entwickeln. Weil alle Weisheitsgeistesarten von Weisheitswinden getragen werden müssen, ist es essentiell, alle Winde in den Zentralkanal zu bringen.

Gemäß Sutra ist Festhalten am Selbst die Wurzel von Samsara und allen seinen Leiden, und deshalb beschäftigen sich die Methoden zur Befreiung von Leiden, die in Sutra erklärt werden, nur mit der Überwindung dieses am Selbst festhaltenden Geistes. Gemäß Geheimem Mantra jedoch ist es nicht nur das Festhalten am Selbst, das die Wurzel Samsaras ist, sondern auch die unreinen Winde sind es. Daher erklärt Geheimes Mantra nicht nur, wie das Festhalten am Selbst überwunden wird, sondern auch wie die unreinen Winde überwunden werden, die es tragen, und wie dadurch Befreiung aus Samsara erlangt wird. Da die im Geheimen Mantra gelehrten Methoden sowohl das Festhalten am Selbst als auch die unreinen Winde bezwingen, sind sie den Sutra-Methoden überlegen.

Auch wenn wir momentan die höheren Methoden des Geheimen Mantras vielleicht nicht praktizieren können, sollten wir einen festen Entschluß fassen, daß wir es in der Zukunft tun können. Wenn wir darüber nachdenken, wie selten Unterweisungen des Geheimen Mantras sind – wie Je Tsongkhapa feststellte, sind sie sogar noch seltener als die Buddhas –, sollten wir uns sehr freuen, daß wir jetzt die Gelegenheit haben, diese kostbaren Unterweisungen zu studieren. Je mehr wir das Glück verstehen und schätzen, daß wir mit diesen Unterweisungen zusammengetroffen sind, und je mehr wir dafür beten, daß wir sie in der Zukunft zum Wohle anderer in die Praxis umsetzen können, um so schneller werden wir durch diese Methoden Ergebnisse erzielen.

VERMEIDEN, DASS DIE EINFÜHRUNG IN DIE KONVENTIONELLE NATUR DES GEISTES FÜR EINE EINFÜHRUNG IN DIE ENDGÜLTIGE NATUR DES GEISTES GEHALTEN WIRD

Einige Mahamudra-Lehrer und -Praktizierende behaupten, daß ein Meditierender oder eine Meditierende die Leerheit realisiert hat, die die endgültige Natur des Geistes ist, wenn er oder sie Klarheit direkt wahrnimmt und ohne den Schleier von Begrifflichkeit erkennt. Der Grund ist, daß sie glauben, daß Klarheit und Erkennen die endgültige Natur des Geistes ist. Schüler, die solchen Unterweisungen zuhören, unterliegen ebenfalls diesen fehlerhaften Sichtweisen. Diese falsche Vorstellung entsteht aus einem Unvermögen, die korrekte Sichtweise zu verstehen, wie sie von Beschützer Nagarjuna erklärt wurde. Vertreter dieser fehlerhaften Sichtweise verstehen nicht vollständig, was «endgültige Natur» bedeutet, und wenn sie gefragt werden, was die endgültige Natur des Geistes ist, können sie diese nicht als nichtbestätigende Verneinung festlegen. Sie denken, daß die endgültige Natur des Geistes Klarheit und Erkennen, frei von Begrifflichkeit ist; sie realisieren nicht, daß die endgültige Natur des Geistes die nichtbestätigende Verneinung ist, die die bloße Abwesenheit der inhärenten Existenz des Geistes ist. Diese bloße Abwesenheit von inhärenter Existenz ist sehr subtil und deshalb ziemlich schwierig zu verstehen. Klarheit und Erkennen sind jedoch bei weitem nicht so subtil und deshalb relativ einfach zu verstehen. Das ist ein Grund, weshalb Meditierende an irrtümlichen Überzeugungen festhalten können, die die endgültige Natur des Geistes betreffen.

Gemäß den *Sutras der Vollkommenheit der Weisheit* und der Sichtweise Nagarjunas ist die eigentliche Leerheit die bloße Abwesenheit von inhärenter Existenz und ist deshalb eine nichtbestätigende Verneinung. Diejenigen, die die Subtilität dieser Sichtweise nicht verstehen, sind nicht in der Lage, irgendeinen Unterschied zwischen einer nichtbestätigenden Verneinung und absoluter Nichtexistenz zu sehen. Aus diesem Grund machen sie Fehler, wenn sie versuchen, die endgültige Natur des Geistes zu verstehen. Sie behaupten, daß nichtbestätigende negative Phänomene überhaupt nicht existieren und lehnen deshalb die *Sutras der Vollkommenheit der Weisheit* und die Sichtweise Nagarjunas ab. Wenn sie statt dessen bloß über Klarheit und Erkennen meditieren und dies sehr lebendig erfahren, denken sie, sie realisieren die Leerheit, die die endgültige Natur des Geistes ist. Die Leerheit, die sie erfahren, ist jedoch lediglich das Fehlen stofflicher Form und die Freiheit von Begrifflichkeit; es ist nicht das Fehlen von inhärenter Existenz.

Der erste Panchen Lama, Losang Chökyi Gyaltsän, widerlegte dieses falsche Verständnis klar. In seinem Urtext über das Mahamudra schrieb er:

> Der Geist, der frei von Begrifflichkeit ist,
> Ist lediglich eine Ebene des konventionellen Geistes;
> Es ist nicht die endgültige Natur des Geistes.
> Suche deshalb Anweisung von qualifizierten Meistern.

Somit stellte der Panchen Lama ganz klar fest, daß das, was einige Meditierende für die endgültige Natur des Geistes halten – Klarheit und Erkennen – bloß die konventionelle Natur des Geistes ist.

Wenn wir fälschlicherweise diese konventionelle Natur des Geistes für seine endgültige Natur halten, können wir leicht verblendeten Stolz und viele andere verwandte Fehler entwickeln. Wenn wir zum Beispiel durch Meditation eine lebhafte Wahrnehmung von Klarheit und Erkennen gewinnen, könnten wir das Gefühl haben, daß wir eine direkte Realisation von Leerheit gewonnen haben und, da es möglich ist, in einer solchen Meditation ein leicht glückseliges Gefühl zu entwickeln, könnten wir daraus schließen: «Jetzt habe ich die Spontane Große Glückseligkeit des Geheimen Mantras entwickelt.» Später könnten wir sogar zu denken beginnen: «Jetzt habe ich das Mahamudra entwickelt, das die Vereinigung von Spontaner Großer Glückseligkeit und Leerheit ist.» Es ist möglich, daß wir durch die Kraft weiterer Meditation für eine kurze Zeit frei von begrifflichem Denken werden, worauf wir den verblendeten Stolz entwickeln könnten: «Jetzt bin ich von den zwei Behinderungen befreit; ich bin ein Buddha geworden!» In Wirklichkeit haben wir keinen derart erhabenen Zustand erlangt und früher oder später werden wir mit Umständen konfrontiert werden, wie Objekten des Hasses oder der Anhaftung, die die verschiedenen verblendeten Geisteszustände entstehen lassen. Es wird dann offensichtlich werden, daß die «Erleuchtung», die wir erfuhren, nicht einmal eine Erfahrung von Leerheit war, geschweige denn von Erleuchtung. Alle diese Fehler stammen aus dem falschen Verständnis der endgültigen Natur des Geistes und sind eine Folge davon, daß man nicht den Anleitungen qualifizierter Lehrer folgte oder daß man solche Anleitungen nicht gut studierte.

Der erste Panchen Lama war ein hoch realisierter Praktizierender, der immer äußerst bescheiden war, aber als er über die Notwendigkeit schrieb, fehlerhafte und irreführende Unterweisungen zu widerlegen, war er sehr direkt:

> Da wir den Geistesstrom anderer nicht wahrnehmen können,
> Sollten wir danach streben, die Unterweisungen aller zu schätzen;
> Aber ich kann diejenigen nicht akzeptieren, die falsche Sichtweisen verbreiten
> Und durch diese falschen Sichtweisen viele in die Irre führen.

Was der Panchen Lama vor einigen hundert Jahren schrieb, trifft auf die heutige Zeit besonders gut zu. Wenn reiner Dharma in westlichen Ländern blühen soll, ist es essentiell, daß wir unsere Überzeugungen sorgfältig untersuchen, um sicherzustellen, daß sie in vollständiger Übereinstimmung mit den reinen Unterweisungen von Buddha Shakyamuni sind. Das häßliche und unglückliche Resultat, den reinen Dharma nicht zu verstehen und irreführenden Unterweisungen zu folgen, die vorgeben reiner Dharma zu sein, ist Sektierertum. Das ist eines der größten Hindernisse, vor allem für das Blühen des Dharmas im Westen. Alles, was einen derart üblen, zerstörerischen Geist entstehen läßt, sollte so rasch und so vollständig wie möglich beseitigt werden.

Heutzutage gibt es eine starke Tendenz ohne das geringste Zögern jedes Wort, das von jemandem mit hohem Ansehen gesagt wird, zu glauben, während ein bescheidener Praktizierender, der vollkommene und genaue Unterweisungen gibt, oft nicht geschätzt wird; und häufig wird ihm auch kein Glauben geschenkt. Buddha Shakyamuni warnte seine Schüler davor, solch eine fehlerhafte Haltung einzunehmen:

> Akzeptiert meine Unterweisungen nicht einfach, weil ich Buddha genannt werde.

Immer wieder erinnerte er seine Schüler daran, seine Unterweisungen nicht aus blindem Glauben heraus zu akzeptieren, sondern sie so gründlich zu prüfen, wie wenn sie Gold untersuchen würden. Wir sollten die Unterweisungen von allen, einschließlich von Buddha selbst, nur auf der Grundlage von gültigen Begründungen und persönlicher Erfahrung akzeptieren.

In den Unterweisungen über die vier Verläßlichkeiten gibt Buddha weitere Richtlinien, wie man zu einem fehlerlosen Verständnis von Unterweisungen kommt. Er sagt:

> Verlasse dich nicht auf die Person, sondern auf den Dharma.
> Verlasse dich nicht auf die Worte, sondern auf die Bedeutung.
> Verlasse dich nicht auf die interpretative Bedeutung, sondern auf die definitive Bedeutung.
> Verlasse dich nicht auf Bewußtsein, sondern auf Weisheit.

Die Bedeutung dieser vier Zeilen ist die folgende:

(1) Bei der Entscheidung, auf welche Lehre wir uns verlassen wollen, sollten wir uns nicht mit dem Ruhm oder Ansehen eines bestimmten Lehrers oder einer bestimmten Lehrerin zufriedengeben, sondern statt dessen untersuchen, was er oder sie lehrt. Wenn wir aufgrund der Untersuchung finden, daß die Unterweisungen vernünftig und fehlerlos sind, sollten wir sie akzeptieren, aber wenn ihnen diese Qualitäten fehlen, sollten wir sie zurückweisen, ganz gleich wie berühmt oder charismatisch ihr Vertreter auch sein mag.

(2) Wir sollten uns nicht allein durch den poetischen oder rhetorischen Stil einer bestimmten Unterweisung beeinflussen lassen, sondern sollten sie nur akzeptieren, wenn die eigentliche Bedeutung der Worte vernünftig ist.

(3) Wir sollten uns nicht allein mit einer interpretativen Bedeutung konventioneller Wahrheit zufriedengeben, sondern uns auf die definitive Bedeutung der endgültigen Wahrheit von Leerheit verlassen und sie akzeptieren. Mit andern Worten, weil die Methodenunterweisungen über Bodhichitta und die Weisheitsunterweisungen über Leerheit und so fort Gefährten sind, sollten wir uns nicht nur mit den einen oder den anderen zufriedengeben, sondern sollten sie beide zusammen praktizieren.

(4) Wir sollten uns nicht mit unreinen, täuschenden Zuständen des Bewußtseins zufriedengeben, sondern sollten uns auf die Weisheit meditativen Gleichgewichts Höherer Wesen verlassen.

Wenn wir diese vier Verläßlichkeiten verstehen und anwenden, um die Wahrheit der Unterweisungen, die wir empfangen, zu beurteilen, werden wir einem fehlerlosen Pfad folgen. Es wird keine Gefahr bestehen, daß wir falsche Sichtweisen annehmen oder unter den Einfluß irreführender Lehrer fallen werden. Wir können korrekt zwischen dem unterscheiden, was akzeptiert und was zurückgewiesen werden sollte, und dadurch werden wir vor Fehlern, wie zum Beispiel Sektierertum, geschützt.

Ngulchu Dharmabhadra

Ruhiges Verweilen

DIE EIGENTLICHE ERKLÄRUNG, WIE MAN SICH SCHULT

Dies hat drei Teile:

1. Wie man sich mittels allgemeiner Achtsamkeit schult
2. Wie man sich mittels besonderer Achtsamkeiten schult
3. Wie man sich mittels der sechs Methoden, den Geist ruhig zu stellen, schult

WIE MAN SICH MITTELS ALLGEMEINER ACHTSAMKEIT SCHULT

Wenn wir uns in Ruhigem Verweilen schulen, müssen wir verschiedene Hindernisse überwinden, indem wir besondere Gegenmittel anwenden. Das erste Hindernis für die Erlangung von Ruhigem Verweilen sind die drei Arten von Faulheit: Faulheit, die aus Anhaftung an weltliche Vergnügen entsteht, Faulheit, die aus Anhaftung an ablenkende Tätigkeiten entsteht, und Faulheit, die aus Entmutigung entsteht. Die erste Art der Faulheit ist eine selbstgefällige Haltung, die zur Folge hat, daß wir mit Samsara zufrieden sind und keine Neigung haben, tugendhafte Handlungen auszuüben. Unter dem Einfluß dieser Faulheit fehlt uns die Energie, aus unserer Lethargie herauszukommen. Mit der Faulheit, die aus Anhaftung an ablenkende Tätigkeiten entsteht, geben wir uns gerne weltlichen Tätigkeiten hin, haben aber keine Neigung, tugendhafte Handlungen auszuüben, die zu einer Beendigung von Leiden führen. Die dritte Art der Faulheit entsteht aus dem Glauben, daß uns die Fähigkeit fehlt, eine bestimmte tugendhafte Handlung auszuüben. Wenn wir zum Beispiel denken, daß die Erlangung des Ruhigen Verweilens völlig außerhalb unserer Möglichkeiten liegt, werden wir leicht entmutigt und versuchen nicht, es zu erreichen. Alle diese Formen von Faulheit blockieren den Pfad zu Ruhigem Verweilen.

Es gibt vier Gegenmittel gegen Faulheit: Vertrauen, Bestreben, Bemühen und geistige Geschmeidigkeit. Die ersten beiden bekämpfen Faulheit indirekt, während die letzten beiden direkte Gegenmittel sind. Vertrauen in Ruhiges Verweilen gewinnt man durch das Nachdenken über seinen vielfältigen Nutzen. Auf der Grundlage solchen Vertrauens entwickeln wir ein Bestreben, Ruhiges Verweilen zu erlangen. Dieses Bestreben läßt ganz natürlich Bemühen entstehen, das uns befähigt, die Schulung enthusiastisch anzupacken. Schließlich erlangen wir durch die Kraft unseres Bemühens eine geistige Geschmeidigkeit, die die eigentliche Wurzel der Faulheit durchschneidet, so daß sie nie wieder entsteht.

Über den Nutzen des Ruhigen Verweilens nachzudenken ist eine sehr wirkungsvolle Methode, Vertrauen zu erzeugen und die Faulheit zu überwinden, die uns daran hindert, die Schulung auszuüben. Einer der Vorteile des Ruhigen Verweilens ist, daß es zu Hellsicht führt, die unsere Fähigkeit, anderen zu helfen sehr verstärkt. Wir mögen zum Beispiel einen mitfühlenden Wunsch haben, jemandem zu helfen, aber weil uns Hellsicht fehlt, können wir nicht alle Faktoren der Situation klar sehen und infolgedessen geben wir fehlerhaften Rat. Es geschieht oft, daß wir trotz mitfühlender Absicht unabsichtlich anderen Schaden zufügen. Mit Hellsicht entstehen solche Probleme jedoch nicht.

Ein Beispiel, das zeigt, welchen Nutzen das Entwickeln von Hellsicht bringt, stammt aus der Biographie des großen Meditierenden Asanga. Als Asanga einmal einen öffentlichen Vortrag hielt, befand sich unter den Zuhörern ein sehr mächtiger König. Der König beschloß, Asanga zu prüfen, und deshalb formulierte er in seinem Geist drei sehr schwierige Fragen, die die *Sutras der Vollkommenheit der Weisheit* betrafen. Durch die Kräfte, die er durch die Meditation des Ruhigen Verweilens gewonnen hatte, konnte Asanga die Fragen im Geist des Königs lesen und sie während des Vortrages perfekt beantworten. Diese Demonstration von Kraft und Einsicht beeindruckte den König dermaßen, daß er großes Vertrauen in Asanga und seine Unterweisungen entwickelte, und in der Folge blühte der Dharma überall in seinem Reich.

Wie bereits erwähnt, ist Faulheit ein allgemeines Hindernis für die erfolgreiche Dharma-Praxis. Wir müssen auch drei besondere Hindernisse für das Ruhige Verweilen überwinden – geistiges Abschweifen, geistige Erregung und geistiges Sinken. Da sie die größten Hindernisse für die Erlangung von Ruhigem Verweilen sind, ist es essentiell, daß wir sie klar erkennen und lernen, die angemessenen Gegenmittel anzuwenden. So wie es notwendig ist, zu wissen, wer unser Feind ist, bevor wir ihn daran hindern können, uns zu schaden, so müssen wir alle drei Hindernisse erkennen können, bevor wir es verhindern können, daß sie unsere Meditation stören. Außerdem ist es nicht genug, bloß intellektuelle Kenntnis dieser Hindernisse zu haben; wir müssen sie in unserer eigenen persönlichen Erfahrung erkennen. Nur dann ist es möglich, sie vollständig zu überwinden. Da es schwierig ist, einen Zustand von Konzentration, der voll qualifiziert ist, von einem, der es nicht ist, zu unterscheiden, sollten wir uns in diesem Punkt auf genaue und detaillierte Unterweisungen verlassen, wie zum Beispiel diejenigen, die in den Schriften Je Tsongkhapas und seiner Schüler gefunden werden können. Insbesondere sollten wir die Erklärungen studieren, die in *Freudvoller Weg* und *Sinnvoll zu betrachten* gegeben werden.

Geistiges Abschweifen tritt auf, wenn unser Geist auf ein tugendhaftes Objekt der Meditation des Ruhigen Verweilens gerichtet ist und sich dann zu irgendeinem anderen Objekt, außer einem Objekt der Anhaftung, bewegt. Wenn wir zum Beispiel über die Form von Buddha Shakyamuni meditieren und unser Geist sich zur Form von Avalokiteshvara oder Tara bewegt, dann unterliegen wir geistigem Abschweifen, obwohl wir immer noch über ein tugendhaftes Objekt meditieren. Es gibt zwei Arten geistigen Abschweifens: subtiles geistiges Abschweifen und grobes geistiges Abschweifen. Subtiles geistiges Abschweifen findet statt, wenn unser Geist nur leicht zum anderen Objekt abschweift, ohne das ursprüngliche Meditationsobjekt zu verlieren, und grobes geistiges Abschweifen findet statt, wenn der Geist so stark abschweift, daß das ursprüngliche Meditationsobjekt vollständig verlorengeht.

Geistige Erregung tritt auf, wenn unser Geist auf ein tugendhaftes Objekt der Meditation des Ruhigen Verweilens gerichtet ist und dann zu einem Objekt der Anhaftung abschweift. Wenn wir zum Beispiel versuchen, Ruhiges Verweilen zu entwickeln, indem wir über die Form eines Buddhas meditieren und unser Geist sich zu einem Objekt der Anhaftung, wie zum Beispiel unserem Freund oder unserer Freundin, bewegt, unterliegen wir geistiger Erregung. Einmal mehr gibt es zwei Arten von geistiger Erregung: subtile geistige Erregung und grobe geistige Erregung. Subtile geistige Erregung tritt auf, wenn unser Geist sich nur leicht zu einem Objekt der Anhaftung bewegt, ohne das ursprüngliche Meditationsobjekt wirklich zu verlieren. Diese subtile geistige Erregung unterbricht unsere Meditation nicht, sondern ist wie ein kleiner Fisch, der hin und her schwimmen kann, ohne das Wasser zu bewegen. Grobe geistige Erregung tritt auf, wenn unser Geist sich so stark mit dem Objekt der Anhaftung beschäftigt, daß das ursprüngliche Meditationsobjekt vollständig verlorengeht.

Geistiges Abschweifen und geistige Erregung sind relativ leicht zu erkennen, aber geistiges Sinken, besonders in seiner subtilen Form, ist nicht so leicht zu identifizieren. Geistiges Sinken tritt auf, wenn unser Geist auf ein tugendhaftes Objekt der Meditation des Ruhigen Verweilens gerichtet ist und sich dann entweder die Klarheit dieses Objektes oder die Intensität, mit der unser Geist an diesem Objekt festhält, vermindert. Wenn wir zum Beispiel über das Kurz-AH des Inneren Feuers meditieren und sich entweder die Klarheit dieses Buchstabens oder die Intensität, mit der wir ihn halten, vermindert, dann hat unsere Konzentration geistigem Sinken Platz gemacht. Wie es für geistiges Abschweifen und geistige Erregung der Fall war, hat auch geistiges Sinken zwei Arten: subtiles geistiges Sinken und grobes geistiges Sinken. Subtiles geistiges Sinken tritt auf, wenn sich die Intensität, mit der wir unser Meditationsobjekt halten, leicht vermindert, und grobes geistiges Sinken tritt auf, wenn sich sowohl die Intensität wie die Klarheit vermindern.

Alle diese Hindernisse, geistiges Abschweifen, geistige Erregung und geistiges Sinken, müssen überwunden werden, wenn wir Ruhiges Verweilen erlangen wollen. Ruhiges Verweilen selbst heißt so, weil es alle begrifflichen Ablenkungen überwunden hat und einsgerichtet auf seinem Objekt ruht. Somit bezieht sich «Ruhig» auf die Beruhigung ablenkender Geisteszustände und «Verweilen» bezieht sich auf die Fähigkeit des Geistes, einsgerichtet auf dem gewählten Meditationsobjekt zu verweilen.

Die richtige Art, mit der Meditation des Ruhigen Verweilens zu beginnen, besteht darin, in der korrekten Meditationshaltung zu sitzen, sicherzustellen, daß wir keinen dumpfen oder schläfrigen Geist haben, und dann versuchen wir, die störenden begrifflichen Geisteszustände zu überwinden, die zu äußeren Objekten hinziehen. Es ist sehr wichtig, einen unreinen Geist von einem klaren Geist unterscheiden zu können. Wenn wir zum Beispiel aus einem Bergbach trinken wollen, trinken wir nicht aus dem turbulenten Teil, weil dort das Wasser mit Dreck und Sand vermischt ist, sondern wir trinken aus einem ruhigen Teil des Baches, wo das Wasser sauber und klar ist. Wenn wir einen klaren und ruhigen Geist erlangen wollen, müssen wir die geistige Turbulenz der begrifflichen Ablenkungen aufgeben.

Die empfohlene Methode, diese geistigen Turbulenzen zu beruhigen, ist es, unsere Meditationssitzung damit zu beginnen, daß wir die unreinen Winde vertreiben, wie es weiter oben im Abschnitt über die Meditation des Inneren Feuers erklärt wurde. Wenn unser Geist einmal eine annehmbare Stufe der Ruhe erreicht hat, sollten wir uns an die ausführenden Anweisungen über das Meditationsobjekt, die wir von unserem Spirituellen Meister erhielten, in diesem Falle den Geist selbst, erinnern. Diese Tätigkeit, die man «das Meditationsobjekt suchen» nennt, wird uns schließlich zu einem korrekten allgemeinen Bild des Objektes führen. Dies ist als «das Meditationsobjekt finden» bekannt. Wenn wir einmal das korrekte allgemeine Bild gefunden haben, sollten wir bestrebt sein, es ohne zu vergessen zu halten. Das nennt man «das Meditationsobjekt halten». Schließlich sollten wir mit einsgerichteter Konzentration fest auf dem allgemeinen Bild bleiben. Dies wird «auf dem Meditationsobjekt verweilen» genannt. Diese vier Tätigkeiten – suchen, finden, halten und verweilen – sind von größter Wichtigkeit bei der Entwicklung wahrer Konzentration. Sie werden weiter unten nochmals besprochen.

Es ist sehr schade, wenn wir nicht wissen, was Konzentration wirklich ist. Eine voll qualifizierte Konzentration muß zwei Eigenschaften haben: (1) das Objekt durch die Kraft starker Achtsamkeit halten und (2) einsgerichtet auf diesem Objekt verweilen. Wenn wir meditieren, sollten wir unseren Geist untersuchen, um zu sehen, ob er diese zwei Qualitäten hat. Es ist viel besser, eine kurze Zeit in wahrer Konzentration als eine lange Zeit in fehlerhafter Praxis zu verbringen.

Was die Hindernisse für die richtige Meditation betrifft, ist es relativ einfach, geistiges Abschweifen und geistige Erregung zu identifizieren und zu sehen, daß sie Hindernisse für die Erlangung des Ruhigen Verweilens sind, aber es benötigt einen erfahrenen Meditierenden, um subtiles geistiges Sinken zu erkennen und es von wahrer, einsgerichteter Konzentration zu unterscheiden. Wenn wir diese beiden nicht unterscheiden können, besteht die Gefahr, daß unsere Konzentration mit subtilem geistigem Sinken vermischt wird. Wenn dies geschieht, wird unsere Meditation negative Resultate bringen. Um uns vor diesem Fehler zu schützen, müssen wir von Zeit zu Zeit den geistigen Faktor Wachsamkeit gebrauchen. Während also der Hauptteil unseres Geistes auf das Meditationsobjekt gerichtet ist, sollte ein kleiner Teil unseres Geistes prüfen, ob geistiges Abschweifen, geistige Erregung, geistiges Sinken oder irgendein anderer

Fehler entsteht. Diese Wachsamkeit ist eine Form von analytischer Weisheit.

Von zentraler Bedeutung für einsgerichtete Konzentration ist Achtsamkeit. Sie macht die Meditation aus, weil sie drei essentielle Funktionen ausübt: (1) das Meditationsobjekt nicht vergessen, (2) das Meditationsobjekt halten und (3) Ablenkungen überwinden. Insbesondere ist Achtsamkeit essentiell für das Verhindern von geistigem Abschweifen, geistiger Erregung und geistigem Sinken. Um starke Achtsamkeit auf das Meditationsobjekt zu entwickeln und aufrechtzuerhalten, müssen wir zwei Dinge tun: (1) zu Beginn der Sitzung einen starken Entschluß fassen, ungebrochene Achtsamkeit während der Sitzung aufrechtzuerhalten und (2) während der Sitzung Schritte unternehmen, unsere Achtsamkeit zu stärken, wann immer wir erkennen, daß sie zu degenerieren beginnt.

Wir werden, um dies zusammenzufassen, fähig sein, Ruhiges Verweilen zu erlangen, wenn wir geistiges Abschweifen, geistige Erregung und geistiges Sinken durch die Kraft der Achtsamkeit und Wachsamkeit überwinden können. Wenn wir diesen Fehlern erlauben in unserem Geist zu bleiben, ohne zu versuchen sie zu überwinden, ist dies als «Nichtanwendung» bekannt. Auch dies ist ein Hindernis für die Entwicklung von Ruhigem Verweilen und sollte durch gewissenhafte Anwendung des angemessenen Gegenmittels überwunden werden, wann immer während der Meditationssitzung Fehler in unserem Geist entstehen. Wenn wir jederzeit eine starke Absicht aufrechterhalten, die Ziele unserer Praxis zu erreichen, werden wir ganz natürlich Gegenmittel anwenden, wann immer Hindernisse auftreten. Deshalb sollten wir uns hauptsächlich mit diesen Zielen beschäftigen, uns daran erinnern, daß uns Ruhiges Verweilen erlaubt, diese Ziele zu erreichen, und entschlossen sein, daß uns weder Faulheit noch irgendeine andere Verblendung von unserem Ziel abbringt.

Um den vollkommenen Zustand des Ruhigen Verweilens zu erlangen, müssen wir durch neun Entwicklungsstufen fortschreiten, die als die Neun Ebenen des geistigen

Yangchän Drubpay Dorje

Verweilens bekannt sind. Diese neun Stufen sowie die acht Gegenmittel gegen die fünf Hindernisse, die vier Aufmerksamkeiten, die sechs Kräfte und so fort werden ausführlich in anderen Texten, wie zum Beispiel *Freudvoller Weg* und *Sinnvoll zu betrachten*, erklärt. Wenn wir daran interessiert sind, tiefe Konzentration zu entwickeln, sollten wir mit diesen Erklärungen vertraut werden. Hier werden die Neun Ebenen des geistigen Verweilens nur kurz beschrieben, um zu zeigen, wie Ruhiges Verweilen in Abhängigkeit von allgemeiner und besonderer Achtsamkeit erlangt wird.

Die ersten zwei Ebenen des geistigen Verweilens «Verweilen des Geistes» und «Kontinuierliches Verweilen» werden mittels allgemeiner Achtsamkeit auf folgende Weise erlangt. Zu Beginn unserer Meditationssitzung, nachdem wir eine bequeme Haltung auf unserem Meditationskissen eingenommen haben, machen wir die vier Schritte des Suchens, Findens, Haltens und Verweilens auf dem Objekt, dem Geist an sich. Auf dieser Stufe müssen wir allgemeine Achtsamkeit verwenden, um uns an die ausführenden Anweisungen zu erinnern, die uns befähigen, ein korrektes allgemeines Bild zu halten, ohne es zu vergessen.

Am Anfang werden wir es schwierig finden, sehr lange mit einsgerichteter Konzentration auf dem Objekt zu verweilen. Wir müssen großes Bemühen aufwenden, bloß um das Objekt zu suchen und zu finden, und wenn wir es finden, werden wir Schwierigkeiten haben, es zu halten. Deshalb ist es hilfreich, unsere Meditationssitzung in eine Anzahl kurzer Teilabschnitte aufzuteilen. Wir fangen an, indem wir durch die vier Schritte gehen, bis wir den Halt am Objekt verlieren. Dies ist der erste Abschnitt. Dann beginnen wir sofort wieder nach dem Objekt zu suchen und gehen durch die anderen Schritte hindurch, bis wir einmal mehr das Objekt verlieren. Dies ist der zweite Abschnitt. Wir fahren bis zum Ende der Sitzung auf diese Weise fort, indem wir jedesmal, wenn wir das Objekt verlieren, sofort diesen Abschnitt aufgeben und zum nächsten weitergehen.

Es heißt, daß es zu Beginn gut ist, während jeder Meditationssitzung achtzehn solcher Teilabschnitte zu haben, doch das ist bloß eine ungefähre Vorgabe; wir können so wenige oder so viele ausführen, wie wir wollen. Wir brauchen unsere Konzentrationsversuche nicht zu unterbrechen, um die Abschnitte genau zu zählen, eine Annäherung genügt. Das Wichtigste ist, jederzeit so achtsam und wachsam wie möglich zu sein, indem wir die Qualität unserer Konzentration überprüfen, bemerken, wenn wir das Objekt verloren haben, und dann sofort mit dem nächsten Abschnitt beginnen.

Auf der ersten Stufe, Verweilen des Geistes, werden wir das Meditationsobjekt kaum halten können, bevor wir es verlieren. Immer wieder werden wir das Objekt suchen und finden und dann versuchen müssen, es zu halten. Schließlich werden wir fähig sein, bis zu fünf Minuten auf das Objekt gerichtet zu bleiben, ohne es zu verlieren. Wenn wir das tun können, haben wir die zweite Stufe erreicht, Kontinuierliches Verweilen.

Wenn wir anfangen, die Meditation des Ruhigen Verweilens zu praktizieren, widmen wir solchen Übungen nur eine Stunde oder weniger, aber schließlich sollten wir vier bis sechs Sitzungen pro Tag ausführen. Das beste Vorgehen ist, unsere Praxis auf allmähliche Weise aufzubauen. Wie zuvor dargelegt, ist es besser, kurz mit qualifizierter Konzentration zu meditieren, als lange Sitzungen mit fehlerhafter Konzentration abzuhalten.

Dies beschließt die Besprechung allgemeiner Achtsamkeit. Die verbleibenden sieben Ebenen des Verweilens, die in Abhängigkeit von besonderer Achtsamkeit entwickelt werden, werden im folgenden Abschnitt erklärt.

WIE MAN SICH MITTELS BESONDERER ACHTSAMKEITEN SCHULT

Dies hat fünf Teile:

1. Wie man sich mittels neuer Achtsamkeit schult
2. Wie man sich mittels alter Achtsamkeit schult
3. Wie man sich mittels angemessener Methoden schult

4. Wie man sich mittels Begriffen schult, die andern bekannt sind
5. Wie man sich mittels der natürlichen Beendigung begrifflicher Gedanken schult

WIE MAN SICH MITTELS NEUER ACHTSAMKEIT SCHULT

Während der ersten zwei Stufen des geistigen Verweilens müssen wir das Meditationsobjekt immer wieder suchen, wenn wir es verloren haben, es finden, halten und dann einsgerichtet auf ihm verweilen. Obwohl wir unsere Achtsamkeit dauernd erneuern, kann diese erneuerte Achtsamkeit ihr Objekt nicht sofort fassen. Auf der dritten Stufe ist unsere Vertrautheit mit dem Objekt jedoch so weit entwikkelt worden, daß wir unseren Halt am Objekt sofort wiederherstellen können, nachdem wir es verloren haben; wir müssen es nicht mehr suchen. Auf dieser Stufe heißt die Achtsamkeit, die wir anwenden, um unseren Geist zum Objekt zurückzubringen «neue» Achtsamkeit und diese dritte Stufe heißt passenderweise «Wiederverweilen».

Auf der dritten Stufe sind wir immer noch gestört durch Ablenkungen, die unsere Aufmerksamkeit wie ein Dieb vom Objekt wegstehlen. Wir müssen diesen Dieb wiederholt fassen, ihn beseitigen und dann unseren Geist einmal mehr dem Meditationsobjekt zuwenden. Verglichen mit den ersten zwei Stufen kann unser Geist jedoch mittels neuer Achtsamkeit sehr schnell zu seinem Objekt zurückgebracht werden.

WIE MAN SICH MITTELS ALTER ACHTSAMKEIT SCHULT

Auf der dritten Stufe geistiger Entwicklung müssen wir immer wieder neue Achtsamkeit anwenden, weil der Geist fortfährt, das Meditationsobjekt zu verlieren. Schließlich erreichen wir aber den Punkt, an dem wir das Objekt halten können, ohne jemals neue Achtsamkeit anwenden zu müssen. Mit anderen Worten können wir von Anfang bis Ende der Sitzung das Meditationsobjekt halten, ohne die

Kontinuität unserer Konzentration zu brechen. Wenn wir dazu fähig sind, haben wir die vierte Stufe des geistigen Verweilens, «Nahes Verweilen», erlangt. Weil auf dieser Stufe unsere Achtsamkeit nicht degeneriert, wenn sie einmal angewandt wird, heißt es, daß wir unsere Meditation mittels «alter» Achtsamkeit aufrechterhalten. Durch die Kraft solcher alter Achtsamkeit können wir ablenkende Vorstellungen durchschneiden, ohne jemals das Meditationsobjekt zu vergessen.

In den *Vinaya-Sutras* lehrte Buddha eine Analogie, um aufzuzeigen, wie wichtig es ist, eine ungebrochene Konzentration mittels alter Achtsamkeit aufrechtzuerhalten. Es wurde einmal ein Duell zwischen zwei Feinden ausgetragen. Einer war ein Bogenschütze und der andere kämpfte mit einem drehenden Schwerterrad. Der Bogenschütze konnte dem Schwertkämpfer lange Zeit nichts anhaben, weil jeder Pfeil, den er abschoß, von den wirbelnden Schwertern abgefangen und zerstört wurde. Es schien, als würde das Duell nie enden. Doch dann dachte sich die Frau des Bogenschützen aus Verzweiflung einen klugen Plan aus, um den Schwertkämpfer abzulenken und zu bewirken, daß er seine Konzentration verlor. Sie zog sich verführerische Kleider an und bewegte sich in das Gesichtsfeld des Schwertkämpfers. Als dieser sie erblickte, war seine Konzentration für einen Moment abgelenkt, aber diese kurze Zeitspanne war alles, was der Bogenschütze benötigte, um den tödlichen Pfeil abzuschießen! Als der Schwertkämpfer sterbend am Boden lag, klagte er: «Nicht der Bogenschütze tötete mich, sondern meine eigene fehlende Achtsamkeit.»

Wenn wir die Pfeile der Ablenkung daran hindern wollen, unsere Konzentration zu zerstören, müssen wir ständig alte Achtsamkeit aufrechterhalten, ohne sie für einen Augenblick fallen zu lassen, so wie sich ein Schwerterrad ununterbrochen dreht. Wenn wir dies auf der vierten Stufe tun können, haben wir die Kraft der Achtsamkeit abgeschlossen. Es sollte jedoch angemerkt werden, daß ein geschickter Meditierender auf dieser Stufe nicht sehr lange Meditationssitzungen abhält, weil geistiges Sinken und geistige Erregung immer noch auftreten, und es ist nicht weise, diese Hindernisse durch längere Sitzungen zu ermutigen.

WIE MAN SICH MITTELS ANGEMESSENER METHODEN SCHULT

Auf der vierten Stufe der Entwicklung ist die Kraft der Achtsamkeit vollendet, und wir haben die Fähigkeit, während der Meditationssitzung ununterbrochen auf dem Meditationsobjekt zu verweilen. Das übermäßige Bemühen, das benötigt wird, um dieses Niveau ungebrochener Konzentration aufrechtzuerhalten, verursacht jedoch, daß sich der Geist zu stark sammelt, und infolgedessen kommt es zu subtilem geistigem Sinken. Somit ist es auf der fünften Ebene, die «Kontrollieren» heißt, notwendig, die Kraft der Wachsamkeit anzuwenden, um den Geist zu heben, indem das Objekt stärker gehalten wird. Wir müssen leicht nachlassen in dem Bemühen, unsere Konzentration aufrechtzuerhalten, und trotzdem einsgerichtet auf dem Objekt bleiben können.

Die Anweisung, in unserem Bemühen nachzulassen, bedeutet nicht, daß wir, nachdem wir das Meditationsobjekt gehalten haben und darauf verweilt sind, unseren Halt am Objekt selbst lösen sollten. Dies wäre auf dieser Stufe ein schwerwiegender Fehler. Es ist wahr, daß der große Mahasiddha Saraha sagte, daß man das Ruhige Verweilen sicherlich erreichen wird, wenn man sich vollständig entspannt, aber seine Bemerkungen waren für diejenigen auf der achten und neunten Stufe des geistigen Verweilens bestimmt, nicht für diejenigen, die erst auf der fünften sind. Um Fehler wie geistiges Sinken und geistige Erregung auf dieser Stufe zu überwinden, ist es nicht unsere Konzentration, die wir entspannen sollten, sondern unser angewandtes Bemühen. Wenn wir in diesem Bemühen nicht leicht nachlassen, werden wir subtiles geistiges Sinken entwickeln, das unsere Konzentration stören wird.

Wenn wir fähig sind, das Meditationsobjekt zu halten und trotzdem im Bemühen, das benötigt wird, nachzulassen, um einsgerichtete Konzentration auf ihm aufrechtzuerhalten,

halten wir die Meditation des Ruhigen Verweilens mittels angemessener Methoden aufrecht; mit anderen Worten wenden wir Bemühen in angemessener Weise und in benötigtem Maß an. Um dies jedoch richtig ausführen zu können, benötigt man viel Übung. Selbst der große Meditierende Chandragomin erklärte:

> Wenn ich mich auf Bemühen verlasse, kommt es zu geistiger Erregung, aber wenn ich dieses Bemühen vermindere, beginnt geistiges Sinken.

Für einen Meditierenden oder eine Meditierende, der oder die an der Entwicklung des Ruhigen Verweilens interessiert ist, ist es wichtig, ein tiefes Verständnis dieser Punkte zu gewinnen. Solch ein Verständnis wird nicht aus der bloß intellektuellen Kenntnis der Unterweisungen wachsen, sondern man muß eine persönliche Erfahrung von jeder der neun Stufen der geistigen Entwicklung gewinnen, indem man diese und andere Anweisungen tatsächlich in der Praxis anwendet. Das ist der einzige Weg, wie man Fortschritte machen kann.

Wenn wir einmal die fünfte Stufe des geistigen Verweilens erreicht haben, ist unsere Konzentration stark und stabil, und es ist gewiß, daß wir Ruhiges Verweilen erlangen werden, wenn wir fortfahren, in der Meditation Bemühen anzuwenden. Auf unserem Weg zu diesem Ziel gehen wir durch die verbleibenden vier Stufen der Entwicklung, die kurz wie folgt erklärt werden können:

Auf der sechsten Stufe, die «Befrieden» heißt, vollenden wir die Kraft der Wachsamkeit. Obschon auf dieser Stufe keine Gefahr von geistigem Sinken mehr besteht, besteht noch die Gefahr von subtiler geistiger Erregung, die aus dem verstärkten Halten am Objekt und aus dem zu starken Heben des Geistes in der vorangegangenen Stufe resultiert. Diese subtile geistige Erregung wird durch die Kraft der Wachsamkeit überwunden.

Auf der siebten Stufe kann die Balance unserer Konzentration weder durch subtiles geistiges Sinken noch durch subtile geistige Erregung gestört werden, weil die Kräfte der Achtsamkeit und Wachsamkeit jetzt vollständig sind. Obschon es noch möglich ist, daß beide Hindernisse entstehen, können wir sie sofort durch die Kraft des Bemühens überwinden. Diese Stufe ist als «Vollständiges Befrieden» bekannt.

Auf der achten Stufe, die «Einsgerichtetheit» heißt, ist es geistigem Sinken und geistiger Erregung nicht möglich, sich überhaupt zu entwickeln. Jetzt wird nur leichtes Bemühen benötigt, um für die ganze Sitzung auf dem Meditationsobjekt konzentriert zu bleiben, ohne auch nur die geringste Unterbrechung der Konzentration zu erfahren.

Schließlich sind wir auf der neunten Stufe, die «Verweilen im Gleichgewicht» heißt, fähig, mühelos fehlerlose Konzentration aufrechtzuerhalten. Wir sind mit dem Meditationsobjekt so vertraut geworden, daß überhaupt kein Bemühen mehr benötigt wird, um einsgerichtet darauf konzentriert zu bleiben. Unsere Konzentration wird jetzt durch die Kraft vollständiger Vertrautheit aufrechterhalten.

WIE MAN SICH MITTELS BEGRIFFEN SCHULT, DIE ANDERN BEKANNT SIND

In den Texten des Mahamudras werden drei Begriffe oder «Etiketten» verwendet, um zu beschreiben, wie Ruhiges Verweilen aufrechterhalten wird: «verweilend», «bewegend» und «mischend». Verschiedene Meditierende haben diese Begriffe auf leicht unterschiedliche Art und Weise verwendet. Zum Beispiel sagten einige der frühen Mahamudra-Meditierenden, daß «verweilend» sich darauf bezieht, einsgerichtet auf dem Meditationsobjekt zu bleiben, daß «bewegend» sich auf das Entstehen begrifflicher Gedanken bezieht, während wir auf dem Objekt bleiben, und daß «mischend» sich auf die Auflösung dieser begrifflichen Gedanken zurück in den Ursprungsgeist, das Objekt der Mahamudra-Meditation, bezieht. Gemäß diesen Meditierenden ist es sehr wichtig, aber sehr schwierig, diese drei Zustände deutlich zu erkennen.

Einige spätere Mahamudra-Meditierende erwähnen die gleichen drei Begriffe im Zusammenhang mit den gleichen drei Zuständen der Meditation, behaupten aber, daß es nicht sehr schwierig sei, sie zu erkennen. Indem sie die Analogie eines Teiches verwenden, sagen sie, daß «verweilend» sich auf das Wasser bezieht, das ruhig und klar ist, «bewegend» sich auf die Bildung von Blasen auf dem Grund des Teiches und ihren Aufstieg zur Oberfläche bezieht, und «mischend» sich auf das Bersten dieser Blasen und ihre Auflösung zurück ins Wasser bezieht.

Sowohl die früheren wie die späteren Meditierenden stimmen darin überein, daß wir, während der Geist auf seinem Objekt verweilt, danach streben sollten, die Bewegung begrifflicher Gedanken zu verhindern, und wenn begriffliche Ablenkungen entstehen, ihnen durch die Praxis des Mischens erlaubt werden sollte, sich zurück in den Ursprungsgeist aufzulösen. Was die Aussagen betrifft, ob diese drei Zustände von verweilend, bewegend und mischend schwierig oder leicht zu erkennen sind oder nicht, gibt es keinen Widerspruch zwischen den Sichtweisen der früheren und späteren Meditierenden. Die früheren Meditierenden betonten, daß es schwierig sei, diese drei Zustände durch Erfahrung zu erkennen, was sicherlich wahr ist für Anfänger, während die späteren Meditierenden betonten, daß es nicht schwierig sei, diese drei Zustände intellektuell zu unterscheiden.

Andere spätere Mahamudra-Meditierende interpretieren diese drei Begriffe anders. Ihrer Ansicht nach bezieht sich «verweilend» auf die unveränderliche Meditation des Ruhigen Verweilens, «bewegend» auf die Weisheit des Höheren Sehens und «mischend» auf die Vereinigung dieser beiden. Um diese Bedeutung zu illustrieren, verwenden sie die Analogie eines kleinen Fisches, der in einem vollkommen ruhigen und klaren Teich schwimmt, ohne Wellen im Wasser zu verursachen. Der ruhige, klare Teich ist wie der Geist des Ruhigen Verweilens, der kleine Fisch wie Höheres Sehen und sein Schwimmen ohne das Wasser zu bewegen wie die Weisheit des Höheren Sehens, die ihr Objekt untersucht, ohne die Konzentration zu stören. Ruhiges Verweilen, Höheres

Sehen und ihre Vereinigung sind das hauptsächliche «verweilend», «bewegend» und «mischend» der Mahamudra-Meditation.

WIE MAN SICH MITTELS DER NATÜRLICHEN BEENDIGUNG BEGRIFFLICHER GEDANKEN SCHULT

Mahasiddha Saraha benutzte die folgende Analogie, um zu illustrieren, wie eine Beendigung begrifflicher Gedanken zu erlangen ist. Wenn Kaufleute in der Vergangenheit zu weit entfernten Ländern segelten, um ihre Geschäfte zu tätigen, nahmen sie eine Krähe mit, die ihnen bei der Beurteilung helfen sollte, wie weit entfernt sie von ihrem Ziel waren. Wenn sie dachten, sie könnten dem Ufer nahe sein, ließen sie den Vogel fliegen und warteten ab, ob er zum Schiff zurückkam. Wenn er zurückkam, wußten sie, daß kein Land in der Nähe war, da der Vogel keinen Platz zum Landen gefunden hatte. Wenn wir uns in Ruhigem Verweilen schulen, indem wir über den Geist meditieren, und begriffliche Gedanken entstehen, dann sollten wir auf ähnliche Weise einfach ruhig bleiben und sie mit einem Teil unseres Geistes beobachten, so wie die Kaufleute auf dem Schiff blieben und das Verhalten der Krähe beobachteten. Nach einer Weile wird der abschweifende Gedanke sich wieder mit dem Meditationsobjekt, dem Geist selbst, vereinen müssen, so wie eine Krähe, die weit draußen auf See ist, schließlich wieder zum Schiff zurückkehren muß. Alle begrifflichen Gedanken entstehen aus dem Geist und deshalb müssen sie sich schließlich wieder in den Geist auflösen. Deshalb ist diese Art der Meditation ein sehr wirksames Mittel, um begriffliche Ablenkungen zu überwinden.

WIE MAN SICH MITTELS DER SECHS METHODEN, DEN GEIST RUHIG ZU STELLEN, SCHULT

Die im vorherigen Abschnitt gegebene Erklärung über die allgemeinen und besonderen Arten von Achtsamkeit enthielt ausführliche Anweisungen über die Methoden, den Geist auf dem Meditationsobjekt zu verankern, indem die Fehler und Hindernisse vermieden werden, die unsere Konzentration stören. Dieser Abschnitt erklärt jetzt sechs Analogien, die den Anleitungen des großen Mahasiddhas Saraha entnommen wurden und den besten Weg zeigen, wie wir den Geist ruhig stellen, wenn wir uns in Ruhigem Verweilen schulen. Sie wurden in der Meinung hier eingefügt, daß sie für zeitgenössische Meditierende besonders hilfreich sein könnten.

RUHIGSTELLEN WIE DIE SONNE, DIE NICHT DURCH WOLKEN VERDUNKELT IST

Unsere Meditation sollte nicht durch Behinderungen der vollkommenen Konzentration wie ablenkende begriffliche Gedanken und geistiges Sinken verdunkelt oder damit vermischt sein, so wie die Sonne, die frei von der Behinderung durch Wolken ist.

RUHIGSTELLEN WIE EIN GARUDA, DER AM HIMMEL KREIST

Wenn der mächtigste aller Vögel, der Garuda, in der Luft kreist, hält er seinen sanften Gleitflug aufrecht, indem er gelegentlich den Winkel seiner Flügel ändert. Er korrigiert seinen Flug nie auf gewaltsame oder hektische Weise, sondern wendet nur gerade soviel Bemühen an wie nötig. Bei unserer Schulung in Ruhigem Verweilen, wobei der Geist einsgerichtet auf das Meditationsobjekt fixiert ist, sollten wir wie der Garuda genau das richtige Maß an Bemühen anwenden, um unsere Konzentration in Balance zu halten. Wenn wir zuviel Bemühen aufwenden, werden wir Ablenkung erfahren, aber wenn wir zu wenig aufwenden, unterliegen wir geistigem Sinken.

RUHIGSTELLEN WIE EIN RUHIGER OZEAN

Wenn es keine Wellen hat und der Wind nicht bläst, bleibt ein Ozean vollkommen ruhig. Wenn unser Geist von den

Wellen der Ablenkung befreit wurde, sollten wir einsgerichtet auf dem Meditationsobjekt bleiben, ohne irgendwelche geistige Bewegung.

RUHIGSTELLEN WIE EIN KLEINES KIND, DAS EINEN TEMPEL BESTAUNT

Wenn ein Kind die verschiedenen Kunstwerke anschaut, die die Wände eines Tempels zieren, prüft es sie nicht im Detail, sondern es genügt ihm ein oberflächlicher Eindruck. Wir sollten zu Beginn unserer Schulung in Ruhigem Verweilen auf gleiche Weise mit einer groben Wahrnehmung des Meditationsobjektes zufrieden sein. Wenn wir danach streben, zu Beginn eine zu detaillierte oder zu deutliche Wahrnehmung zu gewinnen, wird dies viele Ablenkungen entstehen lassen und schließlich wird das Objekt ganz verlorengehen. Später jedoch, wenn wir mit dem Objekt vertrauter geworden sind, können wir versuchen, ein genaueres Bild davon zu gewinnen, so wie ein Erwachsener, der Tempelfresken betrachtet, die feinen Details studieren wird.

RUHIGSTELLEN WIE DIE SPUR EINES VOGELS AM HIMMEL

Wenn ein Vogel durch die Luft fliegt, hinterläßt seine Bewegung keine Fährte, und deshalb gibt es keine Spur, der man folgen könnte. Wenn während unserer Meditation ablenkende Gedanken entstehen, sollten wir ihnen genausowenig folgen, sondern sie ohne Spur vorüberziehen lassen, indem wir unseren Geist einsgerichtet auf dem Meditationsobjekt halten.

RUHIGSTELLEN WIE FEINER BAUMWOLLFADEN

Baumwollfaden von höchster Qualität hat zwei Eigenschaften: er ist weich und glatt und er ist sehr reißfest. Wenn wir uns in Ruhigem Verweilen schulen, sollte unser Geist sich wohl fühlen und entspannt sein, und trotzdem sollte er mittels Achtsamkeit stark ans Meditationsobjekt gebunden sein.

Wenn wir uns in Ruhigem Verweilen schulen, indem wir den oben gegebenen Anweisungen folgen, werden wir ganz natürlich durch alle neun Stufen des geistigen Verweilens fortschreiten. Haben wir einmal die ersten drei erlangt, können wir ohne Schwierigkeiten durch den Rest hindurchgehen. Die Erlangung jeder Stufe hängt davon ab, daß wir die vorangegangene Stufe gemeistert haben, und deshalb sollten wir stetig und Schritt für Schritt praktizieren.

Nachdem wir die neunte Stufe des geistigen Verweilens erlangt haben und wir mühelos und ohne zu schwanken auf das Meditationsobjekt gerichtet bleiben können, müssen wir durch verschiedene Zustände geistiger und körperlicher Geschmeidigkeit hindurchgehen, bevor wir den eigentlichen Zustand des Ruhigen Verweilens erreichen. Auf der neunten Stufe werden wir einen ganz besonderen, wohltuenden Wind erfahren, der durch unser Scheitelkanalrad fließt. Die Bewegung dieses Windes wird eine große geistige Geschmeidigkeit herbeiführen, und unser Geist wird vollständig frei von Unwohlsein werden, er wird äußerst flexibel und entzückt sein, jede Art von tugendhafter Handlung auszuüben. Schließlich wird dieser Wind durch unseren Körper fließen und dadurch eine große körperliche Geschmeidigkeit hervorrufen. Infolgedessen wird unser Körper sehr beweglich sein und sich wohl fühlen, und wir werden es sehr leicht finden, tugendhafte Handlungen auszuüben. Er wird sehr leicht erscheinen, und wir werden das Gefühl haben, als könnten wir beinahe fliegen. Diese Erfahrung von Leichtigkeit und Freiheit führt zu einem intensiven Gefühl von Glückseligkeit körperlicher Geschmeidigkeit. Infolge dieser Erfahrung wird der Geist eine unverrückbare Glückseligkeit geistiger Geschmeidigkeit erlangen. Wenn wir einmal diese Glückseligkeit geistiger Geschmeidigkeit erlangt haben, haben wir den eigentlichen Zustand des Ruhigen Verweilens erreicht. Dieser Zustand besitzt solch außerordentliche geistige Klarheit, daß wir uns fühlen, als ob wir alle Atome der Welt zählen könnten!

Der Geist des Ruhigen Verweilens ist kein Geist des Begierdebereiches, sondern eine Konzentration des Formbereiches. Unsere Konzentration wird so kraftvoll, daß alle Erscheinungen außer dem Meditationsobjekt vollständig verschwinden, während wir meditieren. Weil in diesem Fall der Geist selbst das Meditationsobjekt ist, nehmen wir, wenn wir uns in die Konzentration begeben, nichts anderes wahr als den Geist. Wir haben das Gefühl, unser stofflicher Körper sei verschwunden und daß wir innerhalb der glückseligen Natur unseres Geistes, frei von irgendeiner äußeren Erscheinung oder irgendeines inneren begrifflichen Gedankens, verweilen.

Nachdem wir die unerschütterliche Kontrolle über unseren Geist erlangt haben, werden wir durch die Kraft unserer Konzentration auch die Kontrolle über unsere Verblendungen gewonnen haben. Selbst wenn wir uns aus der Meditation erheben und einmal mehr die gewöhnlichen Erscheinungen der Sinnenwelt wahrnehmen, werden wir es deshalb sehr schwierig finden, von attraktiven Objekten angezogen oder von unattraktiven Objekten abgestoßen zu werden. Selbst wenn wir angegriffen werden, werden wir es schwierig finden, Wut zu entwickeln. Auf gleiche Weise werden auch die anderen Verblendungen wie Neid und so fort ihre Kraft verlieren, unseren Geist zu verschmutzen. Auch wenn es stimmt, daß wir die Kraft haben werden, Verblendungen in unserem Geist am Entstehen zu hindern, haben wir sie jedoch noch nicht vollständig ausgemerzt. Wir können dies nur durch eine direkte Realisation von Leerheit, der endgültigen Natur der Wirklichkeit, erreichen. Mit der einsgerichteten Konzentration des Ruhigen Verweilens haben wir die Fähigkeit, eine tiefe Erfahrung von jedem Objekt zu gewinnen, weil unser Geist von allen Ablenkungen begrifflichen Denkens befreit ist. Wenn wir jetzt unseren Geist in einsgerichteter Konzentration auf Leerheit richten, werden wir somit fähig sein, Leerheit mit großer Deutlichkeit und Durchdringung wahrzunehmen. Durch die Kraft dieser Realisation von Leerheit werden wir schließlich die Wurzel aller Verblendungen durchtrennen können und vollständige Befreiung von Leiden erlangen.

Es gibt zwei Pfade, denen wir folgen können, nachdem wir Ruhiges Verweilen erlangt haben: der irdische Pfad und der überirdische Pfad. Indem wir dem irdischen Pfad folgen, können wir Wunderkräfte wie Hellsicht und Wiedergeburt in Götterbereichen erlangen. Obschon diese Erlangungen bemerkenswert sind, haben sie keine wirkliche Bedeutung, verglichen mit den Resultaten, die wir erreichen, wenn wir dem überirdischen Pfad der Meditation über Leerheit folgen. Dieser Pfad führt zu vollständiger persönlicher Befreiung und der vollen Erleuchtung der Buddhaschaft. Wenn wir zum Beispiel Entsagung entwickelt haben – den Gedanken, Samsara definitiv zu entfliehen – und unser Geist des Ruhigen Verweilens kontinuierlich über Leerheit, das Fehlen von inhärenter Existenz, meditiert, werden wir schließlich den Zustand eines Feindzerstörers oder Nirvana erlangen. Wenn wir die Motivation von Bodhichitta erzeugen und den Schulungen des Mahayana folgen, werden wir in der Lage sein, selbst die subtilsten geistigen Behinderungen zu beseitigen und dadurch Buddhaschaft zu erlangen.

Da wir uns hier in Ruhigem Verweilen als Teil der Mahamudra-Praxis schulen und da Mahamudra eine Mahayana-Praxis ist, sollten wir Ruhiges Verweilen, haben wir es einmal erlangt, verwenden, um die Realisationen von Entsagung, Bodhichitta und der korrekten Sicht der Leerheit zu entwickeln und zu vollenden.

Meditation über Leerheit

WIE MAN DIE SICHT VON LEERHEIT DURCH MEDITATION SUCHT

Dieser Abschnitt hat drei Teile:

1. Wie man über die Selbstlosigkeit von Personen meditiert
2. Wie man über die Selbstlosigkeit von Phänomenen meditiert
3. Diejenigen, die ein fehlerloses Verständnis der endgültigen Sicht sowohl von Sutra als auch von Tantra wünschen, von der Notwendigkeit überzeugen, Nagarjunas Urtext über den Mittleren Weg und seine Kommentare anzuhören, darüber nachzudenken und zu meditieren

Wie man über die Selbstlosigkeit von Personen meditiert hat drei Teile:

1. Das Objekt der Verneinung identifizieren
2. Wie das Objekt der Verneinung widerlegt wird
3. Wie man sich während dem meditativen Gleichgewicht und der nachfolgenden Erlangung in Leerheit schult

DAS OBJEKT DER VERNEINUNG IDENTIFIZIEREN

Wie zuvor erwähnt, ist Leerheit eine nichtbestätigende Verneinung, die die bloße Abwesenheit von inhärenter Existenz ist. Ein negatives Phänomen ist ein Phänomen, das nur vom Geist realisiert werden kann, der ein Objekt der Verneinung verneint. Im Fall von Leerheit ist das Objekt der Verneinung inhärente Existenz. Somit ist Leerheit einfach nur

Khädrub Tendzin Tsöndru

eine Abwesenheit oder Nichtexistenz von inhärenter Existenz. Um Leerheit korrekt zu realisieren, müssen wir zuerst ihr Objekt der Verneinung, inhärente Existenz, klar identifizieren und es dann mit unserem Geist verneinen, indem wir seine Nichtexistenz realisieren. Die meisten Mißverständnisse über Leerheit entstehen aus dem Mißerfolg, ihr Objekt der Verneinung klar zu identifizieren. Andere Begriffe, die benützt werden, um das Objekt der Verneinung von Leerheit zu bezeichnen, umfassen «wahre Existenz», «natürliche Existenz», «Existenz aus sich selbst heraus» und «Existenz mittels eigener Merkmale».

Im allgemeinen gibt es zwei Arten von Leerheit oder Selbstlosigkeit: Selbstlosigkeit von Personen und Selbstlosigkeit von Phänomenen, die keine Personen sind. Wenn wir über die Selbstlosigkeit von Personen meditieren, ist das Objekt der Verneinung das inhärent existierende Ich. Um die Selbstlosigkeit von Personen zu realisieren, müssen wir somit zuerst das inhärent existierende Ich klar identifizieren, und dann müssen wir es widerlegen, indem wir seine Nichtexistenz mit logischen Argumenten begründen. Es ist wichtig, sich daran zu erinnern, daß wir das inhärent existierende Ich nicht aus der Existenz vertreiben, indem wir es widerlegen, weil es gar nie existiert hat; es ist besser, einfach die Überzeugung zu gewinnen, daß etwas, was zu existieren scheint, überhaupt nicht existiert.

An dieser Stelle könnten Zweifel aufkommen: «Wenn das Selbst oder das Ich, welches das Objekt der Verneinung ist, tatsächlich nicht existiert, wie kann es dem Geist erscheinen?» Um diesen Zweifel zu entkräften, müssen wir erkennen, daß etwas nicht tatsächlich existieren muß, nur weil es unserem Geist erscheint. Zum Beispiel leiden einige Leute unter einem beeinträchtigten Sehvermögen, was dazu führt, daß sie schwebende Haare im Raum vor sich sehen; wir würden aber nicht sagen, daß solche schwebenden Haare tatsächlich existieren, nur weil sie ihrem Geist erscheinen. Indem wir über Beispiele wie dieses nachdenken, können wir verstehen, wie ein inhärent existierendes Ich dem Geist erscheinen kann, obwohl es absolut nichtexistierend ist.

Um das Objekt der Verneinung zu widerlegen, müssen wir zuerst ein deutliches und lebendiges allgemeines Bild des inhärent existierenden Ichs gewinnen, das normalerweise unserem Geist erscheint. Wenn wir auf dieser Stufe danach streben, dieses allgemeine Bild zu gewinnen, sollten wir uns nicht damit beschäftigen, ob das inhärent existierende Ich, das unserem Geist erscheint, tatsächlich existiert oder nicht, sondern wir sollten uns einfach darauf konzentrieren, ein möglichst deutliches Bild davon zu gewinnen.

Es ist wichtig, das wirkliche Ich, das bloß durch Vorstellung zugeschrieben ist und existiert, vom inhärent existierenden Ich, das durch den am Selbst festhaltenden Geist vorgestellt ist und überhaupt nicht existiert, zu unterscheiden. Das letztere ist das Objekt der Verneinung der Leerheit von Personen. Jedes Ich, das nicht bloß durch Vorstellung zugeschrieben ist, ist ein inhärent existierendes Ich, und was wir zu erlangen suchen, ist ein allgemeines Bild dieses Ichs, das aus sich selbst heraus zu existieren scheint.

Wir fangen unsere Sitzung an, indem wir eine starke Entschlossenheit erzeugen, das inhärent existierende Ich klar zu identifizieren. Wir versuchen uns dann ein Bild des inhärent existierenden Ichs in Erinnerung zu rufen. Um dies zu tun, hilft es, sich Situationen vorzustellen oder sich in Erinnerung zu rufen, wo wir in großer Gefahr sind, so zum Beispiel wenn wir am Rande einer steilen Klippe stehen, oder wenn wir verlegen sind, provoziert oder angegriffen werden. Dann untersuchen wir, wie das Ich in solchen Zeiten unserem Geist erscheint. Wir werden entdecken, daß auf der einen Seite unser Geist ist und auf der anderen Seite, und diesem Geist lebhaft erscheinend, zeigt sich ein «Ich», das gänzlich aus sich selbst heraus zu existieren scheint, unabhängig vom Geist. Das auf diese Weise erscheinende Ich ist das inhärent existierende Ich, das Objekt der Verneinung. Wir sollten versuchen, es so klar wie möglich wahrzunehmen.

Wenn wir das Objekt der Verneinung einmal identifiziert haben, sollten wir es nicht sofort widerlegen, indem wir seine Nichtexistenz feststellen, sondern sollten innehalten, um folgendes zu überlegen:

> *Das ist genau das Ich, von dem ich immer gedacht habe, es existiere, das Ich, das ich seit anfangsloser Zeit geschätzt und beschützt habe. Wenn mich jemand lobt oder mir schmeichelt, ist es dieses Ich, das ich schätze, wenn ich denke: «Ja, das ist wahr.» Und wenn andere unfreundlich mit mir sprechen oder mich beleidigen, ist es dieses Ich, das ich beschütze, wenn ich denke: «Wie können sie es wagen, mir solche Dinge zu sagen!»*

Wenn man uns schmeichelt und Stolz entsteht, oder wenn wir beleidigt werden und Wut entsteht, ist es gewöhnlich nicht das bloß durch Vorstellung zugeschriebene Ich, das wir wahrnehmen, sondern dieses lebendig erscheinende Ich, das aus sich selbst heraus zu existieren scheint. Bis wir eine gewisse Erfahrung von Leerheit erlangt haben, halten wir in der Tat an diesem inhärent existierenden Ich fest – dem Objekt der Verneinung –, wann immer wir über uns selbst nachdenken oder uns auf uns selbst beziehen.

Nachdem wir uns das inhärent existierende Ich auf diese Weise in Erinnerung gerufen haben, sollten wir denken:

> *Bis jetzt habe ich geglaubt, daß dieses Ich tatsächlich existiert und habe es entsprechend geschätzt und beschützt; aber ich habe es nie genau überprüft und nachgeschaut, ob es tatsächlich existiert oder nicht.*

Es genügt nicht, sich bloß Unterweisungen anzuhören oder Bücher über Leerheit zu lesen; wir müssen die Wahrheit für uns selbst entdecken, indem wir eine genaue Untersuchung durchführen, um nachzusehen, ob das inhärent existierende Ich, das wir für so lange Zeit geschätzt und beschützt haben, tatsächlich existiert oder nicht. Dazu müssen wir uns auf die nachfolgende Methode verlassen.

WIE DAS OBJEKT DER VERNEINUNG WIDERLEGT WIRD

Die Methode, die Nichtexistenz des inhärent existierenden Ichs festzustellen, ist eine logische Analyse, die aus drei Stufen besteht:

1. Der essentielle Punkt, sich der Durchdringung zu vergewissern
2. Der essentielle Punkt, sich der Abwesenheit der Einheit zu vergewissern
3. Der essentielle Punkt, sich der Abwesenheit der Verschiedenheit zu vergewissern

Indem wir diese dreifache Untersuchung durchführen, werden wir das Objekt der Verneinung schlüssig verwerfen können, indem wir realisieren, daß das inhärent existierende Ich überhaupt nicht existiert.

DER ESSENTIELLE PUNKT, SICH DER DURCHDRINGUNG ZU VERGEWISSERN

Im allgemeinen ist alles, was existiert, entweder eins, so wie ein Baum, oder verschieden, so wie ein Messer und eine Gabel. Da nichts beides sein kann und nichts keines von beiden sein kann, gibt es keine dritte Möglichkeit. Wenn wir dies auf die vorliegende Materie anwenden, werden wir sehen, daß das inhärent existierende Ich, das unserem Geist lebhaft erscheint, wenn es denn existiert, entweder eins sein muß mit den Anhäufungen oder verschieden von den Anhäufungen; es gibt keine dritte Möglichkeit. Wenn wir dies genau erkennen, werden wir unsere Suche nach dem inhärent existierenden Ich mit Vertrauen durchführen können und zu der klaren Entscheidung kommen, daß es überhaupt nicht existiert. Wenn wir zum Beispiel nach einem Fisch in unserem Zimmer suchen, können wir, bevor wir unsere Suche anfangen, feststellen, daß er entweder innerhalb oder außerhalb des Aquariums sein muß; es gibt keine dritte Möglichkeit. Wenn wir dann an beiden Orten nachschauen und wir keinen Fisch finden können, können wir sicher sein, daß kein Fisch in unserem Zimmer ist.

DER ESSENTIELLE PUNKT, SICH DER ABWESENHEIT DER EINHEIT ZU VERGEWISSERN

Wenn das Ich eins mit den Anhäufungen wäre, dann gäbe es fünf Ichs, so wie es fünf Anhäufungen gibt, oder aber so wie das Ich eins ist, wären die Anhäufungen eins. Da keines von beiden zutrifft, können wir mit Sicherheit schließen, daß das Ich nicht eins mit den Anhäufungen ist.

DER ESSENTIELLE PUNKT, SICH DER ABWESENHEIT VON VERSCHIEDENHEIT ZU VERGEWISSERN

Wenn das Ich von den Anhäufungen verschieden wäre, dann würde das Ich zurückbleiben, selbst wenn alle Anhäufungen verschwänden, was ganz klar unmöglich ist. Wenn außerdem das Ich von den Anhäufungen verschieden wäre, dann wäre es, wenn wir krank sind, absurderweise unangebracht zu denken: «Ich bin krank», weil es nur eine unserer Anhäufungen, unser Körper, ist, die krank ist. Es wäre weitaus angebrachter zu sagen: «Mein Körper ist krank.» Ganz ähnlich gäbe es, wenn wir sterben, keinen Grund zu denken: «Ich sterbe», sondern wir sollten denken: «Mein Körper stirbt.» Wenn zum Beispiel eine Kuh sterben würde, würden wir nicht denken, ein Pferd stirbt, weil eine Kuh und ein Pferd ganz verschiedene Wesenheiten sind. Das gleiche gilt, wenn das Ich und die Anhäufungen verschieden wären. Warum sollten wir denken: «Ich sterbe», wenn es tatsächlich nur die Anhäufungen sind, die hinscheiden? Um ein anderes Beispiel zu verwenden, wenn jemand einen schönen Körper hat, wäre es für ihn ganz falsch zu denken: «Ich bin schön», weil es in Wirklichkeit nur sein Körper ist, der schön ist. Indem wir über diese Punkte nachdenken, gelangen wir zu der klaren Schlußfolgerung, daß es kein von den Anhäufungen veschiedenes Ich gibt.

Wenn wir einmal klar realisiert haben, daß das inhärent existierende Ich weder eins mit den Anhäufungen noch verschieden von den Anhäufungen ist und daß es keine dritte Möglichkeit gibt, werden wir daraus mit Sicherheit schließen können, daß ein inhärent existierendes Ich, das nicht von den Anhäufungen abhängt, überhaupt nicht existiert. Wir werden mit anderen Worten das Objekt der Verneinung, das inhärent existierende Ich, vollständig widerlegt haben. Wo früher unserem Geist ein lebhaft erscheinendes Ich erschien, das scheinbar aus sich selbst heraus existierte, erscheint jetzt eine Leerheit, die die Nichtexistenz dieses Ichs ist. Diese Leerheit oder dieses Fehlen von inhärenter Existenz ist unser Meditationsobjekt und wir richten uns einsgerichtet darauf.

Zu Beginn sollten wir nur für kurze Zeitspannen über diese Leerheit meditieren und, wenn unsere Vertrautheit wächst, die Dauer unserer Meditation allmählich ausdehnen. Durch die Kraft dieser Praxis werden wir das Gefühl bekommen, daß das Ich, das am Anfang unserer Meditation so lebhaft erschien, das Ich, das wir für so lange Zeit geschätzt und beschützt haben, verlorengegangen ist und überhaupt nicht existiert. Wenn dies geschieht, haben wir eine gewisse tatsächliche Erfahrung von Leerheit erlangt.

Um uns zu helfen, diese Meditation besser zu verstehen, können wir die folgende Analogie betrachten. Ein Mann, der in der Dämmerung über ein Feld geht, stößt im Gras plötzlich auf eine Rolle eines gesprenkelten Seiles, und da er es fälschlicherweise für eine Schlange hält, schreckt er vor Angst zurück. Obwohl eine Schlange seinem Geist lebhaft erscheint, existiert diese nicht aus sich selbst heraus und kann durch Untersuchung nicht gefunden werden, denn weder die Seilrolle als ganzes noch irgendein Teil von ihr ist eine Schlange. Die Schlange ist bloß eine Projektion des Geistes, die durch Denken in Abhängigkeit vom Seil zugeschrieben wird. Alle Phänomene werden auf genau gleiche Weise lediglich durch Denken zugeschrieben wie die Schlange in dieser Analogie. Zum Beispiel wird das Ich in Abhängigkeit von den Anhäufungen lediglich durch Denken zugeschrieben. Wenn wir das Ich suchen, werden wir es niemals finden, weil weder die Ansammlung der Anhäufungen noch irgendeine einzelne Anhäufung das Ich ist. Das Ich existiert nicht im geringsten aus sich selbst heraus. Existierende Phänomene wie das Ich unterscheiden sich von der Schlange insofern, als sie gültige Zuschreibungen sind, aber es gibt keinen Unterschied vom Standpunkt aus, daß sie lediglich durch Denken zugeschrieben werden.

Weil das Seil im Zwielicht gesehen wird, wird in der Analogie ein Geist erzeugt, der eine Schlange festhält, und Angst wird hervorgerufen. Um die Angst zu beseitigen, ist es notwendig, das Festhalten einer Schlange zu beseitigen, indem realisiert wird, daß keine Schlange da ist. Ganz ähnlich erzeugen fühlende Wesen, die ihre Anhäufungen beobachten, in der Dunkelheit ihrer Unwissenheit einen am Selbst festhaltenden Geist, der ein inhärent existierendes Ich festhält. Dieser am Selbst festhaltende Geist ist die Wurzel Samsaras und die Quelle aller Angst. Der einzige Weg, die Ängste Samsaras zu beseitigen, ist, diesen am Selbst festhaltenden Geist zu beseitigen, indem realisiert wird, daß es kein inhärent existierendes Ich gibt.

Es gibt viele andere Analogien, die wir verwenden können, wie zum Beispiel eine Spinne an der Wand zu sehen, wo nur ein Fleck ist, in der Ferne eine Person zu sehen, wo nur ein Steinhaufen ist, oder Angst während eines Filmes zu erzeugen. Indem wir über solche Analogien nachdenken, können wir verstehen, wie das Ich und alle anderen Phänomene bloß durch Denken zugeschrieben werden.

Im allgemeinen scheint alles, was dem Geist eines gewöhnlichen Wesens erscheint, aus sich selbst heraus zu existieren und nicht bloß durch Denken zugeschrieben zu sein. Das ist der Grund, warum die höchste buddhistische Schule, die Schule der Madhyamika-Prasangika, sagt, daß alle Geistesarten gewöhnlicher Wesen fehlerhaft sind. Es ist dieser andauernde Fehler, der für das ganze samsarische Leiden verantwortlich ist. Nur durch regelmäßige Meditation über Leerheit können wir diese fehlerhaften Geisteszustände und die Leiden, die daraus entstehen, überwinden.

Es kann in der Meditation über die Leerheit des Ichs vorkommen, daß wir das Gefühl haben, das Ich vollständig zu verlieren, und infolgedessen verspüren wir unter Umständen Angst. Das ist kein schlechtes Zeichen, sondern ein Hinweis, daß unsere Meditation gut vorangeht. Als Je Tsongkhapa zum Beispiel eines Tages eintausend Schülern eine Abhandlung über Leerheit gab, entwickelte einer der Schüler, ein sehr fähiger Meditierender namens Je Sherab Senge, eine starke Realisation, daß sein Ich nicht aus sich selbst heraus existiert. Da er das Gefühl hatte, sein Ich sei verlorengegangen, wurde er ängstlich und begann, sich fest am Oberteil seiner Bekleidung zu halten, um sich zu vergewissern, daß das konventionelle Ich, das Ich, das bloß durch Denken zugeschrieben ist, existiert. Mit seiner Hellsicht sah Je Tsongkhapa, daß sein Schüler Leerheit realisiert hatte, und lobte ihn entsprechend. Deshalb ist es nicht unbedingt ein schlechtes Zeichen, wenn Angst während der Meditation über Leerheit entsteht. Wenn wir jedoch einmal realisiert haben, daß es kein inhärent existierendes Ich gibt, gibt es im allgemeinen keinen Grund mehr, Angst zu entwickeln. Wie Shantideva im *Leitfaden für die Lebensweise eines Bodhisattvas* sagt:

> Wenn es ein wahrhaft existierendes Ich gäbe,
> Dann wäre es angebracht, sich vor gewissen Dingen
> zu fürchten;
> Da es aber kein wahrhaft existierendes Ich gibt,
> Wer ist da, der Angst haben könnte?

Einige Leute finden vielleicht, daß die hier gegebene Erklärung des Objektes der Verneinung sich von anderen Erklärungen unterscheidet und ihnen sogar zu widersprechen scheint. Wenn solche Zweifel auftauchen, können sie nur beseitigt werden, indem sie mit denjenigen diskutiert werden, die in der Meditation über Leerheit erfahren sind. Es ist schwierig, solche Zweifel durch das geschriebene Wort allein zu beseitigen.

WIE MAN SICH WÄHREND DEM MEDITATIVEN GLEICHGEWICHT UND DER NACHFOLGENDEN ERLANGUNG IN LEERHEIT SCHULT

1. Der Yoga des raumähnlichen meditativen Gleichgewichts
2. Der Yoga der illusionsähnlichen nachfolgenden Erlangung

DER YOGA DES RAUMÄHNLICHEN MEDITATIVEN GLEICHGEWICHTS

Kraft der Analyse der drei essentiellen Punkte werden wir fähig sein, das Objekt der Verneinung, das inhärent existierende Ich, zu widerlegen; und wo vorher dieses Ich unserem Geist lebhaft erschienen ist und aus sich selbst heraus zu existieren schien, dort wird eine Leerheit erscheinen wie leerer Raum, die die Nichtexistenz dieses inhärent existierenden Ichs ist. Zu diesem Zeitpunkt sollten wir denken:

> *Bis jetzt habe ich geglaubt, daß dieses Ich existiert, aber jetzt habe ich entdeckt, indem ich mich auf klare logische Argumente verlassen habe, daß es überhaupt nicht existiert.*

Dann sollten wir unsere Aufmerksamkeit einsgerichtet auf diese raumähnliche Leerheit richten, ohne zu vergessen, daß sie die bloße Abwesenheit des inhärent existierenden Ichs ist.

Wenn wir mit Ruhigem Verweilen über Leerheit meditieren können, wird unsere Realisation von Leerheit immer deutlicher, und schließlich werden wir eine direkte, nichtbegriffliche Realisation von Leerheit erlangen. An diesem Punkt überschreiten wir den Zustand eines gewöhnlichen Wesens und werden ein Höheres Wesen auf dem Pfad des Sehens.

DER YOGA DER ILLUSIONSÄHNLICHEN NACHFOLGENDEN ERLANGUNG

Wenn wir während des meditativen Gleichgewichts einsgerichtet über die raumähnliche Leerheit meditiert haben, die die bloße Abwesenheit des inhärent existierenden Ichs ist, dann wird es uns leichtfallen, den Yoga der illusionsähnlichen nachfolgenden Erlangung auszuüben, wenn wir uns aus der Meditation erheben und uns den Handlungen der Meditationspause widmen.

Während des raumähnlichen meditativen Gleichgewichts versuchen wir jede Erscheinung des inhärent existierenden

Ichs zu verhindern, aber sobald wir uns aus der Meditation erheben, wird diese Erscheinung zurückkehren. Dies geschieht, weil unser Geist durch anfangsloses Festhalten an inhärenter Existenz stark konditioniert worden ist. Durch die Kraft der starken Konzentration auf das Fehlen von inhärenter Existenz, die wir während des meditativen Gleichgewichts erlangt haben, werden wir jedoch realisieren können, daß dieses inhärent existierende Ich, das während der nachfolgenden Erlangung entsteht, nicht existiert. Obschon es unserem Geist lebhaft erscheint, sollten wir die starke Überzeugung bewahren, daß es überhaupt nicht existiert. Wenn ein Magier zum Beispiel die illusorische Erscheinung eines Pferdes kreiert, glaubt er nicht, daß ein wirkliches Pferd vorhanden ist, obwohl ihm ein Pferd erscheint; er betrachtet es ganz einfach als eine Illusion. Obschon uns das inhärent existierende Ich während der nachfolgenden Erlangung erscheint, sollten wir auf gleiche Weise nicht daran glauben, daß es tatsächlich existiert, sondern es einfach als eine Illusion betrachten. Wir sollten versuchen, diesen Gedanken jederzeit aufrechtzuerhalten.

Wenn wir während unserer Sitzung des meditativen Gleichgewichts das inhärent existierende Ich stark aufgelöst haben, dann werden wir während der nachfolgenden Erlangung eine ganz besondere Erfahrung machen. Wenn uns zum Beispiel jemand beleidigt, entsteht normalerweise der Gedanke in unserem Geist: «Diese Person beleidigt mich!» Wie zuvor erklärt, ist das Ich, das dem Geist in diesen Momenten erscheint, ein inhärent existierendes Ich, das aus sich selbst heraus zu existieren scheint. Wenn jedoch unsere raumähnliche Meditation erfolgreich war, werden wir nicht in die Falle gehen und uns damit identifizieren. Wir werden statt dessen denken können: «Warum soll ich mich aufregen? Dieses inhärent existierende Ich existiert nicht.»

Sich aufzuregen, wenn wir beleidigt werden und ähnliches, ist ein Zeichen dafür, daß wir uns mit dem inhärent existierenden Ich identifizieren. Zu solchen Zeiten nehmen wir ein unabhängiges Ich wahr, das nicht von unserem Körper und unserem Geist abhängt, und wir klammern uns sehr fest daran. Wenn jedoch dieses Ich während des raumähnlichen meditativen Gleichgewichts stark widerlegt worden ist, werden wir es nicht stark festhalten, wenn es während der nachfolgenden Erlangung wieder erscheint. Indem wir unseren Griff an diesem Ich lösen, werden wir automatisch Angst, Besorgnis, Frustration und alle anderen unglücklichen Geisteszustände vertreiben können.

Vielleicht tauchen jetzt in unserem Geist Zweifel auf, und wir denken möglicherweise:

Es widerspricht sicher dem gesunden Menschenverstand zu sagen, daß wir in solchen Situationen nicht beleidigt werden?

Obwohl kein Widerspruch vorliegt, ist es ein gutes Zeichen, wenn zuerst ein Antagonismus zu bestehen scheint, weil dies darauf hinweist, daß wir tief über das Thema nachdenken. Der einzige Grund, warum wir einen Widerspruch sehen, ist, daß es uns nicht gelungen ist, die Natur des konventionellen Ichs klar zu verstehen. Wir müssen verstehen, daß das konventionelle Ich nicht das gleiche ist wie das inhärent existierende Ich, welches das Objekt der Verneinung ist. Wenn wir den Anweisungen eines qualifizierten Spirituellen Meisters folgen und tief und für eine lange Zeit über das konventionell existierende Ich nachdenken, werden wir schließlich sehen, daß es bloß durch den Geist zugeschrieben, daß es bloßer Name ist. Wenn wir mit dem bloßen Namen «Ich» zufrieden sind, existiert das Ich und funktioniert; wenn wir aber nach irgend etwas anderem als dem bloßen Namen Ausschau halten, werden wir kein Ich finden. Mit diesem Verständnis können wir einen festen Entschluß fassen: «Ich muß alle Handlungen ausführen, indem ich einfach mit dem bloßen Namen ‹Ich› zufrieden bin.» Wenn wir ein tiefes Verständnis davon gewinnen, daß das Ich lediglich existiert, indem es durch den Geist zugeschrieben wird, werden wir das subtile konventionelle Ich realisiert haben. Wir werden sehen, daß der Gedanke «dem Ich fehlt inhärente Existenz» nicht dem Gedanken widerspricht «das Ich existiert bloß konventionell», und dann werden solche Zweifel, wie der oben erwähnte, nicht mehr länger entstehen. Zu diesem Zeitpunkt werden wir die Vereinigung der zwei Wahrheiten, der konventionellen Wahrheit und der endgültigen Wahrheit, verstanden haben.

WIE MAN ÜBER DIE SELBSTLOSIGKEIT VON PHÄNOMENEN MEDITIERT

Wie oben erwähnt, gibt es zwei Arten von Selbstlosigkeit: Selbstlosigkeit von Personen und Selbstlosigkeit von Phänomenen, die keine Personen sind. So wie das Ich leer von inhärenter Existenz ist, so sind es auch alle anderen Phänomene; und so wie wir einen angeborenen am Selbst festhaltenden Geist haben, der an einem inhärent existierenden Ich festhält, so haben wir auch einen angeborenen am Selbst festhaltenden Geist, der an Phänomenen, die keine Personen sind, als inhärent existierend festhält. Nehmen wir unseren Körper als Beispiel: Wenn er gelobt oder beleidigt wird, klammern wir uns an einen lebhaft erscheinenden Körper, der unabhängig von seinen Teilen wie dem Kopf, dem Rumpf und den Gliedern ist, und wir haben das Gefühl, daß es dieser Körper ist, der gelobt oder beleidigt wird. Wenn unser Körper schwach ist, denken wir: «Mein Körper ist schwach.» Wir denken nicht: «Mein Kopf ist schwach», «Mein Rumpf ist schwach» oder «Meine Glieder sind schwach». Wir nehmen einen lebhaft erscheinenden Körper wahr, der unabhängig von Kopf, Rumpf und Gliedern ist. Wenn ein derartiger Körper tatsächlich auf die Art und Weise existieren würde, wie er erscheint, wäre es ein inhärent existierender Körper. Das ist das Objekt der Verneinung.

Indem wir uns an Situationen erinnern oder sie uns vorstellen, in denen unser Körper gelobt oder beleidigt wird, krank oder in Gefahr ist, sollten wir versuchen, ein so klares Bild wie möglich von diesem lebhaft erscheinenden Körper zu gewinnen. Wir werden sehen, daß es genau dieser Körper ist, den wir normalerweise schätzen und beschützen. Wir sollten dann denken:

Bis jetzt habe ich geglaubt, daß dieser Körper existiert und habe ihn entsprechend geschätzt, aber jetzt bin ich nicht zufrieden damit, einfach zu glauben, daß er existiert; ich muß sorgfältig nachforschen, um zu sehen, ob er tatsächlich existiert oder nicht.

Wenn wir einmal ein klares Bild des inhärent existierenden Körpers besitzen, versichern wir uns der Durchdringung, indem wir einen festen Entschluß fassen, daß, wenn dieser Körper tatsächlich existiert, er entweder eins mit dem Kopf, Rumpf und den Gliedern oder verschieden von ihnen sein muß; es gibt keine dritte Möglichkeit.

Wir schauen dann innerhalb des Kopfes, Rumpfes und der Glieder nach, indem wir sie der Reihe nach untersuchen, um zu sehen, ob sie der Körper sind. Wenn wir auf geschickte Weise nachforschen, werden wir nicht nur entdekken, daß keiner der individuellen Teile der Körper ist – so ist zum Beispiel unser Arm nicht unser Körper –, sondern auch daß die Ansammlung aller dieser Teile nicht der Körper ist. Dieser letzte Punkt ist zuerst nicht leicht zu verstehen. In Wirklichkeit ist die Ansammlung des Kopfes, Rumpfes und der Glieder die Grundlage, worauf der Körper zugeschrieben wird. Unser Körper ist ein zugeschriebenes Phänomen, und diese Ansammlung ist die Grundlage für seine Zuschreibung; deshalb kann die Ansammlung selbst nicht der Körper sein. Wenn sie es wäre, dann wäre der Körper vom Körper abhängig, da der Körper von dieser Ansammlung abhängt; und wenn dies der Fall wäre, wäre ein Körper zwei Dinge, was natürlich absurd ist. Da wir offensichtlich nicht zwei Körper haben, kann die bloße Ansammlung von Kopf, Rumpf und Gliedern nicht der Körper sein, nach dem wir suchen.

Nachdem wir zu einer definitiven Entscheidung gekommen sind, daß der Körper nirgendwo innerhalb der Ansammlung von Kopf, Rumpf und Gliedern gefunden werden kann, sollten wir uns nun überlegen, ob er verschieden von ihnen ist. Dies ist offensichtlich nicht der Fall, denn gäbe es keinen Kopf, Rumpf und keine Glieder, gäbe es keinen Körper.

Da keine weitere Möglichkeit vorhanden ist, können wir jetzt mit Sicherheit schließen, daß der inhärent existierende Körper nicht gefunden werden kann. Wo früher unserem Geist ein derartiger Körper lebhaft erschien, ein Körper, der von sich aus zu existieren schien, unabhängig von seinen Teilen, dort erscheint jetzt eine Leerheit, die die bloße Abwesenheit eines inhärent existierenden Körpers ist. Wie zuvor sollten wir uns einsgerichtet auf diese raumähnliche Leerheit konzentrieren, ohne ihre Bedeutung zu vergessen.

Wenn während der nachfolgenden Erlangung der inhärent existierende Körper wieder erscheint, sollten wir wie zuvor den Yoga der illusionsähnlichen nachfolgenden Erlangung praktizieren. Wir sollten zudem versuchen, den konventionell existierenden Körper auf gleiche Weise zu verstehen, wie wir oben das konventionell existierende Ich verstanden haben.

Wenn wir die Leerheit unseres Ichs und unseres Körpers realisiert haben, indem wir uns auf korrekte Argumente und Analogien verlassen haben, können wir unsere Aufmerksamkeit anderen Phänomenen zuwenden, anderen Personen zum Beispiel, unserem Geist und so fort. Auf diese Weise werden wir zur Realisation gelangen, daß ausnahmslos alle Phänomene leer von inhärenter Existenz und bloß durch Vorstellung zugeschrieben sind.

Dies war nur eine kurze Erörterung der Leerheit. Für ausführlichere Erklärungen sollten wir *Ozean von Nektar* – ein Kommentar zu Chandrakirtis *Leitfaden zum Mittleren Weg* – und *Sinnvoll zu betrachten* – ein Kommentar zu Shantidevas *Leitfaden für die Lebensweise eines Bodhisattvas* – beiziehen. Es genügt nicht, solche Texte bloß zu studieren; wir müssen uns auch aufrichtig auf einen qualifizierten Spirituellen Meister verlassen und präzise gemäß seinen (oder ihren) Anweisungen praktizieren. Nur auf diese Weise sind wir in der Lage, Zweifel zu überwinden und eine tiefe Einsicht in Leerheit, die endgültige Natur aller Phänomene, zu gewinnen.

DIEJENIGEN, DIE EIN FEHLERLOSES VERSTÄNDNIS DER ENDGÜLTIGEN SICHTWEISE SOWOHL VON SUTRA ALS AUCH VON TANTRA WÜNSCHEN, VON DER NOTWENDIGKEIT ÜBERZEUGEN, NAGARJUNAS URTEXT ÜBER DEN MITTLEREN WEG UND SEINE KOMMENTARE ANZUHÖREN, DARÜBER NACHZUDENKEN UND ZU MEDITIEREN

Das Fehlen von inhärenter Existenz ausnahmslos aller Phänomene, das durch die unvergleichlichen Madhyamika-Prasangikas erklärt wird, ist die endgültige Absicht von Buddha, wie er sie in den *Sutras der Vollkommenheit der Weisheit* enthüllte. Außerdem ist sowohl gemäß Sutra als auch Geheimem Mantra die Weisheit der Leerheit die endgültige Sichtweise und somit essentiell für alle Pfade, die zu Befreiung und voller Erleuchtung führen.

Leerheit ist ein subtiles Thema und wird nur von denjenigen mit großer Weisheit voll verstanden. Insbesondere werden Wesen, die intellektuell weniger begabt sind, es sogar schwierig finden, das korrekte Objekt der Verneinung, inhärente Existenz, zu erkennen. Es ist deshalb essentiell, daß wir uns auf authentische Kommentare verlassen, die die Bedeutung von Leerheit enthüllen, wie sie von Buddha in den *Sutras der Vollkommenheit der Weisheit* erklärt wurde. Alle großen buddhistischen Gelehrten und Meditierenden stimmen darin überein, daß authentische Kommentare dieser Art in den Werken des Beschützers Nagarjuna zu finden sind, wie in seinem Urtext *Grundlegende Weisheit des Mittleren Weges* und seinen Autokommentaren wie *Sechzig Begründungen, Siebzig Leerheiten, Fein gewebt* und *Widerlegung von Einwänden.*

Es ist wichtig, sich auf diese Erklärungen zu verlassen, weil die *Sutras der Vollkommenheiten der Weisheit* leicht falsch interpretiert werden können. Zum Beispiel sagen diese Sutras, daß Form leer von Form, Klang leer von Klang ist und so fort, und diese Feststellungen werden oft fälschlicherweise so verstanden, als ob sie bedeuten würden, daß Form nicht Form sei, daß Form nicht existiere und so fort. Nagarjuna erklärt jedoch ganz klar, daß die eigentlich beabsichtigte Bedeutung ist, daß Form leer von inhärent existierender Form ist. Somit können wir anhand Nagarjunas Erklärung verstehen, daß Leerheit nicht absolute Nichtexistenz ist, wie einige behaupten würden, sondern die Abwesenheit von inhärenter Existenz, die vollständig falsche Art der Existenz, an der der am Selbst festhaltende Geist festhält. Nur die Weisheit der Leerheit merzt solche Unwissenheit aus und führt uns zur vollständigen Befreiung von den Ängsten und Leiden Samsaras.

Im tibetischen Buddhismus gibt es vier Haupttraditionen – die Nyingma, Sakya, Kagyü und Gelug – und von Anfang an haben die realisierten Meister jeder dieser Schulen sich auf die Sichtweise von Nagarjuna verlassen. Zum Beispiel sagt der große Nyingma Lama Longchen Rabjampa in seinem *Kommentar zur Schatzkammer der Unterweisungen*, daß Buddhas endgültige Absicht durch den glorreichen Nagarjuna erklärt wurde. Er sagt auch, daß Buddha im *Sutra der großen Trommel* voraussagte, daß Nagarjuna in diese Welt kommen und diese endgültige Sichtweise erläutern würde. Von den vielen Schülern Nagarjunas war es Chandrakirti, der hauptsächliche Befürworter des Madhyamika-Prasangika-Systems, der Nagarjuna fehlerlos interpretierte, und Longchenpa selbst folgte Chandrakirtis Sichtweise. Wenn jemand ein reiner Nyingma-Praktizierender ist, muß er sich deshalb auf dieselbe Weise wie Longchenpa und in der Tat wie der große Padmasambhava auf die Sichtweise von Nagarjuna verlassen.

Die herausragenden Sakya-Meister der Vergangenheit verließen sich ebenfalls auf die Sichtweise von Nagarjuna. Als zum Beispiel der große Ngorchen Kunga Zangpo über die verschiedenen philosophischen Sichtweisen befragt wurde, antwortete er: «Ich weiß nichts über die verschiedenen Sichtweisen, ich studierte nur Nagarjunas Sichtweise des Mittleren Weges. Das ist meine eigene Sicht, weil sie die Essenz des Dharmas ist.» Viele andere Sakya-Meister, wie der ehrwürdige Rendapa, hatten ebenfalls die gleiche Sichtweise. Wenn jemand ein reiner Sakya-Praktizierender ist, muß auch er sich deshalb auf die Sichtweise Nagarjunas verlassen.

Wie aus den Gesängen Milarepas und *Juwelenornament der Befreiung* von Gampopa zu entnehmen ist, folgten auch die großen Kagyü-Meister der Madhyamika-Prasangika-Sichtweise. Auch Je Tsongkhapa, der Gründer der Gelug-Tradition, erläuterte diese Sichtweise und schrieb viele Kommentare zu den Werken Nagarjunas. Wenn deshalb jemand ein reiner Kagyü- oder Gelug-Praktizierender ist, muß auch er sich auf die Sichtweise Nagarjunas verlassen.

Die großen Gelehrten und Meditierenden der Kadampa-Tradition der Überlieferungslinie des indischen Meisters Atisha verließen sich ebenfalls auf diese Sichtweise. Atisha stellte fest, daß Nagarjunas Sichtweise durch Chandrakirti makellos erläutert worden war und daß es die einzige Sichtweise ist, die uns zur Buddhaschaft führen wird. Tatsache ist, daß es für jemanden, der eine Sichtweise hat, die im Gegensatz zu Nagarjunas Sicht steht, keine Chance gibt, Befreiung und Erleuchtung zu erlangen, ganz gleich wie oft er meditiert. Als Atishas Schüler Dromtönpa Atisha seine Erfahrung von Leerheit darbrachte, antwortete Atisha: «Du hast mich sehr glücklich gemacht; du hast die Sichtweise Nagarjunas gefunden.»

Manche Leute denken irrtümlicherweise, daß im Geheimen Mantra eine besondere Sicht der Leerheit präsentiert wird, aber dies ist nicht der Fall. Wie Sakya Pandita sagte:

> Es gibt keinen Unterschied zwischen der im Sutra präsentierten Sicht von Leerheit und der im Geheimen Mantra präsentierten.

Wenn wir aufrichtig daran interessiert sind, auf dem Pfad der Erleuchtung zu reisen, müssen wir deshalb konzentriertes Bemühen aufwenden, um die Sichtweise von Nagarjuna zu verstehen und uns in der Weisheit zu schulen, die das Fehlen von inhärenter Existenz realisiert.

Mit dieser Diskussion des Objektes Leerheit ist die erste große Unterteilung des Mahamudras – das Mahamudra, das die Vereinigung von Glückseligkeit und Leerheit ist – abgeschlossen.

Dorjechang Phabongkha Trinlay Gyatso

Illusorischer Körper

WIE DAS MAHAMUDRA PRAKTIZIERT WIRD, DAS DIE VEREINIGUNG DER ZWEI WAHRHEITEN IST

Es gibt fünf Stufen der Vollendungsstufe, die alle innerhalb der Praxis des Vajrayana-Mahamudras enthalten sind. Es sind: Isolierte Rede, Isolierter Geist, Illusorischer Körper, Klares Licht und Vereinigung. Die letzte Stufe nennt man auch die «Vereinigung, die Lernen braucht», und sie kommt vor der Vereinigung des Nicht-mehr-Lernens, die die Buddhaschaft an sich ist. Da jede dieser Stufen von der vorhergehenden abhängt, müssen wir alle fünf praktizieren, wenn wir volle Erleuchtung erlangen wolle.

Es sollte angemerkt werden, daß es gemäß einer anderen Auflistung sechs Stufen der Vollendungsstufenpraxis gibt, die mit Isoliertem Körper beginnt und dann wie oben weitergeht. So wie es eine Praxis des Isolierten Körpers der Erzeugungsstufe gibt, die der Yoga ist, der die Erscheinung des gewöhnlichen Körpers überwindet, so gibt es eine ähnliche, aber fortgeschrittenere Praxis des Isolierten Körpers der Vollendungsstufe. Der Erfolg in der letzteren hängt davon ab, den früheren Yoga der Erzeugungsstufe praktiziert zu haben.

Gemäß dem hier präsentierten System des Mahamudras ist jede Meditation über den Yoga des Inneren Feuers, die ausgeübt wird, nachdem wir den Isolierten Körper der Vollendungsstufe erlangt haben, im Yoga der Isolierten Rede enthalten. Der Hauptzweck der Meditation über Isolierte Rede ist es, die Kanalknoten beim Herzen zu lockern. Wie weiter oben erklärt wurde, erfährt der Meditierende die vier Leeren, wenn diese Knoten gelockert werden und die Winde in den Zentralkanal beim Herzen eintreten, dort verweilen und sich auflösen. Ein Geist, der irgendeine dieser Leeren durch die Kraft solcher Meditation erfährt, wird ein «Isolierter Geist» genannt, weil er von gewöhnlichen dualistischen Erscheinungen und von groben begrifflichen Gedanken isoliert ist.

Die drei verbleibenden Stufen der Vollendungsstufe werden jetzt unter den folgenden drei Überschriften erklärt:

1. Eine Erklärung der Stufen, den Illusorischen Körper in bezug auf konventionelle Wahrheit zu erlangen
2. Eine Erklärung der Stufen, Sinn-Klares-Licht in bezug auf endgültige Wahrheit zu erlangen
3. Die eigentliche Erklärung des Mahamudras, das die Vereinigung der zwei Wahrheiten ist

Eine Erklärung der Stufen, den Illusorischen Körper in bezug auf konventionelle Wahrheit zu erlangen, hat vier Teile:

1. Wie Schüler, die vier Attribute besitzen, die Bedeutung des Illusorischen Körpers von einem qualifizierten Spirituellen Meister erbitten
2. Wie ein korrektes Verständnis des Illusorischen Körpers von den Unterweisungen des Spirituellen Meisters abhängt
3. Die Grundlage für die Erlangung des Illusorischen Körpers erkennen
4. Der eigentliche Weg, den Illusorischen Körper auf dieser Grundlage zu erlangen

WIE SCHÜLER, DIE VIER ATTRIBUTE BESITZEN, DIE BEDEUTUNG DES ILLUSORISCHEN KÖRPERS VON EINEM QUALIFIZIERTEN SPIRITUELLEN MEISTER ERBITTEN

Der Illusorische Körper ist in der Praxis des Geheimen Mantras von äußerster Wichtigkeit und sollte nur qualifizierten Schülern erklärt werden. In *Fünf Stufen der Vollendungsstufe* listet Nagarjuna vier Attribute auf, die ein Schüler oder eine

Schülerin besitzen sollte. Er oder sie sollte (1) eine Höchste Yoga-Tantra Ermächtigung empfangen haben und eine gewisse Erfahrung der Erzeugungsstufe besitzen; (2) sich in der wahren Bedeutung des Geheimen Mantras schulen und sie praktizieren, und eine Weisheit besitzen, die diese Bedeutung klar wahrnimmt und begreift; (3) die Übungen von Isoliertem Körper, Isolierter Rede und Isoliertem Geist der Vollendungsstufe ausüben und eine gewisse Erfahrung dieser Übungen besitzen; und (4) starke Wertschätzung und Vertrauen haben in den konventionellen Illusorischen Körper, endgültiges Klares Licht und das Mahamudra, das die Vereinigung dieser beiden Wahrheiten ist. Wenn ein solch qualifizierter Schüler oder eine solch qualifizierte Schülerin einmal die Realisation des Isolierten Geistes erlangt hat und in einer Position ist, schnell den Isolierten Geist des endgültigen Beispiel-Klaren-Lichts zu erlangen – nach welchem sofort der unreine Illusorische Körper erlangt werden wird –, sollte er oder sie Unterweisungen über den Illusorischen Körper von einem qualifizierten Spirituellen Meister erbitten. Das ist wichtig, weil die Art und Weise, diesen Körper zu erlangen, sehr subtil ist und der Schüler oder die Schülerin sich deshalb auf einen voll qualifizierten Lehrer verlassen muß.

Wenn der Illusorische Körper nur denjenigen Schülern mit den oben erwähnten Attributen erklärt werden könnte, wären sehr wenige Leute qualifiziert, diese Unterweisungen zu empfangen. Deshalb heißt es, daß ein Spiritueller Meister den Illusorischen Körper auch Schülern erklären kann, die die folgenden vier Attribute besitzen, die Annäherungen an die oben aufgelisteten sind. Er oder sie sollte (1) eine Ermächtigung in Höchstem Yoga-Tantra empfangen haben und sich in der Erzeugungsstufe schulen und sie praktizieren; (2) die Weisheit haben, die wahre Bedeutung der Texte des Geheimen Mantras zu verstehen; (3) sich in den drei Isolationen der Vollendungsstufe schulen und sie praktizieren; und besonders (4) eine starke Wertschätzung und Vertrauen in den Illusorischen Körper, Klares Licht und die Vereinigung dieser zwei Wahrheiten haben.

Chandrakirtis *Klare Lampe der fünf Stufen* und Nagarjunas *Fünf Stufen der Vollendungsstufe* erklären, daß ein Schüler zuerst Verbeugungen vor dem Spirituellen Meister machen, ein Mandala und andere Gaben darbringen und dann die eigentliche Bitte für die Erklärung des Illusorischen Körpers vorbringen sollte. Es ist sehr wichtig, sowohl in diesem Zusammenhang als auch im allgemeinen, geschickt zu sein in der Art und Weise, wie wir unserem Spirituellen Meister Fragen stellen. Wenn unsere Fragen deutlich und präzise sind, können unsere Zweifel sofort beseitigt werden. Da der Illusorische Körper ein derart subtiles Thema ist, ist es für einen gewöhnlichen Schüler oft schwierig, klar danach zu fragen. Deshalb erklärt Aryadeva in *Lampe der zusammengefaßten Taten,* wie diese Fragen gestellt werden sollten. Im folgenden Beispiel sollten wir beachten, wie der Schüler oder die Schülerin beginnt, indem er oder sie darlegt, was er oder sie bereits über das Thema weiß, und erst dann die eigentlichen Fragen stellt. Der Schüler oder die Schülerin nähert sich dem Spirituellen Meister und sagt:

> *Die Praxis des Geheimen Mantras beginnt mit der Erzeugungsstufe, wobei ich gewöhnliche Erscheinung von mir selbst und allen anderen Phänomenen verhindere. Diese wird ausgeführt, indem ich mich selbst in der Form der Gottheit erzeuge und das ganze Universum als das Mandala dieser Gottheit visualisiere. Diese Praxis des Gottheits-Yogas ist jedoch lediglich visualisiert oder vorgestellt, und ich erlange nicht tatsächlich den Körper der Gottheit. Außerdem, auch wenn ich mich selbst während Isoliertem Körper, Isolierter Rede und Isoliertem Geist der Vollendungsstufe als Gottheit erzeuge, erlange ich den eigentlichen Körper der Gottheit nicht, sondern erreiche zu diesen Zeiten nur einen vorgestellten Gottheitskörper. Der eigentliche Körper der Gottheit wird erst erlangt, wenn ich den Illusorischen Körper erlange. Dies ist ein Weisheitskörper, geschmückt mit den zweiunddreißig Hauptzeichen und achtzig Nebenmerkmalen eines voll erleuchteten Wesens. Deshalb sage mir bitte: Wann wird der eigentliche Körper der Gottheit, der Illusorische Körper, erlangt? Was ist die Natur dieses Körpers? Auf welcher*

Grundlage wird er erreicht? Wie wird er erlangt? Was sind seine guten Qualitäten?

WIE EIN KORREKTES VERSTÄNDNIS DES ILLUSORISCHEN KÖRPERS VON DEN UNTERWEISUNGEN DES SPIRITUELLEN MEISTERS ABHÄNGT

In *Klare Lampe der fünf Stufen,* einem Kommentar zu Nagarjunas *Fünf Stufen der Vollendungsstufe,* sagt Chandrakirti, daß der Illusorische Körper, der in Abhängigkeit von den Unterweisungen eines qualifizierten Meisters des Geheimen Mantras erlangt wird, vier Attribute hat: (1) er ist frei von jeder Art gewöhnlicher Erscheinung, (2) er wird nur vom Meditierenden und denjenigen wahrgenommen, die auch den Illusorischen Körper erlangt haben, (3) er ist kein Objekt, das von Logikern, die nicht praktizieren, realisiert wird und (4) er ist der eigentliche Körper der Gottheit, geschmückt mit zweiunddreißig Hauptzeichen und achtzig Nebenmerkmalen. Die Unterweisungen eines qualifizierten Meisters beziehen sich auf die Erklärungen, die in Nagarjunas *Fünf Stufen,* Aryadevas *Zusammengefaßte Taten* und Chandrakirtis *Klare Lampe* enthalten sind. Ohne die Anweisungen zu befolgen, die in diesen drei Texten dargelegt sind, gibt es keine Möglichkeit, daß wir den Illusorischen Körper aus eigener Erfahrung kennen.

Die Methode, den Illusorischen Körper zu erlangen, wurde ursprünglich von Eroberer Vajradhara im *Guhyasamaja-Wurzel-Tantra* erklärt. Da die Worte dieses Tantras Vajra-Worte sind, sind sie sehr schwierig zu verstehen und bedürfen eines genauen Kommentars durch einen qualifizierten Lehrer wie zum Beispiel Nagarjuna, Aryadeva oder Chandrakirti. Alles, was in Nagarjunas Text schwierig zu verstehen ist, wird von Aryadeva und Chandrakirti in ihren Kommentaren geklärt. Außerdem sind die Erklärungen aller drei durch Je Tsongkhapa in seiner *Lampe, die die fünf Stufen gründlich erleuchtet* in eine einzige Gruppe von Unterweisungen zusammengefaßt worden. Ein zusätzlicher Vorteil der Synthese Je Tsongkhapas ist, daß sie die Mißverständnisse hinsichtlich der Übungen der Vollendungsstufe aus dem Weg räumt, die entstanden sind, als verschiedene Gelehrte die indischen Pandits falsch interpretierten.

Nagarjuna sagte, daß es keinen Zweck hat, Sutra oder Geheimes Mantra zu studieren oder zu praktizieren, wenn wir den Illusorischen Körper nicht realisieren, weil Buddhaschaft – das endgültige Ziel allen Studiums und aller Praxis – unmöglich zu erlangen ist, außer wir erlangen den Illusorischen Körper. Um ein Buddha zu werden, müssen wir den Formkörper eines Buddhas erlangen, und die substantielle Ursache des Formkörpers ist der Illusorische Körper. Zum Beispiel können auch noch soviel Erde, Feuchtigkeit, Sonnenlicht oder Dünger keinen Sproß erzeugen ohne einen Samen, der die substantielle Ursache eines Sprosses ist. Auf die gleiche Weise wird es unmöglich sein, Buddhaschaft zu erlangen, ganz gleich wie intensiv wir die Unterweisungen von Sutra und Tantra studieren und über sie meditieren, wenn wir nicht den Illusorischen Körper erlangen. Haben wir andererseits den Illusorischen Körper tatsächlich einmal erlangt, ist es sicher, daß wir die vollkommene Buddhaschaft innerhalb genau dieses Lebens erlangen werden.

Warum ist es notwendig, sich auf die Unterweisungen eines qualifizierten Spirituellen Meisters zu verlassen, um den Illusorischen Körper zu erlangen? Gemäß dem Vollkommenheitsfahrzeug oder Sutra-Mahayana ist ein Bodhisattva auf der zehnten und letzten Ebene ein hoch realisiertes Wesen, das der Erlangung vollkommener Buddhaschaft sehr nahe ist. Gemäß Geheimem Mantra aber ist solch ein Bodhisattva – obwohl hoch realisiert – weit entfernt von der Erlangung der Buddhaschaft, vergleicht man es mit einem oder einer Meditierenden des Geheimen Mantras, der oder die den Illusorischen Körper erlangt hat. Der Grund ist, daß ihm oder ihr immer noch die Vorbedingungen fehlen, um Erleuchtung zu erlangen. Insbesondere fehlt der Illusorische Körper, der nur durch die Praxis des Höchsten Yoga-Tantras, indem man sich auf die Anleitungen eines Vajra-Meisters verläßt, erlangt werden kann. Wenn dies für einen Bodhisattva auf der zehnten Ebene gilt, um wieviel mehr muß es dann für die Hörer und Alleinigen Eroberer Feindzerstörer gelten! Ganz gleich wie fortgeschritten außerdem ein Praktizierender sein mag, er kann den Illusorischen Körper nicht erlangen, indem er sich auf die drei niederen Klassen von Tantra verläßt, weil der Illusorische Körper nur im System des Höchsten Yoga-Tantras erklärt wird.

Es genügt nicht, die Unterweisungen des Höchsten Yoga-Tantras nur zu studieren, wir müssen uns zudem auf einen qualifizierten tantrischen Meister verlassen. Es gibt zwei Unterteilungen des Höchsten Yoga-Tantras, Mutter-Tantra und Vater-Tantra, und der Illusorische Körper wird hauptsächlich im letzteren erklärt – vor allem im *Guhyasamaja-Wurzel-Tantra*. Das *Guhyasamaja-Tantra* ist wie eine Schatzkammer, gefüllt mit kostbaren Juwelen, wie der Erklärung des Illusorischen Körpers und der Erklärung der Vajra-Rezitation; wenn wir diese Juwelen aber nutzen wollen, müssen wir uns zuerst den Schlüssel zu dieser Schatzkammer verschaffen, indem wir uns auf die Werke von Nagarjuna, Aryadeva und Chandrakirti verlassen. Selbst dies genügt jedoch nicht, um uns Zugang zur Praxis des Illusorischen Körpers zu verschaffen, weil wir immer noch große Schwierigkeiten haben würden, die Bedeutung dieser Texte zu verstehen, selbst wenn wir sie lesen könnten. Um diese Texte verstehen und praktizieren zu können, benötigen wir deshalb ferner die Führung und Interpretation eines qualifizierten Vajra-Meisters.

Betrachten wir das folgende Beispiel. In *Fünf Stufen der Vollendungsstufe* sagt Nagarjuna:

> Der Illusorische Körper weilt innerhalb unseres Körpers, aber weil uns Glück fehlt, begreifen wir dies nicht.

Wenn diese Aussage wörtlich genommen würde, ohne weitere Erklärung, bestünde die große Gefahr, ihre Bedeutung falsch zu verstehen und in der Folge eine falsche Praxis auszuführen. Wenn der Illusorische Körper tatsächlich bereits in unserem Körper existieren würde – so könnte man die Bedeutung dieses Zitates verstehen – wäre es überhaupt nicht notwendig, dem Pfad des Dharmas zu folgen. Deshalb kann dies nicht die von Nagarjuna beabsichtigte Bedeutung sein. Wie Je Tsongkhapa erklärte, meinte Nagarjuna, daß der Samen des Illusorischen Körpers in allen Lebewesen existiert, aber zur Zeit werden die Lebewesen daran gehindert, dieses Potential zu kultivieren, weil ihnen Verdienste fehlen.

Das ist nur ein unbedeutendes Beispiel, aber es zeigt, wie nötig es ist, sich auf einen qualifizierten Vajra-Meister zu verlassen. Es genügt nicht, ein intellektuelles Verständnis des Höchsten Yoga-Tantras zu gewinnen; unser Geist muß sich in die eigentlich beabsichtigte Bedeutung auflösen und sich mit ihr vermischen. Somit müssen die Unterweisungen, die wir empfangen, durch eine ununterbrochene Folge von qualifizierten tantrischen Meistern weitergegeben worden sein, die von unserem Spirituellen Meister bis zu Eroberer Vajradhara zurückverfolgt werden kann. Es ist unbedingt notwendig, daß wir die angemessene Ermächtigung sowie die mündlichen Unterweisungen von einem voll qualifizierten Vajra-Meister dieser Art empfangen.

So wie die Vereinigung von Spontaner Großer Glückseligkeit und Leerheit einer der schnellsten und wichtigsten Pfade zur Buddhaschaft ist, so ist es auch der Illusorische Körper. Es ist jedoch viel schwieriger zu erkennen, warum dies für den Illusorischen Körper gilt, als zu erkennen, warum dies für die Vereinigung von Spontaner Großer Glückseligkeit und Leerheit gilt, und dies ist ein weiterer Grund, warum es notwendig ist, sich auf die Anweisungen eines Vajra-Meisters zu verlassen.

Die Funktion der Vereinigung von Spontaner Großer Glückseligkeit und Leerheit ist es, die Behinderungen zur Allwissenheit sehr schnell zu zerstören. Diese Fähigkeit hängt vom Illusorischen Körper ab, weil ein großes Maß an Verdiensten angesammelt werden muß, damit die Vereinigung von Spontaner Großer Glückseligkeit und Leerheit diese Behinderung schnell zerstören kann. Diese Ansammlung von Verdiensten wird durch die Kraft angesammelt, den Illusorischen Körper zu erlangen. Sutra zufolge müssen Verdienste angesammelt werden, indem man das reine Verhalten eines Bodhisattvas für drei zahllose große Äonen befolgt, bevor Erleuchtung erlangt werden kann, aber im Geheimen Mantra können diese Äonen von Verdiensten in einem einzigen Leben angesammelt werden, indem man über den Illusorischen Körper meditiert. Im *Leitfaden zum Mittleren Weg* sagt Chandrakirti, daß alles, was in erster Linie der Erlangung des Formkörpers eines Buddhas dient, eine Ansammlung von Verdiensten ist, und alles, was in erster Linie der Erlangung des Wahrheitskörpers eines Buddhas dient, eine Ansammlung von Weisheit ist. Im Geheimen Mantra ist die schnellste Methode, die größte Menge an Verdiensten anzusammeln, über den Illusorischen Körper zu meditieren, und die schnellste Methode, Weisheit anzusammeln, ist die Vereinigung von Spontaner Großer Glückseligkeit und Leerheit.

Sowohl Sutra als auch Geheimes Mantra sind sich darin einig, daß die Erlangung der Buddhaschaft von der Vollendung dieser zwei Ansammlungen von Verdiensten und Weisheit abhängt. Der Unterschied ist, daß es im Sutra unmöglich ist, diese zwei Ansammlungen innerhalb einer einzigen Meditation anzuhäufen. Gemäß Sutra können wir somit nicht, während wir die Praxis des Ansammelns von Verdiensten ausüben, gleichzeitig mit dem gleichen Geist Weisheit ansammeln; und wenn wir durch einsgerichtete Meditation über Leerheit Weisheit ansammeln, können wir nicht gleichzeitig Verdienste ansammeln. Im Sutra gibt es deshalb keine Praxis der Vereinigung von Methode und Weisheit in einer Meditation. Wenn jedoch der Geist Spontaner Großer Glückseligkeit im Geheimen Mantra einsgerichtet auf Leerheit fixiert ist, sammeln wir sowohl Verdienste als auch Weisheit zur gleichen Zeit an. Diese Meditation umfaßt sowohl Weisheit als auch Methode, und die Untrennbarkeit dieser zwei in einer Meditation ist es, was Geheimes Mantra zum schnellen Pfad zur Erleuchtung macht.

DIE GRUNDLAGE FÜR DIE ERLANGUNG DES ILLUSORISCHEN KÖRPERS ERKENNEN

Der Illusorische Körper ist als der eigentliche Körper der Gottheit definiert, der mit zweiunddreißig Hauptzeichen und achtzig Nebenmerkmalen geschmückt ist und sich aus dem subtilen Wind entwickelt, der den Isolierten Geist des endgültigen Beispiel-Klaren-Lichtes oder den Geist des Sinn-Klaren-Lichtes trägt. Der Illusorische Körper, der sich aus dem Wind entwickelt, der den Isolierten Geist des endgültigen Beispiel-Klaren-Lichtes trägt, ist der unreine Illusorische Körper, und der Illusorische Körper, der sich aus dem Wind entwickelt, der das Sinn-Klare-Licht trägt, ist der reine Illusorische Körper.

Der Unterschied zwischen rein und unrein ist hier dadurch bestimmt, ob der getragene Klare-Licht-Geist das Fehlen inhärenter Existenz direkt realisiert hat oder nicht. Der Illusorische Körper, den wir erlangen, bevor wir Leerheit direkt mit dem Geist der Spontanen Großen Glückseligkeit realisiert haben, ist der unreine Illusorische Körper, und derjenige, den wir erlangen, nachdem wir Leerheit direkt mit dem Geist der Spontanen Großen Glückseligkeit realisiert haben, ist der reine Illusorische Körper. Während somit der Praktizierende, der den unreinen Illusorischen Körper erlangt hat, noch kein Höheres Wesen des Geheimen Mantras ist, trifft dies hingegen auf den Praktizierenden zu, der den reinen Illusorischen Körper erlangt hat. Daher ist der reine Illusorische Körper dem unreinen Illusorischen Körper weit überlegen.

Im Moment da ein Meditierender oder eine Meditierende den unreinen Illusorischen Körper erlangt, betritt er oder sie die dritte der fünf Stufen der Vollendungsstufe. Aus diesem Grund ist der unreine Illusorische Körper auch bekannt als «der Illusorische Körper der dritten Stufe». Er wird sofort erlangt, nachdem das meditative Gleichgewicht des endgültigen Beispiel-Klaren-Lichtes endet und der erste Geist der umgekehrten Folge – derjenige der schwarzen Naherlangung – entsteht.

Es gibt viele Gründe, warum der Meditierende oder die Meditierende den Illusorischen Körper zu diesem Zeitpunkt erlangt. Erstens hat er oder sie während der Schulung in der Erzeugungsstufe viel Erfahrung damit gewonnen, den Zwischenzustand in den Pfad des Freudenkörpers zu bringen. Außerdem hat er oder sie ausgedehnt das Mischen mit dem Freudenkörper während des Wachzustandes und des Schlafes praktiziert, und hat bereits den Isolierten Geist des endgültigen Beispiel-Klaren-Lichtes durch die Kraft der Yogas der Isolierten Rede (wie die Meditation des Inneren Feuers und die Vajra-Rezitation) erlangt. Die kumulierte Erfahrung all dieser Übungen bewirkt, daß der Illusorische Körper erlangt wird, wenn der Isolierte Geist des endgültigen Beispiel-Klaren-Lichtes endet.

Im allgemeinen ist das bloße intellektuelle Verständnis des Illusorischen Körpers eine Quelle der Ansammlung von Verdiensten. Meditierende des Geheimen Mantras betrachten den Illusorischen Körper als eine immerwährende Quelle der Ermutigung für die Praxis und als ein Objekt, das der Erlangung wahrlich wert ist. Dank der unendlichen Güte Je Tsongkhapas sind die vollkommenen Methoden, durch die Meditierende eine makellose Realisation des Illusorischen Körpers erlangen können, erhalten geblieben. Diese Methoden sind frei von selbst dem geringsten Verfall und sind kristallklar dargelegt. Der Übersetzer Taktsang und der achte Karmapa Mikyö Dorje lobten Je Tsongkhapas Erklärung des Illusorischen Körpers sehr.

Die herausragenden Eigenschaften des Illusorischen Körpers können nicht genug betont werden. Heutzutage lassen sich manche Leute begeistern durch Geschichten von Wunderkräften, aber in Wirklichkeit sind Kräfte wie Levitation und Hellsicht relativ leicht zu erlangen. In Indien gibt es zum Beispiel viele Magier mit derartigen Kräften, aber sie sind in der Gesellschaft nicht sehr angesehen. Die Leute schauen ihnen auf die gleiche Weise zu, wie die Menschen im Westen fernsehen: zur Unterhaltung. Das Publikum mag wohl Geld bezahlen, um zu sehen, wie ein Magier seine Tricks ausführt, aber es denkt nicht: «Möge ich so werden wie dieser Magier!» Solche Illusionisten werden weder respektiert noch bewundert, sondern werden oft von der Polizei und anderen Menschen schlecht behandelt. Der Illusorische Körper hingegen ist ein vollständig transzendierendes Phänomen. Wenn wir ihn einmal erlangt haben, werden die höchsten und reinsten Wunderkräfte natürlich und mühelos in uns entstehen. Daher sind wir vom Glück äußerst begünstigt, daß wir in diesen degenerierten Zeiten immer noch Zugang haben zu unverdorbenen Unterweisungen über den Illusorischen Körper.

In Nagarjunas *Fünf Stufen der Vollendungsstufe* gibt es drei Verse, die die Grundlage erklären, auf der man den Illusorischen Körper erlangt. Zuerst sagt Nagarjuna, daß fühlende Wesen nicht freiwillig, sondern durch Ursachen und Bedingungen in Samsara geboren werden, und daß die Hauptursache dafür der Geist des Klaren Lichtes ist, der die vierte Leere oder das ganz leere Klare Licht ist. Zweitens, obwohl das ganz leere Klare Licht für gewöhnliche Wesen die Ursache der Gefangenschaft in Samsara ist, ist es für vollendete Yogis die Ursache des Illusorischen Körpers und infolgedessen der vollkommenen Erleuchtung. Drittens gibt es niemanden, der die Leiden Samsaras erfährt, außer dem Ich, das in Abhängigkeit vom sehr subtilen Geist und seinem assoziierten Wind durch Denken bloß zugeschrieben ist. Eine Untersuchung dieser drei Feststellungen wird zeigen, daß diese klar die Grundlage demonstrieren, auf der der Illusorische Körper erlangt wird.

Es heißt, daß das ganz leere Klare Licht die Ursache für die Wiedergeburt in Samsara und daher für alles Leiden ist, weil die Wiedergeburt von der vorangegangenen Zwischenzustands-Existenz und diese wiederum vom ganz leeren Klaren Licht eines vorausgehenden Todes abhängt. Dies widerspricht in keiner Weise der Behauptung im Sutra, daß Samsara durch Festhalten am Selbst verursacht wird. Das unterscheidende Merkmal des Geheimen Mantras ist die Unterweisung, daß der verblendete Geist des Festhaltens am Selbst von seinem groben tragenden Wind abhängt. Dieser grobe Wind entwickelt sich aus einem subtilen Wind, der sich wiederum aus dem sehr subtilen Wind entwickelt, der den ganz leeren Geist des Klaren Lichtes trägt. Das ist der Grund für die erste Feststellung, daß das ganz leere Klare Licht die Ursache der Wiedergeburt für gewöhnliche Wesen ist.

Während das ganz leere Klare Licht bewirkt, daß gewöhnliche Wesen mit einem verunreinigten Körper in Samsara wiedergeboren werden, bewirkt es für vollendete Yogis, daß sie den Körper einer Gottheit, den Illusorischen Körper, innerhalb des Mandalas dieser Gottheit erlangen. Ohne diesen Geist des Klaren Lichtes und seinen tragenden Wind zu benützen, gäbe es für diese Yogis keine Möglichkeit, den Illusorischen Körper zu vollenden. Deshalb ist es ihre Praxis, das ganz leere Klare Licht durch die Kraft des Yogas der Isolierten Rede, das heißt durch die Meditation über Inneres Feuer, wahrzunehmen. Schließlich verwandelt sich dieser Geist des Klaren Lichtes in den Geist des Illusorischen Körpers, und sein tragender Wind verwandelt sich in den Illusorischen Körper. Damit ist Nagarjunas zweite Feststellung ein klarer Hinweis darauf, daß der sehr subtile Wind, der den ganz leeren Geist des Klaren Lichtes trägt, die Grundlage ist, auf der der Illusorische Körper erlangt wird.

Die dritte Feststellung, die den Erfahrenden von Leiden betrifft, weist darauf hin, daß die hauptsächlichen ständig verweilenden Grundlagen, auf denen das Ich zugeschrieben wird, der sehr subtile Geist und sein tragender Wind sind, während der grobe Körper und Geist vorübergehende Grundlagen der Zuschreibung sind. Damit wird nicht ein zugeschriebenes Ich verneint, das auf den groben stofflichen Körper und Geist zugeschrieben wird. Tatsächlich gibt es zwei Arten von Körper: den groben Körper und den subtilen Körper. Der grobe Körper ist ein vorübergehender Körper, und der sehr subtile Wind ist der Körper des ständig verweilenden Kontinuums.

Der grobe menschliche Körper ist vorübergehend, weil er aus der Vereinigung von Sperma und Eizelle unserer Eltern erzeugt wurde und zur Todeszeit zurückgelassen werden muß. Der subtile Körper des ständig verweilenden

Kontinuums andererseits stirbt nie. Die Wärme von erwärmtem Wasser ist, um eine Analogie zu verwenden, vorübergehend, aber die Nässe des Wasser ist nie vom Wasser selbst getrennt; wo immer es Wasser hat, gibt es Nässe. Auf gleiche Weise ist der ständig verweilende Körper – der sehr subtile Wind – nie getrennt vom ständig verweilenden Selbst. Wir waren weder in der Vergangenheit je von ihm getrennt, noch werden wir in der Zukunft je von ihm getrennt sein. Da dieser Körper der sehr subtile Wind ist, hat er die Natur von Leichtigkeit und Bewegung. Der vorübergehende grobe Körper ist wie das Haus, in dem dieser ständig verweilende Körper vorübergehend wohnt. Zur Todeszeit verläßt dieser sehr subtile Körper seine vorübergehende Behausung und geht in ein anderes Leben, so wie Reisende ein Hotel verlassen und zum nächsten weiterziehen.

DER EIGENTLICHE WEG, DEN ILLUSORISCHEN KÖRPER AUF DIESER GRUNDLAGE ZU ERLANGEN

Um den Illusorischen Körper zu erlangen, müssen wir fähig sein, den subtilen und groben Körper durch die Kraft der Meditation zu trennen. Es gibt Zeiten, in denen sich diese zwei Körper auf natürliche Weise trennen – so beim Tod und vorübergehend im Schlaf – aber, da dies nicht durch die Kraft der Meditation geschieht, führt es nicht zur Erlangung des Illusorischen Körpers. Vollendete Yogis jedoch können die zwei Körper im Wachzustand durch die Kraft der Vollendungsstufenmeditation trennen. Solange wir dazu nicht in der Lage sind, können wir unseren subtilen Körper nicht in den Illusorischen Körper, den eigentlichen Körper der Gottheit, umwandeln.

Es gibt zwei hauptsächliche Methoden, den groben und subtilen Körper durch die Kraft der Meditation zu trennen. Die erste ist die Bewußtseinsübertragung (Tib. po wa), wie es in den Sechs Yogas von Naropa erklärt wird. Hier isoliert der Praktizierende den sehr subtilen Wind und den von ihm getragenen Geist und schießt diese dann durch den Scheitel seines Kopfes hinaus. Diese Methode stützt sich auf gewisse Visualisationsübungen und das Halten der Vasenatmung und wird immer wieder wiederholt, bis Zeichen der Vollbringung stattfinden. Es ist keine sehr schwierige Praxis, aber sie wird hier nicht erklärt, weil sie nicht dabei hilft, den Illusorischen Körper zu erlangen, obwohl sie zur Trennung der zwei Körper führt.

Die Trennung des groben und subtilen Körpers auf eine Weise, die zur Erlangung des Illusorischen Körpers führt, ist abhängig davon, die acht Zeichen von der luftspiegelungsähnlichen Erscheinung bis zum Klaren Licht in fortlaufender Folge zu verwenden. Diese Zeichen sollten auf ihrer tiefsten und stärksten Ebene erfahren werden, damit sie uns so lebhaft erscheinen, wie sie es tun, wenn wir sterben. Es geschieht manchmal, daß Meditierende diese acht Zeichen nur oberflächlich erfahren, und, ohne sich der verschiedenen Ebenen dieser Erfahrung bewußt zu sein, irrtümlich denken, daß sie den wirklichen Isolierten Geist des endgültigen Beispiel-Klaren-Lichtes erlangt haben. Wenn sich diese Meditierenden aus dem meditativen Gleichgewicht erheben, glauben sie fälschlicherweise, sie hätten den eigentlichen Körper der Gottheit erlangt, und wenn sie wieder in das meditative Gleichgewicht des Klaren Lichtes eintreten, haben sie das Gefühl, sie hätten die eigentliche Vereinigung der zwei Wahrheiten erlangt. Danach glauben sie, bloß weil ihr Geist klarer geworden ist, sie hätten Buddhaschaft erlangt. In Wirklichkeit hat jedoch nichts davon stattgefunden.

So wie verschieden karätiges Gold wegen der unterschiedlichen Reinheit einen unterschiedlichen Wert hat, so haben die verschiedenen Ebenen der Erfahrung des Klaren Lichtes einen unterschiedlichen Wert. Um den eigentlichen Illusorischen Körper erlangen zu können, müssen wir zuerst den Isolierten Geist des endgültigen Beispiel-Klaren-Lichtes erlangen, und um dies erfolgreich zu tun, müssen wir vertraut werden mit den verschiedenen Ebenen oder Abstufungen der Erfahrung des Klaren Lichtes, indem wir die angemessene Meditation immer wieder ausführen.

Haben wir einmal den Isolierten Geist des endgültigen Beispiel-Klaren-Lichtes durch die Kraft der Meditation erlangt, wird der Yoga dieses Isolierten Geistes direkt bewirken, daß sich der grobe und subtile Körper trennen. Da es normalerweise das ganz leere Klare Licht des Todes ist, das die Trennung dieser Körper verursacht, müssen wir, wenn wir wünschen, daß diese Trennung vor dem Tod stattfindet, in der Lage sein, den Isolierten Geist des endgültigen Beispiel-Klaren-Lichtes durch Praktizieren der Vollendungsstufe zu erlangen. Dies hängt von der Erlangung der Isolierten Rede durch den Yoga des Inneren Feuers oder den Yoga der Vajra-Rezitation ab. Diese zwei Yogas sind indirekt dafür verantwortlich, daß sich die zwei Körper trennen. Die Yogas des Inneren Feuers und der Vajra-Rezitation können aber nicht von sich aus bewirken, daß sich der ganze durchdringende Wind in den unzerstörbaren Tropfen beim Herzen auflöst, und deshalb können sie uns nur zur Erlangung des Isolierten Geistes des nichtendgültigen Beispiel-Klaren-Lichtes führen. Wenn wir endgültiges Beispiel-Klares-Licht vor dem Tod erlangen wollen, müssen wir uns auf eine Handlungs-Mudra verlassen.

Wenn fähige Praktizierende sich aus dem Isolierten Geist des endgültigen Beispiel-Klaren-Lichtes erheben, tun sie es mit derselben Motivation, mit der sie sich aus dem Wahrheitskörper während der Praxis der Mischungen mit dem vollständigen Freudenkörper erheben: den Illusorischen Körper zum Wohle aller Lebewesen zu erlangen.

Die Natur des Illusorischen Körpers kann man verstehen, wenn man über die zwölf folgenden Vergleiche nachdenkt, die Aryadeva im *Weisheits-Vajra Kompendium* aufzählt. In diesem Text steht, daß der Illusorische Körper ist wie: (1) eine Illusion, (2) eine Spiegelung des Mondes im Wasser, (3) der Schatten des Körpers, (4) eine Luftspiegelung, (5) ein Traum, (6) ein Echo, (7) eine Stadt von Zwischenzustandswesen (wörtlich «Geruchsfressern»), (8) eine Manifestation, (9) ein Regenbogen, (10) ein Blitz, (11) eine Luftblase im Wasser und (12) eine Reflexion in einem Spiegel. Die Erklärung dieser Vergleiche lautet wie folgt:

(1) *Eine Illusion* – Eine illusorische Person, die von einem Magier kreiert wurde, scheint eine reale Person mit Gliedern und so fort zu sein, aber sie ist in Wirklichkeit bloß eine Erscheinung des Geistes, heraufbeschworen durch die Kraft von Zauberformeln und dergleichem. Ganz ähnlich ist der Illusorische Körper, obwohl er mit Gliedern und so fort ausgestattet ist, in Wirklichkeit bloß von der Natur des subtilen Windes und dem von ihm getragenen Geist. Wenn wir Buddhaschaft erlangen, ist es nicht unser grober Körper, der zum Formkörper eines Buddhas wird. Wenn wir den Illusorischen Körper erlangen, gewinnen wir einen neuen Körper, der verschieden ist von unserem groben Körper, und es ist dieser neue Körper, der sich in den Formkörper eines Buddhas umwandeln wird. Deshalb heißt es, daß der Illusorische Körper wie eine Illusion ist.

(2) *Eine Spiegelung des Mondes im Wasser* – Es gibt zahllose Teiche, Seen und ähnliches auf der Welt, und in einer klaren Nacht werden alle eine Spiegelung des Mondes zeigen; aber obwohl es viele Spiegelungen gibt, gibt es nur einen Mond, der gespiegelt wird. Auf ähnliche Weise kann ein Yogi, der den Illusorischen Körper erlangt hat, Tausende von verschiedenen Formen ausstrahlen entsprechend den Bedürfnissen fühlender Wesen. Obschon es nur einen Yogi oder eine Yogini gibt, können seine oder ihre Ausstrahlungen zahllose Wesen erreichen. So wie die Spiegelung des Mondes zur gleichen Zeit auf vielen Gewässern erscheint, kann der Yogi oder die Yogini sich außerdem gleichzeitig in vielen Formen manifestieren. Deshalb heißt es, daß der Illusorische Körper wie eine Spiegelung des Mondes ist.

(3) *Der Schatten des Körpers* – So wie der Schatten des Körpers einen Kopf, Arme, Beine und einen Rumpf hat, so hat dies auch der Illusorische Körper; und so wie der Schatten leer von Substanz ist und keine inneren Organe enthält, so gilt das gleiche für den Illusorischen Körper. Innerhalb eines Schattens gibt es keine Hohlräume, und ebenso gibt es keine Hohlräume innerhalb des Illusorischen Körpers. Zu guter letzt wird ein Schatten nicht durch das Zusammentreffen von Sperma und Eizelle der Eltern erzeugt, und das gilt

auch für den Illusorischen Körper. Deshalb heißt es, daß der Illusorische Körper wie der Schatten eines Körpers ist.

(4) *Eine Luftspiegelung* – Es heißt, der Illusorische Körper sei wie ein unzerstörbarer Vajra, weil er frei von Tod ist. Dies bedeutet jedoch nicht, daß der Illusorische Körper ein beständiges Phänomen ist. Er ist unbeständig, weil er sich von Moment zu Moment ändert. Diese Qualität der Unbeständigkeit zeigt das Beispiel einer schimmernden Luftspiegelung, die sich ebenfalls von einem Moment zum nächsten verändert. Deshalb heißt es, daß der Illusorische Körper wie eine Luftspiegelung ist.

(5) *Ein Traum* – Der Traumkörper ist die beste Analogie, um den Illusorischen Körper zu verstehen, weil die Natur, die Substanz und die Ursachen des Traumkörpers denjenigen des Illusorischen Körpers sehr ähnlich sind. Außerdem kann der Traumkörper tatsächlich mit dem Illusorischen Körper vermischt werden, während man das Mischen mit dem Freudenkörper im Schlaf praktiziert. Der Traumkörper ist der einzige Körper, der auf diese Weise mit dem Illusorischen Körper vermischt werden kann und liefert so die beste Illustration der Existenz des Illusorischen Körpers. Der Hauptunterschied zwischen diesen beiden Körpern ist, daß der Illusorische Körper viele ausgezeichnete Qualitäten besitzt, die der Traumkörper nicht hat. Sonst sind sie sich sehr ähnlich.

Wenn wir verstehen, wie der Traumkörper gebildet wird, wie er sich vom groben stofflichen Körper unterscheidet, wie er sich in den stofflichen Körper auflöst, wenn wir aus dem Traumzustand erwachen, und wie er in einem nichtmanifesten Zustand bei uns bleibt, während wir wach sind, können wir verstehen, daß alle diese Dinge auch für den Illusorischen Körper wahr sind. Sowohl der Traumkörper als auch der Illusorische Körper entstehen sofort aus dem ganz leeren Klaren Licht mit der Erscheinung des Geistes der schwarzen Naherlangung der umgekehrten Folge. Sie werden zudem aus der gleichen Substanz gebildet, nämlich dem sehr subtilen Wind. Bescheid zu wissen über den Traumkörper vermittelt deshalb Einsicht in die Natur,

Substanz und die Mittel zur Erlangung des Illusorischen Körpers. Deshalb heißt es, daß der Illusorische Körper wie ein Traum ist.

(6) *Ein Echo* – Ein Yogi oder eine Yogini, der oder die den Illusorischen Körper erlangt hat, kann sich zum Beispiel gleichzeitig als ein Tiger und ein Hund manifestieren. Die Formen dieser Tiere erscheinen dem Yogi oder der Yogini als voneinander und von seiner resp. ihrer eigenen Form verschiedene Wesenheiten. In Wirklichkeit entstehen beide aus dem Yogi oder der Yogini. Obwohl sie Manifestationen sind, scheinen sie für den Yogi oder die Yogini als äußere Dinge zu existieren. Dies ist ähnlich, wie wenn jemand das Echo seiner eigenen Stimme hört. Es scheint, als käme der Klang von außen, während er in Wahrheit seinen Ursprung in der Person selbst hat. Deshalb heißt es, daß der Illusorische Körper wie ein Echo ist.

(7) *Eine Stadt von Zwischenzustandswesen* – Für Zwischenzustandswesen – sie heißen Geruchsfresser, weil sie durch Gerüche genährt werden – scheinen die Städte, die sie bewohnen sofort und auf einmal zu entstehen, und wenn sie enden, scheinen sie in einem einzigen Augenblick zu verschwinden. Auf ähnliche Weise hat ein Yogi oder eine Yogini, der oder die den Illusorischen Körper erlangt hat, das Gefühl, daß sein oder ihr Mandala mit den verbundenen Gottheiten sofort entsteht; und wenn es endet, scheint es ebenfalls in einem Augenblick zu verschwinden. Deshalb heißt es, daß der Illusorische Körper wie eine Stadt von Zwischenzustandswesen ist.

(8) *Eine Manifestation* – Eine Person mag Wunderkräfte haben, sie kann zum Beispiel eine große Anzahl von Tigern manifestieren, aber in Wirklichkeit sind diese nichts anderes als die Person selbst. Wenn auf ähnliche Weise ein Yogi, der den Illusorischen Körper erlangt hat, Manifestationen aussendet, sind alle diese scheinbar zahlreichen Wesen in Wirklichkeit nur der Yogi selbst. Deshalb heißt es, daß der Illusorische Körper wie eine Manifestation ist.

(9) *Ein Regenbogen* – Die Farben eines Regenbogens sind nicht vermischt und der Regenbogen besitzt nicht die Eigenschaft von behinderndem Kontakt. Das gleiche gilt für den Illusorischen Körper. Deshalb heißt es, daß der Illusorische Körper wie ein Regenbogen ist.

(10) *Ein Blitz* – So wie Blitze aus der Mitte von Wolken entstehen, entsteht der Illusorische Körper aus dem alten groben Körper. Deshalb heißt es, daß der Illusorische Körper wie ein Blitz ist.

(11) *Eine Luftblase im Wasser* – So wie eine Luftblase sofort aus dem Wasser selbst entsteht und die Natur von Wasser hat, so entsteht auch der Illusorische Körper sofort aus dem Zustand der Leerheit und hat die Natur von Leerheit. Deshalb heißt es, daß der Illusorische Körper wie eine Luftblase im Wasser ist.

(12) *Eine Reflexion in einem Spiegel* – Wenn eine Person vor einem Spiegel steht, entwickeln sich alle Teile der Spiegelung – der Körper, die Glieder und so weiter – sofort und sind sehr deutlich und klar. Auf die gleiche Weise entwikkeln sich der Illusorische Körper und seine Teile sofort und sind von einer sehr klaren und transparenten Natur. Deshalb heißt es, daß der Illusorische Körper wie eine Spiegelung ist.

In den Sutra-Unterweisungen werden diese zwölf Vergleiche verwendet, um zu zeigen, auf welche Weise allen Phänomenen inhärente Existenz fehlt, aber im Geheimen Mantra werden sie benutzt, um den Illusorischen Körper zu erklären.

Es gibt viele weitere Synonyme für den Illusorischen Körper, die im *Guhyasamaja-Tantra* erwähnt werden, und eine kurze Erklärung einiger von ihnen wird uns helfen, die ausgezeichneten Qualitäten des Illusorischen Körpers zu verstehen.

Der Illusorische Körper wird manchmal als die «Segnung des Selbst» bezeichnet. Hier sollte das «Selbst» als das verstanden werden, was auf den sehr subtilen Wind und Geist zugeschrieben wird, und die «Segnung» sollte als die

Umwandlung dieser Grundlagen der Zuschreibung in den Illusorischen Körper und den Geist des Illusorischen Körpers verstanden werden. Der Begriff «Illusorischer Körper» an sich weist darauf hin, daß der Illusorische Körper ein Körper ist, der wie eine Illusion ist, so wie es in der Liste der zwölf Vergleiche erklärt wird. Der Illusorische Körper ist auch als «konventionelle Wahrheit» bekannt, weil er konventionell und nicht endgültig ist.

Drei weitere Begriffe für den Illusorischen Körper sind der «vollständige Freudenkörper», «Vajrasattva» und «Vajradhara». Dies bedeutet nicht, daß der Illusorische Körper an sich der eigentliche resultierende Freudenkörper, der eigentliche Vajrasattva oder der eigentliche Vajradhara ist, sondern einfach, daß er der Pfad-Freudenkörper usw. ist. Schließlich wird der Illusorische Körper auch «Vajra-Körper» genannt, weil der unreine Illusorische Körper wie der Vajra-Körper ist, während der reine Illusorische Körper der eigentliche Vajra-Körper ist.

Der Nutzen der Erlangung des Illusorischen Körpers wird ebenfalls im *Guhyasamaja-Tantra* sowie in den *Fünf Stufen der Vollendungsstufe* und *Zusammengefaßten Taten* aufgezählt. In diesen Texten steht, daß der Illusorische Körper mit den zweiunddreißig Hauptzeichen und den achtzig Nebenmerkmalen geschmückt ist, daß er ein Objekt der Darbringung für alle Menschen und Götter ist, daß er Reichtum und Besitz mühelos erhalten kann, daß er frei ist von Armut, Krankheit, Alter, Tod, Wiedergeburt und allen Leiden Samsaras und daß er verschiedene Formen zum Wohle anderer manifestieren kann. Der größte Nutzen ist, daß die Person, die den Illusorischen Körper erlangt hat, mit Bestimmtheit Buddhaschaft innerhalb dieses Lebens erlangen wird.

Yongdzin Dorjechang Losang Yeshe

Klares Licht und Vereinigung

EINE ERKLÄRUNG DER STUFEN, SINN-KLARES-LICHT IN BEZUG AUF ENDGÜLTIGE WAHRHEIT ZU ERLANGEN

Diese Erklärung hat drei Unterteilungen:

1. Eine Erklärung der Methode, es zu entwickeln
2. Wie es entwickelt wird, indem man sich auf diese Methode verläßt
3. Der Grund, warum dieses Klare Licht allein als direktes Gegenmittel sowohl gegen intellektuell gebildete als auch angeborene Verblendungen wirkt

EINE ERKLÄRUNG DER METHODE, ES ZU ENTWICKELN

Es heißt, daß die Realisationen eines Meditierenden des Geheimen Mantras auf der Erzeugungsstufe fast gleich sind wie diejenigen eines Sutra-Meditierenden, der die achte Ebene eines Höheren Bodhisattvas erlangt hat, während die Realisationen desjenigen, der den unreinen Illusorischen Körper erlangt hat, fast gleich sind wie diejenigen eines Sutra-Bodhisattvas auf der zehnten Ebene. Im Sutra-System werden wir ein Höheres Wesen, wenn wir Leerheit mit dem groben Bewußtsein direkt realisieren, aber gemäß dem System des Geheimen Mantras werden wir erst ein Höheres Wesen, wenn wir Leerheit mit dem Geist der Spontanen Großen Glückseligkeit direkt realisiert haben. Haben wir den unreinen Illusorischen Körper einmal erlangt, sollten wir deshalb danach streben, die Realisation des Sinn-Klaren-Lichtes zu erlangen, wodurch Leerheit direkt – ohne sich auf ein allgemeines Bild zu verlassen – mit dem subtilsten Geist erkannt wird. Das ist mit «das endgültige Klare Licht zu manifestieren» gemeint.

Die Praxis, die genauen Punkte des eigenen Körpers zu durchdringen durch die Meditation über die Kanäle, Winde und Tropfen – wie in den Yogas des Inneren Feuers und der Vajra-Rezitation – ist nicht genügend kraftvoll, um die Erlangung des Sinn-Klaren-Lichtes herbeizuführen. Deshalb heißt es, diese Meditationen seien abgeschlossen, wenn wir den unreinen Illusorischen Körper erlangen. Zu diesem Zeitpunkt ist es notwendig, entweder der inneren oder der äußeren Methode zu folgen, um Sinn-Klares-Licht zu erlangen. Die innere Methode besteht aus den zwei Übungen, die als «nachfolgende Zerstörung» und «den Körper ganz halten» bekannt sind. Die äußere Methode ist der Yoga, sich auf eine Handlungs-Mudra zu verlassen. Diese drei Übungen werden nun kurz erklärt.

Um die Konzentration der nachfolgenden Zerstörung zu erlangen, visualisieren wir, daß das ganze Universum und alle seine Bewohner zu Licht schmelzen, und stellen uns dann vor, daß sich dieses Licht in uns auflöst. Wir wiederum lösen uns von oben und unten gleichzeitig auf, wie eine Kerze, die an beiden Enden brennt. Allmählich löst sich unser ganzer Körper in den unzerstörbaren Tropfen bei unserem Herzen auf. Mit dieser Auflösung wird der sehr subtile Geist des Klaren Lichtes entstehen und dann halten wir diesen mit einsgerichteter Konzentration.

Wir beginnen mit dieser Methode, indem wir den unreinen Illusorischen Körper als Weisheitswesen visualisieren (im Aspekt unserer persönlichen Gottheit, aber von weißer Farbe), das im Herzen unserer alten Anhäufung von Form weilt. Wenn zum Beispiel unsere persönliche Gottheit Heruka ist, visualisieren wir den Illusorischen Körper als einen weißen Heruka im Herzen unserer alten Anhäufung von Form, die selbst als das blaue Verpflichtungswesen Heruka visualisiert wird.

Als das Verpflichtungswesen Heruka haben wir jetzt den weißen Illusorischen-Körper-Heruka in unserem Herzen. Vom Herzen dieses Illusorischen Körpers gehen unendliche

Strahlen leuchtenden blauen Lichtes aus und durchdringen das ganze Universum und alle seine Bewohner. Dieses Licht reinigt alle Negativität, ganz gleich wie subtil, und bewirkt, daß alle Orte und Wesen zu Licht schmelzen. Dieses Licht löst sich dann im Herzen des Illusorischen-Körper-Heruka auf. Das blaue Verpflichtungswesen-Heruka schmilzt dann gleichzeitig von den Füßen und vom Scheitel her, und dann tut das weiße Weisheitswesen dasselbe. Schließlich ist alles, was übrig bleibt, der unzerstörbare Tropfen.

Wenn wir einmal den Illusorischen Körper erlangt haben, werden wir es sehr leicht finden, alle Winde durch die Kraft dieser Meditation in den unzerstörbaren Tropfen aufzulösen, weil wir die Yogas der Isolierten Rede bereits vollendet haben und unsere Winde sehr subtil und leicht zu kontrollieren sein werden. Als Folge dieser Auflösung werden wir alle acht Zeichen – von der luftspiegelungsähnlichen Erscheinung bis zum Klaren Licht – so lebhaft erfahren, wie wir es tun, wenn wir sterben. Außerdem werden wir jedes dieser acht Zeichen in Verbindung mit Leerheit erfahren. Wenn schließlich das ganz leere Klare Licht entsteht, meditieren wir für eine lange Zeit einsgerichtet über Leerheit. Indem wir diese Meditation immer und immer wieder ausführen, wird unser Geist des ganz leeren Klaren Lichtes Leerheit schließlich direkt realisieren, und wir werden dadurch Sinn-Klares-Licht erlangen.

Die andere innere Methode ist die Konzentration, den Körper ganz zu halten. Gemäß dieser Methode schmilzt der ganze Körper zu Licht, löst sich in Leerheit auf und diese Leerheit wird durch Konzentration gehalten. In dieser Praxis schmilzt das Verpflichtungswesen einfach gleichzeitig von den Füßen und vom Scheitel her in den unzerstörbaren Tropfen, ohne daß zuerst Licht vom Illusorischen Körper ausgesandt wird und das Universum und seine Bewohner aufgelöst werden. Wenn das Licht des sich auflösenden Körpers in den unzerstörbaren Tropfen schmilzt, wird das ganz leere Klare Licht entstehen, und wir benutzen diesen sehr subtilen Geist wie zuvor dazu, einsgerichtet über Leerheit zu meditieren. Dies wird nach wiederholter Praxis wieder zur Erlangung von Sinn-Klarem-Licht führen. Diese zwei inneren Konzentrationen der nachfolgenden Zerstörung und des Körpers ganz Haltens werden auch während der Erzeugungsstufe ausgeführt, aber sie sind zu dieser Zeit weniger kraftvoll.

In der äußeren Methode ist es der Yoga der Handlungs-Mudra, der bewirkt, das sich alle Winde im unzerstörbaren Tropfen auflösen mit dem Ergebnis, daß die acht Zeichen so lebhaft wie beim Tod erscheinen. Wie zuvor sollten diese Zeichen in Verbindung mit der Meditation über Leerheit erfahren werden, damit wir uns, wenn das ganz leere Klare Licht entsteht, mit diesem sehr subtilen Geist für eine lange Zeit einsgerichtet auf Leerheit konzentrieren können. Ein Yogi oder eine Yogini, der oder die Klares Licht in Abhängigkeit von einer Handlungs-Mudra manifestieren kann, wird unerschöpfliche Spontane Große Glückseligkeit und andere innere Realisationen erfahren. Aus diesem Grund sagte Longdöl Lama, daß für einen vollendeten Meditierenden die Handlungs-Mudra wie eine wunscherfüllende Kuh ist, von der wir einen unerschöpflichen Nachschub an Milch erhalten.

WIE ES ENTWICKELT WIRD, INDEM MAN SICH AUF DIESE METHODE VERLÄSST

In den tantrischen Texten steht, daß der Meditierende Sinn-Klares-Licht im Morgengrauen erlangen wird, was auch die Zeit ist, zu welcher Erleuchtung erlangt wird. Zum Beispiel demonstrierte Buddha Shakyamuni, nachdem er in Bodh Gaya unter dem Bodhi-Baum gesessen hatte, am Abend die Art und Weise, alle Maras zu überwinden, trat um Mitternacht in meditatives Gleichgewicht ein und erlangte im Morgengrauen volle Erleuchtung.

Wenn ein Praktizierender oder eine Praktizierende, der oder die den unreinen Illusorischen Körper erlangt hat, immer wieder gemäß den oben erklärten Methoden meditiert, wird er oder sie schließlich Träume und Visionen erhalten, die darauf hinweisen, daß die Erlangung des Sinn-Klaren-Lichtes nahe ist. Wenn diese besonderen Zeichen erscheinen, bringt der Meditierende seinem Spirituellen Meister umfangreiche Gaben dar und strebt danach, ihn zu erfreuen. Um Mitternacht wird dann der Schüler die dritte Ermächtigung – die Weisheits-Mudra Ermächtigung – direkt von seinem Spirituellen Meister erhalten. Tatsächlich hat der Meditierende diese Ermächtigung schon früher erhalten, aber da ihm zu dieser Zeit ein reines Verständnis fehlte, war die Handlungs-Mudra, die damals gegeben wurde, nur eine visualisierte. Jetzt, da der Meditierende kurz davor steht, Sinn-Klares-Licht zu erlangen, ist er qualifiziert, eine wirkliche Handlungs-Mudra und die wirkliche Weisheits-Mudra-Ermächtigung zu empfangen.

Wenn der Yogi oder die Yogini die Handlungs-Mudra umarmt, wird er oder sie die acht Zeichen so lebhaft erfahren wie beim Tod. Wie zuvor erklärt, werden diese Zeichen in Verbindung mit Leerheit erfahren, und wenn das ganz leere Klare Licht Leerheit direkt realisiert, wird der Meditierende gleichzeitig Sinn-Klares-Licht erlangen.

Weil der Isolierte Geist des endgültigen Beispiel-Klaren-Lichtes immer noch eine sehr subtile dualistische Erscheinung hat, ist er nicht in der Lage, Leerheit direkt zu realisieren, aber mit der Erlangung von Sinn-Klarem-Licht im Morgengrauen lösen sich alle subtilen Vorstellungen auf und der Yogi oder die Yogini erlangt eine direkte Realisation von Leerheit. Der oder die Meditierende erlangt dadurch den Geheimen Mantra Pfad des Sehens und wird zu einem Höheren des Geheimen Mantras. Mit der Erlangung von Sinn-Klarem-Licht verschwindet der unreine Illusorische Körper wie ein Regenbogen am Himmel. Weil er auf diese Weise endet, heißt es, daß der unreine Illusorische Körper wie ein Vajra-Körper ist, aber er ist nicht der eigentliche Vajra-Körper. Wenn sich der oder die Meditierende aus dem meditativen Gleichgewicht erhebt, worin Sinn-Klares-Licht erstmals erlangt wurde, entsteht er oder sie in der neuen Form des reinen Illusorischen Körpers.

DER GRUND, WARUM DIESES KLARE LICHT ALLEIN ALS DIREKTES GEGENMITTEL SOWOHL GEGEN INTELLEKTUELL GEBILDETE ALS AUCH ANGEBORENE VERBLENDUNGEN WIRKT

Gemäß dem Vollkommenheitsfahrzeug werden wir zu einem Höheren Bodhisattva auf der ersten Ebene, wenn wir den Pfad des Sehens erlangt haben, indem wir eine direkte Realisation von Leerheit gewinnen. Gemäß Sutra geben wir zudem nur die intellektuell gebildeten Verblendungen auf, während wir uns auf dem Pfad des Sehens befinden. Wir fangen nicht an, die angeborenen Verblendungen aufzugeben, bis wir auf dem Pfad der Meditation sind, und wir geben sie erst vollständig auf, wenn wir die achte Ebene erlangt haben. Gemäß Geheimem Mantra ist jedoch ein Yogi oder eine Yogini, der oder die Sinn-Klares-Licht erlangt hat, in der Lage, beide Arten von Verblendungen gleichzeitig mittels eines Pfades aufzugeben. Wie ist das möglich?

Wer das Sinn-Klare-Licht erlangt hat, hat zuvor ausführlich über den Isolierten Geist des endgültigen Beispiel-Klaren-Lichtes und den unreinen Illusorischen Körper meditiert und hat somit riesige Ansammlungen von Verdiensten und Weisheit zusammengetragen. Wie zuvor erwähnt, wird Weisheit durch die Kraft des Isolierten Geistes des endgültigen Beispiel-Klaren-Lichtes und werden Verdienste durch die Kraft des Illusorischen Körpers angesammelt. Da es durch diese zwei Ansammlungen ermächtigt ist, hat Sinn-Klares-Licht ungeheure Kraft. Es ist diese höhere Kraft, die den Geist des Sinn-Klaren-Lichtes befähigt, beide Arten von Verblendungen gleichzeitig innerhalb einer einzigen Meditation zu zerstören. Diese Fähigkeit ist nur den Übungen das Höchsten Yoga-Tantras eigen.

Wenn der Yogi oder die Yogini aus dem Zustand des Sinn-Klaren-Lichtes herauskommt, entsteht der Geist der schwarzen Naherlangung der umgekehrten Folge. In diesem Moment erlangt er oder sie den reinen Illusorischen Körper und den Pfad der Meditation des Geheimen Mantras. Außerdem hat dieser Yogi oder diese Yogini jetzt intellektuell gebildete und angeborene Behinderungen zur Befreiung aufgegeben und ist deshalb zu einem Geheimen Mantra Feindzerstörer geworden.

Sinn-Klares-Licht hat viele Namen. Sinn-Klares-Licht und Beispiel-Klares-Licht sind als «definitiver Heruka» bekannt, während der interpretierende Heruka diejenige Gottheit ist, die mit einem blaufarbenen Körper erscheint. Sinn-Klares-Licht ist auch als «inneres Dakiniland» bekannt. Von den zwei Arten von Dakiniland, dem äußeren und inneren, wird das äußere, das das Reine Land von Vajrayogini ist, in Abhängigkeit von Übungen der Erzeugungsstufe und das innere in Abhängigkeit von Übungen der Vollendungsstufe erlangt. Die Begriffe «Sinn-Klares-Licht» und «inneres Dakiniland» sind Synonyme.

Ein Yogi oder eine Yogini, der oder die das innere Dakiniland erlangt hat, hat auch das äußere Dakiniland erlangt, weil durch die Kraft der innerlichen Reinigung seines resp. ihres Geistes auch die äußere Umgebung gereinigt wird. Wenn der Geist einmal frei von allen Unreinheiten ist, bleiben keine weiteren unreinen äußeren Erscheinungen mehr übrig. Dies stimmt sowohl gemäß Sutra als auch Geheimem Mantra. Somit ist der Yogi oder die Yogini, der oder die Sinn-Klares-Licht erlangt hat, ins Reine Land von Vajrayogini gegangen. Dieses Reine Land ist kein geographischer Ort, der weit entfernt ist – es kann einfach erreicht werden, indem wir den Übungen der Erzeugungs- und der Vollendungsstufe folgen –, aber so lange unser Geist durch Unreinheiten befleckt ist, sind wir überhaupt nicht in der Lage, es wahrzunehmen. Um dieses Reine Land zu erreichen, ist es deshalb sehr wichtig, Isolierten Körper zu praktizieren und dadurch zu verhindern, daß gewöhnliche Erscheinungen entstehen.

DIE EIGENTLICHE ERKLÄRUNG DES MAHAMUDRAS, DAS DIE VEREINIGUNG DER ZWEI WAHRHEITEN IST

Dies hat zwei Teile:

1. Eine Einführung in die Vereinigung
2. Die Stufen zeigen, wodurch sie allmählich vollendet wird

EINE EINFÜHRUNG IN DIE VEREINIGUNG

Das Mahamudra, das die Vereinigung der zwei Wahrheiten ist, ist auch als «Vereinigung, die Lernen braucht» bekannt. Die Vereinigung des Nicht-mehr-Lernens wird im ersten Moment des Pfades des Nicht-mehr-Lernens erlangt, was der erste Moment der Buddhaschaft ist.

Wie zuvor erwähnt, ist die Vereinigung, die Lernen braucht, die fünfte der fünf Stufen der Vollendungsstufe. Sie hängt von der vierten Stufe ab, die in dem Moment erlangt wird, wo Sinn-Klares-Licht erlangt wird. Dies wiederum hängt von der dritten Stufe ab, die erlangt wird, sobald der unreine Illusorische Körper erlangt wird. Dies hängt von der zweiten Stufe ab – dem Yoga des Isolierten Geistes, und dies hängt von der ersten Stufe ab – dem Yoga der Isolierten Rede, was wiederum davon abhängt, den Yoga des Isolierten Körpers praktiziert zu haben. Somit sind alle fünf Stufen in einer Kette von Ursache und Wirkung miteinander verbunden. Es ist wichtig, die exakte Bedeutung jeder dieser fünf Stufen zu verstehen und sich nicht durch ihre Namen irreführen zu lassen.

Der Begriff «Vereinigung» kann sich auf viele verschiedene Dinge beziehen: die Vereinigung der zwei Wahrheiten, die Vereinigung von Spontaner Großer Glückseligkeit und Leerheit, die Vereinigung von Körper und Geist und so fort. Hier bezieht er sich auf die Vereinigung der zwei Wahrheiten. Auch wenn sie dieselben Namen tragen wie die zwei Wahrheiten von Sutra, sollten diese zwei Wahrheiten nicht auf dieselbe Weise verstanden werden. Gemäß dem Vajrayana-Mahamudra ist der reine Illusorische Körper konventionelle Wahrheit und Sinn-Klares-Licht ist endgültige Wahrheit. Im allgemeinen ist gemäß Sutra jedes Phänomen außer Leerheit eine konventionelle Wahrheit. Weil im Tantra die Meditation über den Illusorischen Körper konventionelle Wahrheiten betont, ist hier der Illusorische Körper unter diesem Namen bekannt. Weil die Meditation über Sinn-Klares-Licht auf ähnliche Weise Leerheit betont, wird es «endgültige Wahrheit» genannt, aber es ist im eigentlichen

Sinne keine endgültige Wahrheit, weil es ein Geist ist, und alle Geistesarten sind konventionelle Wahrheiten. Es ist das Objekt dieses Geistes, das die endgültige Wahrheit ist.

Der Sanskrit-Begriff für Vereinigung ist «Yogananda», wobei «Yoga» zwei und «nanda» gleichzeitig versammelt oder nichtdual bedeutet. Hier bezieht es sich auf die Vereinigung des reinen Illusorischen Körpers und Sinn-Klarem-Licht, und auf die Tatsache, daß diese zwei gleichzeitig innerhalb des Kontinuums einer einzelnen Person zusammenkommen. Ein gewöhnliches Wesen besitzt gleichzeitig einen Körper und einen Geist, und zusammen bilden sie die Grundlage, auf der die Person zugeschrieben wird. Im Falle eines Yogis oder einer Yogini, der oder die die fünfte Stufe erlangt hat, ist sein oder ihr Körper der reine Illusorische Körper und sein oder ihr Geist ist Sinn-Klares-Licht. Diese zwei zusammen sind die Grundlage, auf der die Person dieses Yogis oder dieser Yogini zugeschrieben wird.

DIE STUFEN ZEIGEN, WODURCH SIE ALLMÄHLICH VOLLENDET WIRD

Einige Texte sagen, daß diese Vereinigung erlangt wird, wenn der Geist der weißen Erscheinung der umgekehrten Folge endet, aber dies ist nicht korrekt. Der reine Illusorische Körper entwickelt sich aus dem sehr subtilen Wind, der den Geist des Sinn-Klaren-Lichtes trägt, und er wird automatisch und mühelos in dem Moment erlangt, in dem dieser Geist endet. Somit wird der reine Illusorische Körper im ersten Augenblick des Geistes der schwarzen Naherlangung der umgekehrten Folge erlangt.

Der Illusorische Körper ist ein neuer Körper, und wenn der Yogi oder die Yogini ihn anfangs erlangt, hat er oder sie nicht mehr länger den Geist des Sinn-Klaren-Lichtes. Wie oben erklärt, endet dieser Geist in dem Moment, in dem der Geist der schwarzen Naherlangung der umgekehrten Folge entsteht. In der gleichen Meditationssitzung nimmt der Yogi oder die Yogini die verbleibenden Zeichen der umgekehrten Folge wahr, bis und mit der luftspiegelungsähnlichen Erscheinung. Dann führt er oder sie die Handlungen der nachfolgenden Erlangung aus, immer noch im Besitz des reinen Illusorischen Körpers, der kein Ende hat.

Indem er oder sie sich auf eine der inneren oder äußeren Methoden verläßt, die früher erwähnt wurden, wird der Yogi oder die Yogini danach alle Zeichen der fortlaufenden Folge erfahren, von der luftspiegelungsähnlichen Erscheinung bis und mit dem ganz leeren Klaren Licht. Er oder sie erfährt diese Zeichen in Verbindung mit der Meditation über Leerheit, und wenn das ganz leere Zeichen wahrgenommen wird, manifestiert sich das Sinn-Klare-Licht aufs neue. Zu diesem Zeitpunkt erlangt der Yogi oder die Yogini das Mahamudra, das die Vereinigung der zwei Wahrheiten ist, weil er oder sie den reinen Illusorischen Körper und Sinn-Klares-Licht gleichzeitig versammelt hat. Auch wenn der Yogi oder die Yogini jetzt die Vereinigung, die Lernen braucht, erlangt hat, wird er oder sie sich trotzdem wieder aus dem Sinn-Klarem-Licht erheben. Bevor Buddhaschaft erlangt wird, müssen weitere Übungen ausgeführt werden.

Der Illusorische Körper eines Meditierenden, der manifestes Sinn-Klares-Licht hat, ist als «der Körper der Vereinigung» bekannt. Wenn wir den reinen Illusorischen Körper erlangt haben, können wir auf zwei Arten manifestieren. Eine Möglichkeit ist, verschiedene Aspekte auszustrahlen, um die besonderen Bedürfnisse fühlender Wesen zu befriedigen, und die andere Art ist, daß unser reiner Illusorischer Körper in der Form eines Weisheitswesens in unsere alte Anhäufung von Form eintritt, damit wir fortfahren können, diesen groben Körper anderen zu zeigen und damit nützliche Handlungen auszuführen, wie zum Beispiel den Dharma zu erläutern. Im letzteren Fall ist der grobe Körper wie ein Haus und der reine Illusorische Körper ist wie eine Person, die darin lebt. Um eine andere Analogie zu verwenden, ist der reine Illusorische Körper wie ein kostbares Juwel und die alte Anhäufung von Form ist wie eine Schatztruhe, in der es aufbewahrt wird; obschon jedermann den Behälter, den groben Körper, sehen kann, wissen sehr wenige, daß sich darin ein kostbarer Schatz befindet. Als Nagarjuna den Körper der Vereinigung erlangte, ging er von einem Ort zum andern und lehrte seine zahlreichen Schüler Dharma. Wenn ihn gewöhnliche Wesen sahen, sahen sie nur einen bescheidenen Mönch; sie realisierten nicht, daß innerhalb seines Herzens sein reiner Illusorischer Körper in der Form eines Weisheitswesens weilte. Auch viele andere Spirituelle Meister wie Gyalwa Ensäpa und der große Yogi Dharmavajra erlangten den Körper der Vereinigung. Einer der berühmtesten war Milarepa, der immer noch von Dorf zu Dorf ging, um Essen zu suchen, obwohl seine Erlangung des Körpers der Vereinigung ihn von aller Armut befreit hatte. Sein stofflicher Körper war so ausgemergelt, daß die Leute Mitleid mit ihm hatten und dachten, er sei ein armer Bettler. Als er starb und sein Körper kremiert wurde, erschienen jedoch viele wundersame Zeichen, die seinen großartigen spirituellen Fortschritt bezeugten. Aber selbst diese Zeichen wurden nicht von allen auf die gleiche Weise gesehen; unterschiedliche Leute sahen unterschiedliche Dinge gemäß ihrer eigenen Ebene spiritueller Entwicklung. Wenn Milarepa bloß von einem äußeren Standpunkt aus beurteilt würde, wäre es sehr schwierig zu verstehen, daß er ein voll erleuchtetes Wesen war.

Die alte Anhäufung von Form von jemandem, der den Illusorischen Körper erlangt hat, erscheint anderen in keiner Weise verschieden von der Art und Weise, wie sie aussah, bevor der Illusorische Körper erlangt wurde. Wenn zum Beispiel jemand, den wir für viele Jahre gekannt haben, den Körper der Vereinigung erlangen würde, wären wir nicht fähig, irgendeinen Unterschied in der Erscheinung unseres Freundes festzustellen, außer auch wir hätten den Illusorischen Körper erlangt. In Wahrheit ist jedoch der eigentliche Körper unseres Freundes jetzt der reine Illusorische Körper und sein eigentlicher Geist ist Sinn-Klares-Licht. Nur um anderen zu helfen, die seine gegenwärtige Form nicht wahrnehmen können, behält und zeigt der Meditierende die alte grobe Form.

In *Darbringung an den Spirituellen Meister* wird der Spirituelle Meister in seiner äußeren Form als Mönch visualisiert mit Eroberer Vajradhara bei seinem Herzen und dem Buchstaben

HUM bei dessen Herzen. Diese Visualisation stellt die drei Wesen des Geheimen Mantras dar: die äußere Form ist das Verpflichtungswesen, Vajradhara ist das Weisheitswesen und das HUM ist das Konzentrationswesen. Außerdem ist das Verpflichtungswesen der stoffliche Körper des Spirituellen Meisters, das Weisheitswesen ist sein reiner Illusorischer Körper (sein eigentlicher Körper) und das Konzentrationswesen ist sein Sinn-Klares-Licht (sein eigentlicher Geist). Wenn man diesen Körper der Vereinigung einmal verstanden hat, ist es nicht schwierig, unseren Spirituellen Meister als Buddha zu erkennen.

Resultierendes Mahamudra

WIE DAS MAHAMUDRA VOLLENDET WIRD, DAS DIE RESULTIERENDE VEREINIGUNG DES NICHT-MEHR-LERNENS IST, DER ZUSTAND, DER DIE SIEBEN HERAUSRAGENDEN QUALITÄTEN DER UMARMUNG BESITZT

Die Erklärung der ursächlichen Mahamudra-Meditationen ist jetzt abgeschlossen, einschließlich der Unterweisungen über die Vereinigung, die Lernen braucht. Das Ziel aller Mahayana-Schulungen ist die Erlangung der vollen Erleuchtung: der Vereinigung des Nicht-mehr-Lernens. Dieses resultierende Mahamudra wird jetzt in fünf Teilen dargelegt:

1. Der Ort, an dem Buddhaschaft erlangt wird
2. Die Grundlage, auf der Buddhaschaft erlangt wird
3. Die Art und Weise, wie Buddhaschaft erlangt wird
4. Die guten Qualitäten eines Buddhas
5. Eine Erklärung der Beziehungen der fortlaufenden und umgekehrten Folge

DER ORT, AN DEM BUDDHASCHAFT ERLANGT WIRD

Gemäß dem Geheimen Mantra gibt es drei Orte, an denen Buddhaschaft erlangt werden kann: (1) das Reine Land von Akanishta, (2) der Begierdebereich und (3) ein Ort, der weder Akanishta noch der Begierdebereich ist. In den Mahayana-Sutras wird jedoch behauptet, daß wir nur in Akanishta vollkommene Buddhaschaft erlangen können. Wenn wir daran denken, daß es Buddha Shakyamuni war, der beide Behauptungen aufstellte, stellt sich die Frage, welche als korrekt betrachtet werden soll? Besteht ein Widerspruch zwischen Sutra und Geheimem Mantra? Es

Dorjechang Kelsang Gyatso Rinpoche

liegt kein Widerspruch vor, weil Buddhas Behauptung, daß volle Erleuchtung nur in Akanishta erlangt werden kann, für besondere Schüler gedacht war: für diejenigen, die einen schwachen Geist haben oder denen die Fähigkeit fehlt, die höchste Form des Geheimen Mantras zu praktizieren. Diejenigen jedoch, die Höchstes Yoga-Tantra praktizieren können, lehrte Buddha, daß Buddhaschaft erlangt werden kann, während man sich noch im Begierdebereich befindet. Somit gibt es keine Diskrepanz zwischen diesen beiden Behauptungen; ein Widerspruch scheint nur vorzuliegen, weil sie für Wesen mit unterschiedlicher Kapazität gedacht sind.

Buddhas Unterweisungen des Geheimen Mantras vermitteln seine endgültige Absicht auf gleiche Weise, wie das Madhyamika-Prasangika System seine endgültige Sichtweise vermittelt. Buddha lehrte vier verschiedene philosophische Systeme gemäß den verschiedenen Kapazitäten seiner Schüler, und jedes System wird als Methode für die Realisation von Leerheit dargelegt. Diese vier Systeme scheinen sich zu widersprechen, doch in Wirklichkeit vermitteln sie eine abgestufte Folge der Schulung, wodurch wir schließlich die korrekte Sicht der Leerheit erlangen können. Der einzige Weg zu beweisen, daß das Madhyamika-Prasangika-System endgültig korrekt ist, sind logische Begründungen und die persönliche Erfahrung. Ganz ähnlich erweist sich Geheimes Mantra als die endgültige Methode durch die Tatsache, daß diejenigen, die die Fähigkeit haben, Höchstes Yoga-Tantra zu praktizieren, Buddhaschaft innerhalb eines einzigen Lebens erlangen können. Tatsächlich können wir überhaupt nur durch die Praxis von Höchstem Yoga-Tantra vollkommene Buddhaschaft erlangen.

Gemäß Geheimem Mantra wird Buddhaschaft in Akanishta durch einen Bodhisattva, der die zehnte Ebene durch die Sutra-Pfade des Vollkommenheitsfahrzeuges erreicht hat, erlangt. Solch ein Bodhisattva kann nicht über die zehnte Ebene hinausgehen, ohne die Übungen des Höchsten Yoga-Tantras auszuführen. Weil solch ein Bodhisattva nicht in der Lage ist, Buddhaschaft zu erlangen, ohne die Ermächtigungen von Geheimem Mantra zu empfangen und in die eigentlichen Pfade des Höchsten Yoga-Tantras einzutreten, wird er (oder sie) zu diesem Zeitpunkt diese Ermächtigungen empfangen und dann weitergehen, um Erleuchtung in Akanishta zu erlangen.

Wenn der oder die Praktizierende jemand ist, der oder die den zwei Stufen des Geheimen Mantras von Anfang an gefolgt ist und dabei ist, Erleuchtung in diesem Leben zu erlangen, ist es sicher, daß er oder sie Buddhaschaft innerhalb des Begierdebereiches erlangen wird. Zum Beispiel erlangten die drei früher erwähnten Yogis – Gyalwa Ensäpa, Dharmavajra und Milarepa – alle die Erleuchtung in Tibet.

Schließlich ist der dritte Ort, an dem Buddhaschaft erlangt werden kann, weder Akanishta noch der Begierdebereich. Buddhaschaft wird hier von einem Praktizierenden oder einer Praktizierenden des Geheimen Mantras erlangt, der oder die den Isolierten Geist des endgültigen Beispiel-Klaren-Lichts zum Zeitpunkt des Todes erlangt. Wenn das Klare Licht des Todes endet, wird solch ein Praktizierender oder eine Praktizierende den Illusorischen Körper erlangen, anstatt einen gewöhnlichen Zwischenzustandskörper anzunehmen. Mit diesem Illusorischen Körper – an einem Ort, der weder Akanishta noch der Begierdebereich ist – wird solch ein Bodhisattva Buddhaschaft erlangen.

Es gibt außer diesen drei Arten von Wesen keine andere Art von Wesen, das Buddhaschaft erlangen kann, und keinen anderen Ort, an dem Erleuchtung erlangt werden kann.

DIE GRUNDLAGE, AUF DER BUDDHASCHAFT ERLANGT WIRD

Es gibt drei Bereiche innerhalb Samsaras: der Begierdebereich, der Formbereich und der formlose Bereich. Von allen Wesen des Begierdebereiches können nur Menschen Buddhaschaft innerhalb eines Lebens erlangen, weil nur sie mit den sechs physischen Vorbedingungen ausgestattet sind, den früher aufgelisteten sechs Elementen. Unter den Wesen des Formbereichs kann nur ein Bodhisattva der zehnten Ebene, der in Akanishta weilt, Erleuchtung durch den Pfad des Geheimen Mantras erlangen. Wesen des formlosen

Bereichs können weder durch die Pfade von Sutra noch des Geheimen Mantras zur Erleuchtung fortschreiten.

DIE ART UND WEISE, WIE BUDDHASCHAFT ERLANGT WIRD

Diese Erklärung wird in drei Teilen gegeben, entsprechend den drei oben beschriebenen Arten von Wesen:

(1) Wie Buddhaschaft in Akanishta erlangt wird
(2) Wie Buddhaschaft im Begierdebereich erlangt wird
(3) Wie Buddhaschaft an einem Ort erlangt wird, der keiner von beiden ist

WIE BUDDHASCHAFT IN AKANISHTA ERLANGT WIRD

Es wurde bereits erwähnt, daß eine Person die sechs Elemente, die innerhalb eines menschlichen Körpers gefunden werden, besitzen muß, um Höchstes Yoga-Tantra zu praktizieren. Der Bodhisattva der zehnten Ebene in Akanishta ist jedoch insofern eine Ausnahme, als sein Körper die roten und weißen Tropfen enthält, obwohl er der Körper eines Gottes des Formbereiches ist, und der Bodhisattva deshalb die Spontane Große Glückseligkeit erfahren kann, die in Abhängigkeit von diesen Elementen entsteht. Somit ist er kein gewöhnlicher Gott des Formbereiches.

Wenn ein solcher Bodhisattva auf der zehnten Ebene weilt, versammeln sich die Buddhas der zehn Richtungen rund um ihn und ermutigen ihn, den Pfad des Geheimen Mantras zu betreten. Sie machen ihn darauf aufmerksam, daß seine gegenwärtige meditative Konzentration nicht stark genug ist, um die Behinderungen zur Allwissenheit aufzugeben und ihn zur Erleuchtung zu bringen; nur Sinn-Klares-Licht hat diese Kraft. Sie erweisen ihm dann die Ermächtigung der Weisheits-Mudra und präsentieren ihm eine Handlungs-Mudra. Der Bodhisattva tritt dann mit seiner Gefährtin in die Meditation ein und erfährt die acht Zeichen in Verbindung mit Leerheit, von der luftspiegelungsähnlichen Erscheinung zum ganz leeren Klaren Licht. Wenn sein ganz leeres Klares Licht von Spontaner Großer Glückseligkeit Leerheit direkt realisiert, erlangt der Bodhisattva Sinn-Klares-Licht. Somit ist er insofern eine Ausnahme, als er nicht Erzeugungsstufe oder irgendeine Meditation bis und mit dem unreinen Illusorischen Körper der Vollendungsstufe praktizieren muß, um Sinn-Klares-Licht zu erlangen.

Mit der Erlangung von Sinn-Klarem-Licht betritt der Bodhisattva den Geheimen Mantra Pfad des Sehens und wird zu einem Höheren des Geheimen Mantras auf der vierten Stufe der Vollendungsstufe. Danach, im ersten Moment des Geistes der schwarzen Naherlangung der umgekehrten Folge erlangt er den reinen Illusorischen Körper und betritt den Geheimen Mantra Pfad der Meditation. Wenn er dann das nächste Mal in das meditative Gleichgewicht von Sinn-Klarem-Licht eintritt, wird er die fünfte Stufe der Vollendungsstufe erlangen, die Vereinigung, die Lernen braucht. Schließlich wird er in das meditative Gleichgewicht eintreten, in dem die allerletzten Behinderungen zur Allwissenheit beseitigt werden. Zu diesem Zeitpunkt erlangt er den Pfad des Nicht-mehr-Lernens oder volle Erleuchtung, die resultierende Vereinigung des Mahamudras, die der Zustand ist, der die sieben herausragenden Qualitäten der Umarmung besitzt.

Dieser Weg, Buddhaschaft zu erlangen, ist dem Bodhisattva der zehnten Ebene des Vollkommenheitsfahrzeuges eigen. Er (oder sie) kann auf diesem Weg durch die Kraft der riesigen Ansammlung von Verdiensten und Weisheit, die bereits während zahlloser Äonen auf dem Sutra-Pfad angesammelt wurden, Erleuchtung erlangen.

WIE BUDDHASCHAFT IM BEGIERDEBEREICH ERLANGT WIRD

Die meisten Praktizierenden des Pfades des Geheimen Mantras werden Buddhaschaft im Körper eines Menschen des Begierdebereiches erlangen. Wie zuvor erklärt, hat ein Yogi, der die fünfte Stufe erreicht hat – die Vereinigung, die Lernen braucht –, fast den ganzen Pfad vollendet. Er muß keine neuen Objekte des Wissens mehr realisieren; er muß lediglich die Qualität seiner existierenden Realisationen verbessern. Auf diese Weise wird er die verbleibenden Behinderungen zur Erleuchtung – die Behinderungen zur Allwissenheit – beseitigen und Buddhaschaft erlangen.

Die Behinderungen zur Allwissenheit verhindern, daß der Geist alle Objekte des Wissens direkt und gleichzeitig realisiert. Obschon ein Yogi oder eine Yogini auf der fünften Stufe sehr fortgeschritten ist, hat er oder sie diese Behinderungen noch nicht aufgegeben. Wenn dieser Yogi oder diese Yogini sich in meditativem Gleichgewicht über Leerheit befindet, kann er oder sie nicht gleichzeitig Handlungen ausführen, wie zum Beispiel Unterweisungen zu geben. Mit anderen Worten kann der Yogi oder die Yogini nicht in meditativem Gleichgewicht versunken sein und gleichzeitig Handlungen der nachfolgenden Erlangung ausführen. Ein voll erleuchteter Buddha andererseits hat die Fähigkeit, nützliche Handlungen auszuführen, ohne sich jemals aus der tiefen Meditation über die endgültige Natur der Wirklichkeit zu erheben; dies ist eine der ausgezeichneten Qualitäten eines erleuchteten Wesens. Um solch einen erhabenen Zustand zu erlangen, muß der Yogi oder die Yogini wiederholt in das meditative Gleichgewicht von Sinn-Klarem-Licht eintreten, um all die verbleibenden Behinderungen zur Allwissenheit zu beseitigen. Das ist der Grund, warum die Vereinigung der fünften Stufe die «Vereinigung, die Lernen braucht» genannt wird.

Die Hauptmeditationen für einen solchen Praktizierenden sind die äußere Methode des Yogas der Handlungs-Mudra und die zwei früher beschriebenen inneren Konzentrationen. Der Zweck dieser Übungen ist, alle Behinderungen mittels Sinn-Klarem-Licht auszumerzen. Die Methode, eine Handlungs-Mudra zu umarmen, kann am Beispiel eines Mannes erklärt werden, dessen persönliche Gottheit Heruka ist. Er visualisiert sich selbst als Heruka, der seine Gefährtin Vajravarahi umarmt, und durch die Kraft dieser Umarmung treten alle seine Winde in den unzerstörbaren Tropfen bei seinem Herzen ein, verweilen dort und lösen sich auf. Mit dieser Auflösung erscheinen die acht Zeichen und werden in Verbindung mit Leerheit erfahren. Wenn das ganz leere Klare Licht erscheint, mischt sich sein Geist ununterscheidbar mit Leerheit, wie Wasser, das sich mit Wasser mischt. Auf dieser Stufe kann der erfahrene Yogi im Zustand des ganz leeren Klaren Lichtes bleiben, so lange er dies wünscht. Diese Praxis muß immer wieder ausgeführt werden, bis die vollkommene Buddhaschaft erlangt wird.

Wenn sich der Yogi aus dem meditativen Gleichgewicht des Klaren Lichtes erhebt, wird er die Geistesarten von schwarzer Naherlangung, roter Vermehrung und weißer Erscheinung und so fort erfahren. Mit jedem nachfolgenden Zeichen wird die Natur seines Geistes gröber und gröber werden, bis er schließlich einmal mehr tägliche Handlungen ausführt, wie zum Beispiel Dharma zu erläutern. Während dieser Periode der nachfolgenden Erlangung wird er nicht länger den Geist des Klaren Lichtes besitzen, weil dieser bereits geendet hat, als der Geist der schwarzen Naherlangung entstanden ist. Wann immer er diesen sehr subtilen Geist von neuem manifestieren möchte, muß er entweder wieder in die Meditation mit der Handlungs-Mudra eintreten oder die inneren Konzentrationen ausführen.

Das Klare Licht, das man auf der Ebene der Vereinigung erfährt, ist Sinn-Klares-Licht. Indem dieser Geist benutzt wird, um einsgerichtet über Leerheit zu meditieren, werden allmählich alle neun Ebenen von Behinderungen zur Allwissenheit eliminiert und der Yogi wird schließlich Erleuchtung erlangen. So wie bei Sinn-Klarem-Licht wird diese Erleuchtung im Morgengrauen erlangt werden, dem Symbol des ganz leeren Klaren Lichtes.

Nehmen wir an, daß unsere persönliche Gottheit Heruka ist und daß wir, nachdem wir alle bis jetzt beschriebenen Stufen vollendet haben, heute Zeichen empfangen haben, die darauf hinweisen, daß wir bereit sind, Buddhaschaft zu erlangen. Wir gehen jetzt zu unserem Spirituellen Meister und machen ausgedehnte äußere, innere und geheime Darbringungen. Um Mitternacht wird uns unser Spiritueller Meister in der Form von Heruka erscheinen, und auch alle Buddhas der zehn Richtungen werden es tun. Er wird uns dann die Ermächtigung der Weisheits-Mudra gewähren und uns eine Handlungs-Mudra in der Form von Vajravarahi präsentieren. Durch die Kraft, sie zu umarmen, werden wir die acht Zeichen erfahren, und wenn das ganz leere Klare Licht entsteht, wird sich unser Geist ununterscheidbar mit Leerheit vermischen. Wir werden dann in diesem Zustand meditativen Gleichgewichts bis zum Morgengrauen bleiben.

Während dieser Zeit wird unser Geist des Sinn-Klaren-Lichtes zum direkten Gegenmittel gegen die verbleibenden Behinderungen werden. Dieses Bewußtsein, das unser letzter Geist als ein fühlendes Wesen ist, ist als die «Vajra-gleiche Konzentration des Pfades der Meditation» bekannt. Wenn die Vajra-gleiche Konzentration die allerletzten Behinderungen zur Allwissenheit im Morgengrauen überwindet, werden wir ein voll erleuchtetes Wesen werden. Zu diesem Zeitpunkt wird unser Geist des Klaren Lichtes, der Leerheit realisiert, unzerstörbar und beständig werden; wir werden nie mehr die Geistesarten der schwarzen Naherlangung, roten Vermehrung oder irgendeinen der anderen gröberen Bewußtseinszustände erfahren. Von diesem Zeitpunkt an werden wir ohne Unterbrechung das ganz leere Klare Licht, das Leerheit realisiert, erfahren.

Mit dem vollständigen Aufgeben der Behinderungen zur Allwissenheit im Morgengrauen wird unser Geist von Sinn-Klarem-Licht der resultierende Wahrheitskörper und unser reiner Illusorischer Körper der resultierende Formkörper eines Buddhas werden. Wir werden die Vereinigung des Nicht-mehr-Lernens erlangt haben, den Zustand, der die sieben herausragenden Qualitäten der Umarmung besitzt. Es wird für uns nicht mehr länger ein Unterschied zwischen meditativem Gleichgewicht und nachfolgender Erlangung bestehen; alle Objekte des Wissens werden gleichzeitig innerhalb eines einzigen Geistes in einem einzigen Moment realisiert werden, weil selbst die subtilsten dualistischen Erscheinungen beseitigt worden sind. Unser Geist des Klaren Lichtes wird gleichzeitig alle Objekte des Wissens wahrnehmen, so deutlich wie gewöhnliche Wesen ihr Spiegelbild in einem Spiegel sehen.

WIE BUDDHASCHAFT AN EINEM ORT ERLANGT WIRD, DER KEINER VON BEIDEN IST

In der Diskussion der vier Freuden wurde dargelegt, daß eine Zeit kommen wird, in der ein Meditierender des Geheimen Mantras, der bereit ist, den Isolierten Geist des endgültigen Beispiel-Klaren-Lichts zu erfahren, entweder eine Handlungs-Mudra annehmen und diejenigen Übungen ausführen muß, die bewirken, daß sich der durchdringende Wind in den unzerstörbaren Tropfen beim Herzen auflöst, oder entscheiden muß, eine solche Mudra nicht zu akzeptieren, sondern zu warten bis zum Klaren Licht des Todes, wenn sich alle Winde natürlicherweise dort auflösen. Was im ersten Fall geschieht, wurde bereits beschrieben; der zweite Fall kann jetzt wie folgt erklärt werden.

Wenn solch ein Yogi oder eine Yogini das Klare Licht des Todes erfährt, wird er oder sie den Isolierten Geist des endgültigen Beispiel-Klaren-Lichtes erfahren. Anstatt dann in den Zwischenzustand einzutreten, nachdem dieser Geist des Klaren Lichtes geendet hat, wird ein solcher Yogi oder eine solche Yogini in der Form des Illusorischen Körpers entstehen an einem Ort, der weder Akanishta noch der Begierdebereich ist. Wenn die persönliche Gottheit des Meditierenden Heruka ist, wird die Buddhaschaft in Herukas Reinem Land erlangt werden, wenn es Guhyasamaja ist, dann wird es in Guhyasamajas Reinem Land sein und so fort.

Der von diesem Yogi oder dieser Yogini anfänglich erlangte Illusorische Körper ist der unreine Illusorische Körper, weil er durch die Kraft des Isolierten Geistes des endgültigen Beispiel-Klaren-Lichts entsteht. Mit diesem unreinen Illusorischen Körper übt der Yogi oder die Yogini wiederholt die äußere Methode und die zwei inneren Konzentrationen aus, die früher beschrieben wurden. Durch diese Methoden erlangt der Yogi oder die Yogini schließlich Sinn-Klares-Licht, worauf er oder sie den Geheimen Mantra Pfad des Sehens betritt und ein Höherer des Geheimen Mantras wird. Wenn er oder sie sich aus diesem Sinn-Klaren-Licht erhebt, erlangt er oder sie den reinen Illusorischen

Körper und bald danach die Vereinigung, die Lernen braucht. Von diesem Punkt an bis zur Erlangung der Erleuchtung ist der Pfad derselbe wie derjenige, der oben skizziert wurde.

DIE GUTEN QUALITÄTEN EINES BUDDHAS

Ein Yogi oder eine Yogini, der oder die Erleuchtung erlangt, tut dies in der Form des Vollständigen Freudenkörpers. Dieser heilige Körper, der auch als der «Ur-Buddha» bekannt ist, besitzt die sieben herausragenden Qualitäten der Umarmung:

(1) Der Vollständige Freudenkörper ist mit den zweiunddreißig Hauptzeichen und den achtzig Nebenmerkmalen geschmückt. Diese Zeichen und Merkmale sind die bestimmenden Eigenschaften der Form eines Buddhas, die auf die vielen Arten hinweisen, worin ein erleuchtetes Wesen fühlenden Wesen überlegen ist. Solche Eigenschaften beinhalten die Scheitelerhebung (Ushnisha), die Weisheits-Haarlocke, verlängerte Ohren und andere Zeichen, die die unübertroffenen Qualitäten eines voll erleuchteten Buddhas kennzeichnen. Sie weisen nicht nur darauf hin, daß ein Buddha frei von allen Gefahren und Leiden Samsaras ist und die Behinderungen zur Befreiung und Erleuchtung vollständig aufgegeben hat, sondern auch daß sein (oder ihr) Körper nicht der Degeneration, der Krankheit, dem Altern oder dem Tod unterliegt.

(2) Der Vollständige Freudenkörper umarmt eine Weisheits-Mudra. Das Merkmal, daß sich Vater und Mutter ansehen, symbolisiert, daß Erleuchtung dadurch erlangt wird, daß die Übungen der Umarmung vollendet werden und dabei Spontane Große Glückseligkeit erfahren wird, die über Leerheit meditiert.

(3) Der Geist eines erleuchteten Wesens bleibt immer in einem Zustand Spontaner Großer Glückseligkeit. Dies ist ein weiteres Merkmal der Überlegenheit des Geistes eines Buddhas über den Geist fühlender Wesen.

(4) Die Spontane Große Glückseligkeit eines Buddhas ist immer mit Leerheit vermischt. Ohne sich aus diesem Zustand totaler Versenkung zu bewegen, sieht ein erleuchtetes Wesen alle Objekte des Wissens so deutlich wie eine Glasperle auf der Handfläche. Dies zeigt die erhabene Qualität der Weisheit eines Buddhas.

(5) Der Geist des Großen Mitgefühls eines Buddhas für alle fühlenden Wesen wankt nie. Dieses Merkmal zeigt, daß der Geist eines erleuchteten Wesens unbefleckt von selbst dem geringsten selbstwertschätzenden Gedanken ist und daß ein solches Wesen ausnahmslos allen anderen Wesen Nutzen bringt.

(6) Das Kontinuum des Körpers eines erleuchteten Wesens endet nie. Dies weist darauf hin, daß der unzerstörbare Vajra-Körper erlangt worden ist.

(7) Die Ausstrahlungen eines Buddhas durchdringen das ganze Universum und seine (oder ihre) Handlungen zum Wohle anderer enden nie.

Dies war nur eine kurze Beschreibung des Ur-Buddhas: des Freudenkörper Vajradhara. Wenn all die ausgezeichneten Qualitäten eines solchen Wesens im Detail aufgelistet würden, nähme die Beschreibung viele Seiten ein. Weitere Erklärungen der ausgezeichneten Qualitäten von Körper, Rede und Geist eines Buddhas werden im achten Kapitel von Maitreyas *Ornament klarer Realisationen* und den vielen Kommentaren dazu sowie von Chandrakirti im *Leitfaden zum Mittleren Weg* gegeben. Ein Kommentar zum letzteren kann in *Ozean von Nektar* gefunden werden.

EINE ERKLÄRUNG DER BEZIEHUNGEN DER FORTLAUFENDEN UND UMGEKEHRTEN FOLGE

Indem wir uns auf unseren Spirituellen Meister verlassen, haben wir eine besondere Gelegenheit, durch die Stufen der Mahayana-Praxis fortzuschreiten und die Realisationen von Entsagung, Bodhichitta und der korrekten Sicht von Leerheit zu erlangen. Mit diesem festen Fundament sind wir gut qualifiziert, in die Praxis der Erzeugungsstufe des Geheimen Mantras einzutreten. In Abhängigkeit von der Erfahrung der Erzeugungsstufe haben wir die Gelegenheit, den Isolierten Körper und die Isolierte Rede der Vollendungsstufe zu praktizieren. Durch die Kraft der Vollendung dieser beiden können wir die Praxis des Isolierten Geistes erfolgreich vollenden, und dieser Erfolg befähigt uns, den Illusorischen Körper und Sinn-Klares-Licht zu erlangen. Durch die Kraft von Sinn-Klarem-Licht können wir das Mahamudra erlangen, das die Vereinigung der zwei Wahrheiten ist. Auf der Grundlage dieses Mahamudras werden wir schließlich Buddhaschaft erlangen: die resultierende Mahamudra-Vereinigung, die die sieben herausragenden Qualitäten der Umarmung besitzt. Diese schrittweise Progression von unserem anfänglichen Verlassen auf unseren Spirituellen Meister bis hin zu unserer Erlangung der vollen Erleuchtung ist die Beziehung der fortlaufenden Folge der Stufen des Pfades.

Die Beziehung der umgekehrten Folge ist wie folgt. Die Erlangung der Mahamudra-Vereinigung, die die sieben herausragenden Qualitäten der Umarmung besitzt, hängt davon ab, daß wir zuerst das Mahamudra, das die Vereinigung der zwei Wahrheiten ist, erreichen. Dies wiederum hängt davon ab, daß wir Sinn-Klares-Licht erlangen, was von der vorhergehenden Erlangung des Illusorischen Körpers abhängt. Der Illusorische Körper wird in Abhängigkeit der Erlangung des Isolierten Geistes erreicht und dies wiederum hängt davon ab, die Isolierte Rede und den Isolierten Körper der Vollendungsstufe zu erlangen. Die Erlangung des Isolierten Körpers der Vollendungsstufe hängt davon ab, die Meditationen der Erzeugungsstufe vollendet zu haben und dies hängt von unseren Realisationen der drei hauptsächlichen Pfade ab: Entsagung, Bodhichitta und der korrekten Sicht der Leerheit. Alle diese Vollendungen, von der Erlangung der Buddhaschaft bis hinunter zur Entwicklung von Entsagung, hängen davon ab, uns aufrichtig auf unseren Spirituellen Meister zu verlassen.

Diese beiden Betrachtungsweisen der zusammenhängenden Beziehung zwischen den Stufen des Pfades illustrieren, daß wir dem ganzen Pfad von Sutra und Geheimem Mantra folgen müssen, wenn wir den aufrichtigen Wunsch haben, ein Buddha zu werden. Unser Leben mit einer oder zwei Meditationen zu verbringen, wird uns nicht zur Erleuchtung führen. Wenn wir eine Tasse Tee genießen wollen, genügt es nicht, entweder nur das Wasser, das Teekraut, die Milch oder den Zucker zu haben; wir müssen alle Zutaten zusammen besitzen. Wenn mehrere verschiedene Dinge zusammengebracht werden müssen, damit wir eine einfache Tasse Tee genießen können, um wie viel mehr muß dies gelten, wenn es unser Ziel ist, die höchste Erleuchtung zu erfahren? Es ist unrealistisch zu meinen, daß wir uns nur auf eine oder zwei isolierte Übungen verlassen können.

Dies beschließt die Anleitungen über die resultierende Mahamudra-Vereinigung im besonderen und das Mahamudra des Geheimen Mantras im allgemeinen. Wenn diese Anleitungen von Nutzen sein sollen, sollten sie nicht ein Objekt von bloß intellektuellem Interesse oder Neugier sein; wir müssen sie unter der Führung eines voll qualifizierten Spirituellen Meisters tatsächlich in die Praxis umsetzen.

DIE ABSCHLIESSENDEN STUFEN

In den Unterweisungen der Kadampa-Tradition über den Geist wird dargelegt, daß gewisse besondere Handlungen zu Beginn und am Ende jeder Dharma-Praxis ausgeführt werden sollten. Ganz gleich, was für eine Handlung wir ausführen – sei es zu studieren, zu meditieren, die Praxis des Gebens oder irgend etwas anderes –, es ist wichtig, zu Beginn eine korrekte Motivation aufzubauen und zum Abschluß eine korrekte Widmung auszuführen. Wie man die korrekte Motivation, Bodhichitta, aufbaut, wurde zu Beginn dieses Buches erklärt. Zur korrekten Widmung ist zu sagen, daß es die Funktion dieser abschließenden Praxis ist, sicherzustellen, daß der Reichtum an Tugend, der durch unsere Dharma-Handlungen angesammelt worden ist, wie groß er auch sein mag, nicht verschwendet oder erschöpft, sondern reichlich vermehrt wird. Selbst wenn unsere Ansammlung von Tugend klein ist, kann ihre Frucht groß sein, wenn wir die Widmung richtig ausführen.

Die Ergebnisse verdienstvoller Handlungen hängen stark von der Art und Weise ab, wie wir sie widmen. Wenn unsere zuvor angesammelten tugendhaften Handlungen der Erleuchtung gewidmet werden, werden sie mit Bestimmtheit zur Ursache werden, daß wir vollkommene Buddhaschaft erlangen, wenn sie der persönlichen Befreiung gewidmet werden, werden sie zur Ursache, daß wir Nirvana erlangen, und wenn sie den Vergnügen dieses Lebens gewidmet werden, werden die entsprechenden Ergebnisse folgen. Diese letzte Widmung ist jedoch keine reine Widmung und die Widmung davor ist keine erhabene Widmung. Es ist die erste Widmung, die die reinste und höchste von allen ist. Deshalb sollten wir jede tugendhafte Handlung, die wir ausgeführt haben, und alle Verdienste, die wir durch sie angesammelt haben, der Erlangung der Erleuchtung zum Wohle aller Lebewesen ohne Ausnahme widmen.

Hier sollten wir also alle Tugenden des Gebens und Anhörens von Mahamudra-Unterweisungen, des Lesens von Texten des Mahamudras, des Nachdenkens über die Bedeutung des Mahamudras und des Meditierens über die Stufen der Praxis des Mahamudras der Erlangung des Mahamudras, das die Vereinigung des Nicht-mehr-Lernens ist – der vollkommenen Erleuchtung der Buddhaschaft – zum Wohle aller Lebewesen widmen. Diese Widmung ist äußerst wichtig. Wenn sie korrekt und aufrichtig aus der Tiefe unseres Herzens gemacht wird, wird die dreifache Praxis des Zuhörens, des Nachdenkens und des Meditierens über diese Unterweisungen des Mahamudras sehr bedeutungsvoll und die Quelle Großer Glückseligkeit sein.

Widmung

Wir sollten beten:

Um die Ziele aller Lebewesen zu erreichen,
Möge ich durch diese Tugend schnell
Die sieben herausragenden Qualitäten der Umarmung erlangen:
Einen Formkörper, ausgestattet mit den Hauptzeichen und Nebenmerkmalen,
Der eine Weisheits-Wissens-Gefährtin umarmt,
Einen Geist, der in einem Zustand Großer Glückseligkeit verweilt,
Diese Glückseligkeit realisiert das Fehlen von inhärenter Existenz,
Ein Mitgefühl, das das Extrem des Friedens aufgegeben hat,
Ein ununterbrochenes Kontinuum des Körpers
Und nichtendende erleuchtete Taten.

Möge alles glückverheißend sein.

Anhang I
Die Zusammenfassung der Bedeutung des Textes

DAS MAHAMUDRA DER MÜNDLICHEN ÜBERLIEFERUNGSLINIE DER UNÜBERTROFFENEN TUGENDHAFTEN TRADITION

Die zusammengefaßte Bedeutung oder der Textüberblick von *Das Klare Licht der Glückseligkeit*, einem Kommentar zur Mahamudra-Praxis des Vajrayana-Buddhismus, wurde von Geshe Kelsang Gyatso Rinpoche verfaßt.

Die Zusammenfassung der Bedeutung des Textes

Die Erklärung der Stufen, wie der schnelle Vajrayana-Pfad des Mahamudras der mündlichen Überlieferungslinie der unübertroffenen tugendhaften Tradition praktiziert wird, hat drei Teile:

1. Eine Einführung in die allgemeinen Pfade
2. Die Quelle der Überlieferungslinie, aus der diese Anweisungen abgeleitet wurden
3. Die eigentliche Erklärung der Anweisungen, die diese Überlieferungslinie besitzen

Die eigentliche Erklärung der Anweisungen, die diese Überlieferungslinie besitzen, hat drei Teile:

1. Die vorbereitenden Übungen
2. Die eigentliche Praxis
3. Die abschließenden Stufen

Die vorbereitenden Übungen hat zwei Teile:

1. Die allgemeinen vorbereitenden Übungen
2. Die außergewöhnlichen vorbereitenden Übungen

Die allgemeinen vorbereitenden Übungen hat vier Teile:

1. Der Führer der Zufluchtnahme und des Erzeugens von Bodhichitta, das Tor zum Buddhadharma und zum Mahayana
2. Der Führer der Mandala-Darbringungen, das Tor zur Ansammlung von Verdiensten

3. Der Führer der Meditation und Rezitation des Vajrasattva, das Tor zur Reinigung von Negativität und Übertretungen
4. Der Führer des Guru-Yogas, das Tor zum Empfangen von Segnungen

Die eigentliche Praxis hat drei Teile:

1. Wie das Mahamudra praktiziert wird, das die Vereinigung von Glückseligkeit und Leerheit ist
2. Wie das Mahamudra praktiziert wird, das die Vereinigung der zwei Wahrheiten ist
3. Wie das Mahamudra vollendet wird, das die resultierende Vereinigung des Nicht-mehr-Lernens ist, der Zustand, der die sieben herausragenden Qualitäten der Umarmung besitzt

Wie das Mahamudra praktiziert wird, das die Vereinigung von Glückseligkeit und Leerheit ist, hat zwei Teile:

1. Eine Erklärung der Methode, den Objekt-Besitzer, Spontane Große Glückseligkeit, zu erzeugen
2. Eine Erklärung der Methode, das Objekt, Leerheit, korrekt zu realisieren

Eine Erklärung der Methode, den Objekt-Besitzer, Spontane Große Glückseligkeit, zu erzeugen, hat zwei Teile:

1. Die Durchdringung der genauen Punkte des eigenen Körpers
2. Die Durchdringung der genauen Punkte des Körpers von jemand anderem

Die Durchdringung der genauen Punkte des eigenen Körpers hat vier Teile:

1. Die zehn Tore identifizieren, durch die die Winde in den Zentralkanal gelangen können
2. Der Grund, warum die Winde in den Zentralkanal gelangen können, indem die genauen Punkte durch diese Tore durchdrungen werden

3. Eine Erklärung ihrer verschiedenen Funktionen
4. Eine Erklärung der Stufen der Meditation über Inneres Feuer (Tummo) im besonderen

Eine Erklärung der Stufen der Meditation über Inneres Feuer (Tummo) im besonderen hat zwei Teile:

1. Wie über Inneres Feuer (Tummo) in acht Stufen meditiert wird
2. Eine Erklärung der Praxis der vier Freuden und der neun Mischungen, die auf den acht Stufen basiert

Wie über Inneres Feuer (Tummo) in acht Stufen meditiert wird hat acht Teile:

1. Eine Erklärung des Ausstoßens unreiner Winde und der Meditation über einen hohlen Körper
2. Die Kanäle visualisieren und über sie meditieren
3. Sich in den Pfaden der Kanäle schulen
4. Die Buchstaben visualisieren und über sie meditieren
5. Das Entfachen des Inneren Feuers (Tummo)
6. Das Feuer zum Lodern bringen
7. Bloßes Lodern und Tropfen
8. Eine Erklärung von außerordentlichem Lodern und Tropfen

Eine Erklärung der Praxis der vier Freuden und der neun Mischungen, die auf den acht Stufen basiert, hat zwei Teile:

1. Eine Erklärung der vier Freuden
2. Eine Erklärung der neun Mischungen

Eine Erklärung der neun Mischungen hat drei Teile:

1. Eine Erklärung der Mischungen während des Wachzustandes
2. Eine Erklärung der Mischungen während des Schlafes
3. Eine Erklärung der Mischungen während des Todes

Eine Erklärung der Mischungen während des Wachzustandes hat drei Teile:

1. Mischung mit dem Wahrheitskörper während des Wachzustandes
2. Mischung mit dem Freudenkörper während des Wachzustandes
3. Mischung mit dem Ausstrahlungskörper während des Wachzustandes

Eine Erklärung der Mischungen während des Schlafes hat drei Teile:

1. Mischung mit dem Wahrheitskörper während des Schlafes
2. Mischung mit dem Freudenkörper während des Schlafes
3. Mischung mit dem Ausstrahlungskörper während des Schlafes

Eine Erklärung der Mischungen während des Todes hat drei Teile:

1. Mischung mit dem Wahrheitskörper während des Todes
2. Mischung mit dem Freudenkörper während des Todes
3. Mischung mit dem Ausstrahlungskörper während des Todes

Die Durchdringung der genauen Punkte des Körpers von jemand anderem hat zwei Teile:

1. Sich auf eine Handlungs-Mudra verlassen
2. Sich auf eine Weisheits-Mudra verlassen

Eine Erklärung der Methode, das Objekt, Leerheit, korrekt zu realisieren, hat drei Teile:

1. Wie eine direkte Realisation der Leerheit von Ruhigem Verweilen abhängt

2. Die außergewöhnliche Erklärung, wie man über Ruhiges Verweilen meditiert
3. Wie man die Sicht von Leerheit durch Meditation sucht

Die außergewöhnliche Erklärung, wie man über Ruhiges Verweilen meditiert, hat zwei Teile:

1. Eine Einführung in das Meditationsobjekt, den Geist
2. Die eigentliche Erklärung, wie man sich schult

Eine Einführung in das Meditationsobjekt, den Geist, hat drei Teile:

1. Eine Einführung in den allgemeinen Geist
2. Eine Einführung in die individuellen Geistesarten
3. Vermeiden, daß die Einführung in die konventionelle Natur des Geistes für eine Einführung in die endgültige Natur des Geistes gehalten wird

Eine Einführung in die individuellen Geistesarten hat drei Teile:

1. Eine Einführung in grobe Geistesarten
2. Eine Einführung in subtile Geistesarten
3. Eine Einführung in sehr subtile Geistesarten

Die eigentliche Erklärung, wie man sich schult, hat drei Teile:

1. Wie man sich mittels allgemeiner Achtsamkeit schult
2. Wie man sich mittels besonderer Achtsamkeiten schult
3. Wie man sich mittels der sechs Methoden, den Geist ruhig zu stellen, schult

Wie man sich mittels besonderer Achtsamkeiten schult hat fünf Teile:

1. Wie man sich mittels neuer Achtsamkeit schult
2. Wie man sich mittels alter Achtsamkeit schult

3. Wie man sich mittels angemessener Methoden schult
4. Wie man sich mittels Begriffen schult, die andern bekannt sind
5. Wie man sich mittels der natürlichen Beendigung begrifflicher Gedanken schult

Wie man sich mittels der sechs Methoden, den Geist ruhig zu stellen, schult hat sechs Teile:

1. Ruhigstellen wie die Sonne, die nicht durch Wolken verdunkelt ist
2. Ruhigstellen wie ein Garuda, der am Himmel kreist
3. Ruhigstellen wie ein ruhiger Ozean
4. Ruhigstellen wie ein kleines Kind, das einen Tempel bestaunt
5. Ruhigstellen wie die Spur eines Vogels am Himmel
6. Ruhigstellen wie feiner Baumwollfaden

Wie man die Sicht von Leerheit durch Meditation sucht hat drei Teile:

1. Wie man über die Selbstlosigkeit von Personen meditiert
2. Wie man über die Selbstlosigkeit von Phänomenen meditiert
3. Diejenigen, die ein fehlerloses Verständnis der endgültigen Sicht sowohl von Sutra als auch von Tantra wünschen, von der Notwendigkeit überzeugen, Nagarjunas Urtext über den Mittleren Weg und seine Kommentare anzuhören, darüber nachzudenken und zu meditieren

Wie man über die Selbstlosigkeit von Personen meditiert hat drei Teile:

1. Das Objekt der Verneinung identifizieren
2. Wie das Objekt der Verneinung widerlegt wird

3. Wie man sich während dem meditativen Gleichgewicht und der nachfolgenden Erlangung in Leerheit schult

Wie das Objekt der Verneinung widerlegt wird hat drei Teile:

1. Der essentielle Punkt, sich der Durchdringung zu vergewissern
2. Der essentielle Punkt, sich der Abwesenheit der Einheit zu vergewissern
3. Der essentielle Punkt, sich der Abwesenheit von Verschiedenheit zu vergewissern

Wie man sich während dem meditativen Gleichgewicht und der nachfolgenden Erlangung in Leerheit schult hat zwei Teile:

1. Der Yoga des raumähnlichen meditativen Gleichgewichts
2. Der Yoga der illusionsähnlichen nachfolgenden Erlangung

Wie man über die Selbstlosigkeit von Phänomenen meditiert hat drei Teile:

1. Meditation über das Fehlen von inhärenter Existenz des Körpers
2. Meditation über das Fehlen von inhärenter Existenz des Geistes
3. Meditation über das Fehlen von inhärenter Existenz anderer Phänomene

Jeder dieser drei Teile hat wiederum drei Teile: das Objekt der Verneinung identifizieren usw.

Wie das Mahamudra praktiziert wird, das die Vereinigung der zwei Wahrheiten ist, hat drei Teile:

1. Eine Erklärung der Stufen, den Illusorischen Körper in bezug auf konventionelle Wahrheit zu erlangen

2. Eine Erklärung der Stufen, Sinn-Klares-Licht in bezug auf endgültige Wahrheit zu erlangen
3. Die eigentliche Erklärung des Mahamudras, das die Vereinigung der zwei Wahrheiten ist

Eine Erklärung der Stufen, den Illusorischen Körper in bezug auf konventionelle Wahrheit zu erlangen, hat vier Teile:

1. Wie Schüler, die vier Attribute besitzen, die Bedeutung des Illusorischen Körpers von einem qualifizierten Spirituellen Meister erbitten
2. Wie ein korrektes Verständnis des Illusorischen Körpers von den Unterweisungen des Spirituellen Meisters abhängt
3. Die Grundlage für die Erlangung des Illusorischen Körpers erkennen
4. Der eigentliche Weg, den Illusorischen Körper auf dieser Grundlage zu erlangen

Eine Erklärung der Stufen, Sinn-Klares-Licht in bezug auf endgültige Wahrheit zu erlangen, hat drei Teile:

1. Eine Erklärung der Methode, es zu entwickeln
2. Wie es entwickelt wird, indem man sich auf diese Methode verläßt
3. Der Grund, warum dieses Klare Licht allein als direktes Gegenmittel sowohl gegen intellektuell gebildete als auch angeborene Verblendungen wirkt

Die eigentliche Erklärung des Mahamudras, das die Vereinigung der zwei Wahrheiten ist, hat zwei Teile:

1. Eine Einführung in die Vereinigung
2. Die Stufen zeigen, wodurch sie allmählich vollendet wird

Wie das Mahamudra vollendet wird, das die resultierende Vereinigung des Nicht-mehr-Lernens ist, der Zustand, der die sieben herausragenden Qualitäten der Umarmung besitzt, hat fünf Teile:

1. Der Ort, an dem Buddhaschaft erlangt wird
2. Die Grundlage, auf der Buddhaschaft erlangt wird
3. Die Art und Weise, wie Buddhaschaft erlangt wird
4. Die guten Qualitäten eines Buddhas
5. Eine Erklärung der Beziehungen der fortlaufenden und umgekehrten Folge

Widmung

Um die Ziele aller Lebewesen zu erreichen,
Möge ich durch diese Tugend schnell
Die sieben herausragenden Qualitäten der Umarmung erlangen:
Einen Formkörper, ausgestattet mit den Hauptzeichen und Nebenmerkmalen,
Der eine Weisheits-Wissens-Gefährtin umarmt,
Einen Geist, der in einem Zustand Großer Glückseligkeit verweilt,
Diese Glückseligkeit realisiert das Fehlen von inhärenter Existenz,
Ein Mitgefühl, das das Extrem des Friedens aufgegeben hat,
Ein ununterbrochenes Kontinuum des Körpers
Und nichtendende erleuchtete Taten.

Möge alles glückverheißend sein.

Anhang II
Sadhanas

INHALT

Bittgebete an die Gurus der Mahamudra-Überlieferungslinie

Bittgebete an die Gurus der Mahamudra-Überlieferungslinie

Ehrerbietung an das Mahamudra

O großer Vajradhara, der jede Natur durchdringt,
Glorreicher erster Buddha, Oberhaupt aller Buddha-Familien,
Innerhalb des himmlischen Palastes der spontanen drei Körper,
Ich ersuche Dich, bitte gewähre mir Deine Segnungen,
Damit ich die Ranken des Festhaltens am Selbst in meinem Geisteskontinuum durchschneide,
Mich in Liebe, Mitgefühl und Bodhichitta schule
Und schnell das Mahamudra des Pfades der Vereinigung vollende.

O allwissender Höherer Manjushri,
Vater aller Eroberer der drei Zeiten
In den Buddha-Ländern aller Welten der zehn Richtungen,
Ich ersuche Dich, bitte gewähre mir Deine Segnungen,
Damit ich die Ranken des Festhaltens am Selbst in meinem Geisteskontinuum durchschneide,
Mich in Liebe, Mitgefühl und Bodhichitta schule
Und schnell das Mahamudra des Pfades der Vereinigung vollende.

O Ehrwürdiger Losang Dragpa,
Zweiter Fähiger der Lehre Buddhas,
Der im nördlichen Lande des Schnees erschien,
Ich ersuche Dich, bitte gewähre mir Deine Segnungen,

Damit ich die Ranken des Festhaltens am Selbst in
meinem Geisteskontinuum durchschneide,
Mich in Liebe, Mitgefühl und Bodhichitta schule
Und schnell das Mahamudra des Pfades der Vereinigung
vollende.

O Togdän Jampäl Gyatso,
Haupthalter der Lehre der Linie der Vollendung
Je Tsongkhapas, des Sohnes Manjushris,
Ich ersuche Dich, bitte gewähre mir Deine Segnungen,
Damit ich die Ranken des Festhaltens am Selbst in
meinem Geisteskontinuum durchschneide,
Mich in Liebe, Mitgefühl und Bodhichitta schule
Und schnell das Mahamudra des Pfades der Vereinigung
vollende.

O Baso Chökyi Gyaltsän,
Der die Schatzkammer der Anweisungen der
Geflüsterten Überlieferungslinie öffnete
Und von Glück begünstigte Schüler zur Reife brachte,
Ich ersuche Dich, bitte gewähre mir Deine Segnungen,
Damit ich die Ranken des Festhaltens am Selbst in
meinem Geisteskontinuum durchschneide,
Mich in Liebe, Mitgefühl und Bodhichitta schule
Und schnell das Mahamudra des Pfades der Vereinigung
vollende.

O erhabener Yogi Dharmavajra,
Der die Yogas der zwei Stufen vollendete
Und den unsterblichen Körper eines Wissenshalters
erlangte,
Ich ersuche Dich, bitte gewähre mir Deine Segnungen,
Damit ich die Ranken des Festhaltens am Selbst in
meinem Geisteskontinuum durchschneide,
Mich in Liebe, Mitgefühl und Bodhichitta schule
Und schnell das Mahamudra des Pfades der Vereinigung
vollende.

O Losang Dönyö Drubpa (Gyalwa Ensäpa),
Der, frei von den Ketten der acht weltlichen Dharmas,
Das Siegesbanner der definitiven Lehre hochhielt,
Ich ersuche Dich, bitte gewähre mir Deine Segnungen,
Damit ich die Ranken des Festhaltens am Selbst in meinem Geisteskontinuum durchschneide,
Mich in Liebe, Mitgefühl und Bodhichitta schule
Und schnell das Mahamudra des Pfades der Vereinigung vollende.

O Khädrub Sangye Yeshe,
Der alle Wandernden mit seinem ordinierten Aspekt
In den bezaubernden Palast der drei Körper führt,
Ich ersuche Dich, bitte gewähre mir Deine Segnungen,
Damit ich die Ranken des Festhaltens am Selbst in meinem Geisteskontinuum durchschneide,
Mich in Liebe, Mitgefühl und Bodhichitta schule
Und schnell das Mahamudra des Pfades der Vereinigung vollende.

O Ehrwürdiger Losang Chögyän (Erster Panchen Lama),
Allwissender, untrennbar vom Beschützer der Lehre
Des Eroberers, dem Ehrwürdigen Losang Dragpa,
Ich ersuche Dich, bitte gewähre mir Deine Segnungen,
Damit ich die Ranken des Festhaltens am Selbst in meinem Geisteskontinuum durchschneide,
Mich in Liebe, Mitgefühl und Bodhichitta schule
Und schnell das Mahamudra des Pfades der Vereinigung vollende.

O großer Yogi Gendun Gyaltsän (Nächu Rabjampa),
Der alle Übungen vollendete, indem er alle Worte der Sutras, Tantras und Kommentare in eine Bedeutung integrierte,
Ich ersuche Dich, bitte gewähre mir Deine Segnungen,
Damit ich die Ranken des Festhaltens am Selbst in meinem Geisteskontinuum durchschneide,
Mich in Liebe, Mitgefühl und Bodhichitta schule
Und schnell das Mahamudra des Pfades der Vereinigung vollende.

O Vollendeter Gyaltsän Dzinpa (Drungpa Tsöndru Gyaltsän),
Der durch großes Bemühen den höchsten Zustand erlangte,
Indem er die Essenz der Lehren des Eroberers, Losang Dragpas, erfuhr,
Ich ersuche Dich, bitte gewähre mir Deine Segnungen,
Damit ich die Ranken des Festhaltens am Selbst in meinem Geisteskontinuum durchschneide,
Mich in Liebe, Mitgefühl und Bodhichitta schule
Und schnell das Mahamudra des Pfades der Vereinigung vollende.

O Halter der großen Überlieferungslinie Könchog Gyaltsän,
Der geschickt darin ist, den von Glück begünstigten Schülern
Den essentiellen Nektar des heiligen weiten und tiefgründigen Dharmas darzulegen,
Ich ersuche Dich, bitte gewähre mir Deine Segnungen,
Damit ich die Ranken des Festhaltens am Selbst in meinem Geisteskontinuum durchschneide,
Mich in Liebe, Mitgefühl und Bodhichitta schule
Und schnell das Mahamudra des Pfades der Vereinigung vollende.

O Ehrwürdiger Losang Yeshe (Zweiter Panchen Lama),
Der Du der Ehrwürdige Losang Chökyi Gyaltsän selbst bist,
Der zum Ruhm der Wandernden und der Lehre zurückkehrte,
Ich ersuche Dich, bitte gewähre mir Deine Segnungen,
Damit ich die Ranken des Festhaltens am Selbst in meinem Geisteskontinuum durchschneide,
Mich in Liebe, Mitgefühl und Bodhichitta schule
Und schnell das Mahamudra des Pfades der Vereinigung vollende.

O Ehrwürdiger Losang Trinlay (Lhapa Tulku),
Der den tiefgründigen Pfad der Geflüsterten
Überlieferungslinie vollendete,
Von den ehrwürdigen Buddhas direkt gesegnet,
Ich ersuche Dich, bitte gewähre mir Deine Segnungen,
Damit ich die Ranken des Festhaltens am Selbst in
meinem Geisteskontinuum durchschneide,
Mich in Liebe, Mitgefühl und Bodhichitta schule
Und schnell das Mahamudra des Pfades der Vereinigung
vollende.

O höchst Vollendeter Drubwang Losang Namgyal,
Der die Praxis der essentiellen Bedeutung
Des Eroberers, der Geflüsterten Überlieferungslinie des
Ehrwürdigen Losang, vollendete,
Ich ersuche Dich, bitte gewähre mir Deine Segnungen,
Damit ich die Ranken des Festhaltens am Selbst in
meinem Geisteskontinuum durchschneide,
Mich in Liebe, Mitgefühl und Bodhichitta schule
Und schnell das Mahamudra des Pfades der Vereinigung
vollende.

O gütiger Kachen Yeshe Gyaltsän,
Der aus Mitgefühl und ohne Fehler
Die Anweisungen der Geflüsterten Überlieferungslinie
des Ehrwürdigen Lama erläutert,
Ich ersuche Dich, bitte gewähre mir Deine Segnungen,
Damit ich die Ranken des Festhaltens am Selbst in
meinem Geisteskontinuum durchschneide,
Mich in Liebe, Mitgefühl und Bodhichitta schule
Und schnell das Mahamudra des Pfades der Vereinigung
vollende.

O Ehrwürdiger Phurchog Ngawang Jampa,
Der die Essenz der fehlerfreien Lehre des gesamten
Pfades
In den zentralen und den Grenzregionen verbreitete,
Ich ersuche Dich, bitte gewähre mir Deine Segnungen,
Damit ich die Ranken des Festhaltens am Selbst in
meinem Geisteskontinuum durchschneide,

Mich in Liebe, Mitgefühl und Bodhichitta schule
Und schnell das Mahamudra des Pfades der Vereinigung vollende.

O Panchen Palden Yeshe,
Der als ein glorreicher erster Buddha in ordiniertem Aspekt
Ganz China und Tibet mit dem Dharma zur Reife brachte,
Ich ersuche Dich, bitte gewähre mir Deine Segnungen,
Damit ich die Ranken des Festhaltens am Selbst in meinem Geisteskontinuum durchschneide,
Mich in Liebe, Mitgefühl und Bodhichitta schule
Und schnell das Mahamudra des Pfades der Vereinigung vollende.

O Khädrub Ngawang Dorje,
Der einsgerichtet alle Erlangungen erreichte,
Die Vollendung der ausgezeichneten Pfade von Sutra und Tantra,
Ich ersuche Dich, bitte gewähre mir Deine Segnungen,
Damit ich die Ranken des Festhaltens am Selbst in meinem Geisteskontinuum durchschneide,
Mich in Liebe, Mitgefühl und Bodhichitta schule
Und schnell das Mahamudra des Pfades der Vereinigung vollende.

O Ehrwürdiger Ngulchu Dharmabhadra,
Beschützer, der die Lehre des Eroberers durch Erklärung und Verfassen von Schriften
Mit Geschick und Unerschütterlichkeit wie ein zweiter Buddha darlegte,
Ich ersuche Dich, bitte gewähre mir Deine Segnungen,
Damit ich die Ranken des Festhaltens am Selbst in meinem Geisteskontinuum durchschneide,
Mich in Liebe, Mitgefühl und Bodhichitta schule
Und schnell das Mahamudra des Pfades der Vereinigung vollende.

O Yangchän Drubpay Dorje,
Dessen Augen von großem, nichtbeobachtbarem
Mitgefühl niemals geschlossen sind
Und dessen tiefgründige und umfassende Weisheit wie
die Manjushris ist,
Ich ersuche Dich, bitte gewähre mir Deine Segnungen,
Damit ich die Ranken des Festhaltens am Selbst in
meinem Geisteskontinuum durchschneide,
Mich in Liebe, Mitgefühl und Bodhichitta schule
Und schnell das Mahamudra des Pfades der Vereinigung
vollende.

O Khädrub Tendzin Tsöndru,
Der die Yogas von Glückseligkeit und Leerheit
vollendete
Und direkt zur Hauptstadt der Vereinigung ging,
Ich ersuche Dich, bitte gewähre mir Deine Segnungen,
Damit ich die Ranken des Festhaltens am Selbst in
meinem Geisteskontinuum durchschneide,
Mich in Liebe, Mitgefühl und Bodhichitta schule
Und schnell das Mahamudra des Pfades der Vereinigung
vollende.

O Ehrwürdiger Phabongkha Trinlay Gyatso,
Der durch die Kraft seiner Liebe für alle Wandernden
Das Siegesbanner der Sutra- und Tantra-Lehren
hochhielt,
Ich ersuche Dich, bitte gewähre mir Deine Segnungen,
Damit ich die Ranken des Festhaltens am Selbst in
meinem Geisteskontinuum durchschneide,
Mich in Liebe, Mitgefühl und Bodhichitta schule
Und schnell das Mahamudra des Pfades der Vereinigung
vollende.

O gütiger Losang Yeshe (Trijang Rinpoche),
Spiritueller Meister, der für von Glück begünstigte
Schüler
Die innerste Essenz des Ehrwürdigen Zweiten Eroberers
förderte,

Ich ersuche Dich, bitte gewähre mir Deine Segnungen,
Damit ich die Ranken des Festhaltens am Selbst in meinem Geisteskontinuum durchschneide,
Mich in Liebe, Mitgefühl und Bodhichitta schule
Und schnell das Mahamudra des Pfades der Vereinigung vollende.

O Ehrwürdiger Kelsang Gyatso Rinpoche,
Der Du durch Dein Mitgefühl und Dein großes Geschick
Den von Glück begünstigten Schülern
Die Unterweisungen Deines Gurus und die tiefgründige Überlieferungslinie erklärst,
Ich ersuche Dich, bitte gewähre mir Deine Segnungen,
Damit ich die Ranken des Festhaltens am Selbst in meinem Geisteskontinuum durchschneide,
Mich in Liebe, Mitgefühl und Bodhichitta schule
Und schnell das Mahamudra des Pfades der Vereinigung vollende.

Bitte gewähre mir Deine Segnungen,
Damit ich den Ehrwürdigen Guru als Buddha sehe,
Anhaftung an die Bereiche Samsaras überwinde
Und, da ich die Bürde auf mich genommen habe, alle Wandernden zu befreien,
Die allgemeinen und außerordentlichen Pfade vollende
Und schnell die Vereinigung des Mahamudra erlange.

Dieser mein Körper und Dein Körper, o Vater,
Diese meine Rede und Deine Rede, o Vater,
Dieser mein Geist und Dein Geist, o Vater,
Mögen sie durch Deine Segnungen untrennbar eins werden.

Dieses traditionelle Bittgebet an die Mahamudra-Überlieferungslinien-Gurus wurde von Schülern Geshe Kelsang Gyatso Rinpoches unter seiner mitfühlenden Leitung übersetzt. Der Bittvers an Geshe Kelsang Gyatso Rinpoche wurde vom glorreichen Dharma-Beschützer, Duldzin Dorje Shugdän, auf Bitten der vertrauensvollen Schüler Geshe Kelsangs verfaßt.

Der schnelle Pfad

EINE ZUSAMMENGEFASSTE PRAXIS VON HERUKA FÜNF GOTTHEITEN GEMÄSS DER TRADITION MEISTER GHANTAPAS

Der schnelle Pfad

Bitten an die Gurus der Überlieferungslinie

Vom Glück begünstigte Wesen werden in einem Leben zum Zustand der Vereinigung geführt,
Indem sie sich auf den großen geheimen Gottheits-Yoga verlassen.
O glorreicher Meister, Vater-Mutter-Heruka,
Ich ersuche Dich, bitte gewähre Vereinigung in diesem Leben.

O Ghantapa, Rubälshab,
Dzalandara, Krishnapada,
Und all die anderen Linien-Gurus dieses Pfades,
Ich ersuche Euch, bitte gewährt Vereinigung in diesem Leben.

Und besonders mein gütiger Wurzel-Guru, Kelsang Gyatso Rinpoche,
Das Mitgefühl aller Eroberer,
In vollkommener Form entstanden,
Ich ersuche Dich, bitte gewähre Vereinigung in diesem Leben.

Bitte gewährt mir Eure Segnungen, damit ich schnell
Eine stabile und spontane Erfahrung erlangen kann
Von Entsagung, Bodhichitta, korrekter Sicht
Und allen Stufen des zweifachen Pfades.

Kurz gesagt, ehrwürdiger Guru Vater und Mutter,
Möge ich nie von Dir getrennt sein, sondern immer unter Deiner liebenden Fürsorge stehen.

Möge ich durch die Kraft Deiner Segnungen schnell die Ebenen und Pfade vollenden
Und rasch den Zustand Herukas erlangen.

Zuflucht nehmen und Bodhichitta erzeugen

Auf ewig werde ich Zuflucht nehmen,
Zu Buddha, Dharma und Sangha.
Zum Wohl aller Lebewesen
Werde ich Heruka werden. (3x)

Den Tod in den Pfad des Wahrheitskörpers bringen

Lichtstrahlen vom HUM bei meinem Herzen schmelzen alle Welten und Wesen zu Licht. Dieses löst sich in mich auf, und ich meinerseits schmelze von unten und oben allmählich zu Licht und löse mich ins HUM bei meinem Herzen auf. Der Buchstabe HUM löst sich von unten her stufenweise in das Nada auf. Das Nada wird kleiner und kleiner und löst sich in Klare-Licht-Leerheit auf.

Den Zwischenzustand in den Pfad des Freudenkörpers bringen

Aus dem Zustand der Leerheit erscheint mein Geist in der Form eines Nadas.

Die Wiedergeburt in den Pfad des Ausstrahlungskörpers bringen

Auf den vier Elementen steht der Berg Meru, gekrönt von einem Lotos. In seiner Mitte entsteht aus Vokalen und Konsonanten ein Mond, der weiß ist und einen rötlichen Schimmer hat. Ich, das Nada, trete in die Mitte des Mondes ein und verwandle mich allmählich in ein HUM.

Fünffarbige Lichter strahlen vom HUM aus und führen alle Lebewesen zum Zustand Chakrasambaras. Gleichzeitig werden alle Helden und Heldinnen aus den Buddha-Ländern der zehn Richtungen eingeladen. Sie alle schmelzen zu Licht und lösen sich in das HUM auf. Der Buchstabe HUM wird zur Natur spontaner Freude. Der Mond, die Vokale, Konsonanten und das HUM verwandeln sich vollständig, und die getragenen Gottheiten und das tragende Mandala entstehen vollkommen und auf einmal.

Die kontrollierende Meditation über das Mandala und die darin enthaltenen Wesen

So bin ich der Gesegnete Heruka mit einem blaufarbenen Körper, einem Gesicht und zwei Händen, halte Vajra und Glocke und umarme Vajravarahi. Ich stehe auf Lotos und Sonne und trete auf Bhairawa und Kalarati.

Auf den Blütenblättern der vier Richtungen stehen im Gegenuhrzeigersinn, im Osten beginnend, Dakini, Lama, Khandarohi und Rupini. Zusammen mit dem quadratischen, himmlischen Palast, dem Schutzkreis und den Friedhöfen ist alles vollständig.

Die Weisheitswesen und Ermächtigungsgottheiten einladen

PHÄM
Meine drei Stellen sind durch die drei Buchstaben gekennzeichnet. Lichtstrahlen gehen vom Buchstaben HUM aus und laden auf einmal alle Buddhas der zehn Richtungen, im Aspekt des visualisierten Mandalas, zusammen mit den Ermächtigungsgottheiten ein.

DZA HUM BAM HO
Die Weisheitswesen werden untrennbar von den Verpflichtungswesen.

Die Ermächtigung gewähren und den Scheitel schmücken

Die Ermächtigungsgottheiten gewähren die Ermächtigung. Der Scheitel des Vaters wird mit Vajrasattva und der der Mutter mit Vairochana geschmückt.

Darbringungen an die Selbsterzeugung

Darbringungs- und Lobpreisungsgöttinnen strahlen von meinem Herzen aus und führen die Darbringungen und Lobpreisungen aus.

Äußere Darbringungen

OM CHAKRASAMBARA SAPARIWARA AHRGHAM PARTITZA SÖHA
OM CHAKRASAMBARA SAPARIWARA PADÄM PARTITZA SÖHA
OM CHAKRASAMBARA SAPARIWARA PUPE PARTITZA SÖHA
OM CHAKRASAMBARA SAPARIWARA DHUPE PARTITZA SÖHA
OM CHAKRASAMBARA SAPARIWARA DIWE PARTITZA SÖHA
OM CHAKRASAMBARA SAPARIWARA GÄNDHE PARTITZA SÖHA
OM CHAKRASAMBARA SAPARIWARA NEWIDE PARTITZA SÖHA
OM CHAKRASAMBARA SAPARIWARA SHAPTA PARTITZA SÖHA

Innere Darbringung

OM CHAKRASAMBARA SAPARIWARA OM AH HUM

Geheime Darbringung

Vater und Mutter vereinigen sich und erzeugen spontane Glückseligkeit und Leerheit.

Lobpreisung

Vor dem Glorreichen Heruka Vater und Mutter,
Der Vereinigung aller Objekte des Wissens in der
erhabenen Sphäre spontaner Glückseligkeit,
Vor den schönen Göttinnen in den vier Richtungen
Und vor dem gesamten getragenen und tragenden
Mandala verbeuge ich mich voller Respekt.

Die Mala segnen

Die Mala wird Vajra-Rede von der Natur Pämanarteshvaras.

Mantra-Rezitation

Auf einem Sonnensitz beim Herzen von Vater und Mutter ist ein Buchstabe HUM, umgeben von einem Mantrakranz. Diese strahlen Licht aus und sammeln es.

Das Essenz-Mantra des Vaters

OM SHRI VAJRA HE HE RU RU KAM HUM HUM PHAT
DAKINI DZALA SHAMBARAM SÖHA (21x, 100x usw.)

Das Essenz-Mantra der Mutter

OM VAJRA BEROTZANIYE HUM HUM PHAT SÖHA
(21x, 100x usw.)

Auflösung

Der himmlische Palast und die Mutter lösen sich in mich auf.

Widmung

Zum Wohle aller Lebewesen
Möge ich Heruka werden
Und dann alle Lebewesen
Zum erhabenen Zustand Herukas führen

Glückverheißendes Gebet

Möge durch die Kraft der Segnungen Guru Herukas,
Die Wahrheit der nichttäuschenden Handlungen und Wirkungen
Und die Kraft meiner reinen Höheren Absicht
Alles glückverheißend für die spontane Erfüllung meiner Wünsche sein.

Dieses Sadhana wurde vom Ehrwürdigen Geshe Kelsang Gyatso verfaßt und unter seiner mitfühlenden Anleitung übersetzt. Der Name Geshe Kelsang Gyatsos wurde von seinen vertrauensvollen Schülern den Bitten an die Überlieferungslinien-Gurus beigefügt.

Anhang III
Die visualisierten Buchstaben

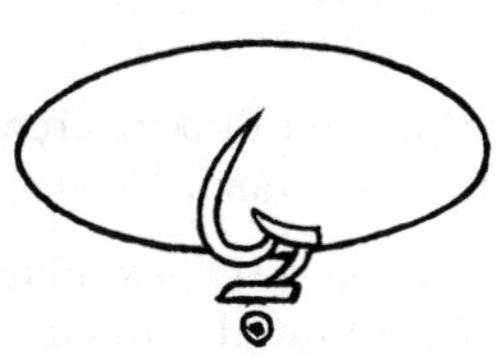

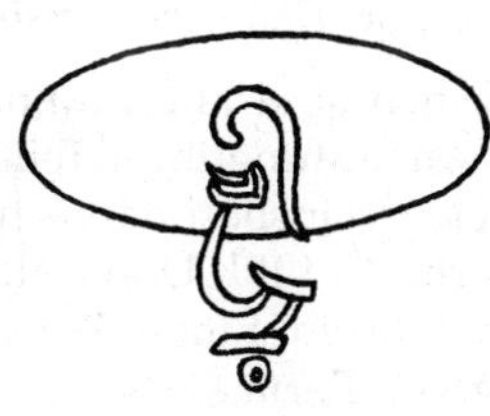

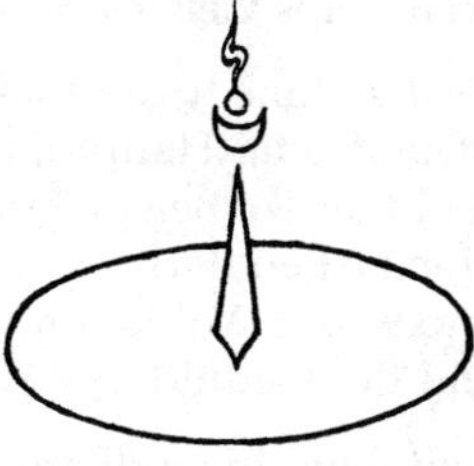

HAM, OM, HUM, KURZ-AH

Glossar

Alleiniger Eroberer Ein Hinayana-Praktizierender. Auch bekannt als «Alleiniger Verwirklicher». Siehe auch *Hörer.*

Allgemeines Bild Das erscheinende Objekt eines begrifflichen Geistes. Ein allgemeines oder geistiges Bild gleicht einer Widerspiegelung dieses Objektes. Ein begrifflicher Geist versteht sein Objekt durch die Erscheinung eines allgemeinen Bildes dieses Objektes, nicht indem er es direkt sieht. Siehe *Den Geist verstehen.*

Anfangslose Zeit Gemäß der buddhistischen Weltsicht gibt es keinen Anfang des Geistes und somit keinen Anfang der Zeit. Deshalb haben alle fühlenden Wesen zahllose frühere Wiedergeburten angenommen.

Angeborene Verblendungen Verblendungen, die nicht das Produkt intellektueller Vermutungen sind, sondern natürlich entstehen. Siehe *Den Geist verstehen.*

Anhaftung Ein verblendeter geistiger Faktor, der ein verunreinigtes Objekt beobachtet, es als Ursache von Glück ansieht und es haben will. Siehe *Freudvoller Weg* und *Den Geist verstehen.*

Anhäufungen Im allgemeinen sind alle funktionierenden Dinge Anhäufungen, weil sie eine Anhäufung ihrer Teile sind. Eine Person des Begierde- oder Formbereiches insbesondere hat fünf Anhäufungen: die Anhäufungen von Form, Gefühl, Unterscheidung, zusammensetzenden Faktoren und Bewußtsein. Einem Wesen des formlosen Bereiches fehlt die Anhäufung von Form, es hat aber die anderen vier. Die Formanhäufung einer Person ist ihr Körper. Die verbleibenden vier Anhäufungen sind Aspekte ihres Geistes. Siehe *Herz der Weisheit.*

Ansammlung von Verdiensten Eine tugendhafte Handlung, die durch Bodhichitta motiviert ist und eine Hauptursache für die Erlangung des Formkörpers eines Buddhas ist. Beispiele sind: den heiligen Wesen mit Bodhichitta-Motivation Gaben darbringen und vor ihnen Verbeugungen machen, die Praxis der Vollkommenheit des Gebens, der moralischen Disziplin und der Geduld.

Ansammlung von Weisheit Eine tugendhafte geistige Handlung, die durch Bodhichitta motiviert ist und eine Hauptursache für die Erlangung des Wahrheitskörpers eines Buddhas ist. Beispiele sind: mit

Bodhichitta-Motivation Unterweisungen über Leerheit zu hören, darüber nachzudenken und zu meditieren.

Anstrebender Bodhichitta Ein Bodhichitta, der ein bloßer Wunsch ist, Erleuchtung zum Wohle aller Lebewesen zu erlangen. Siehe auch *Bodhichitta.*

Atisha (982 – 1054 n. Chr.) Ein berühmter indischer buddhistischer Gelehrter und Meditationsmeister. In der Blütezeit des indischen Mahayana-Buddhismus war er Abt des großen buddhistischen Klosters Vikramashila. Später wurde er nach Tibet eingeladen, und das führte zum Wiederaufbau des Buddhismus in Tibet. Er ist der Autor des ersten Textes über die Stufen des Pfades: *Eine Lampe für den Pfad.* Seine Tradition wurde später als die Kadampa-Tradition bekannt. Siehe *Freudvoller Weg.*

Ausstrahlungskörper (Skrt. Nirmanakaya) Ein Formkörper eines Buddhas, der von gewöhnlichen Wesen wahrgenommen werden kann. Im allgemeinen manifestieren sich Buddhas in vielen verschiedenen Formen. Der Aspekt einiger dieser Ausstrahlungen ist weltlich, obwohl sie in ihrer Essenz Buddhas sind. Ein Buddha kann sich auch als Mensch mit Hinayana-Realisationen oder als Bodhisattva manifestieren. Eine Ausstrahlung wie Buddha Shakyamuni, die die zwölf Haupttaten eines Buddhas ausführt, wird «Erhabener Ausstrahlungskörper» genannt. In ihrem äußeren Aspekt ist eine solche Emanation erhaben, aber in ihrer Natur sind alle Wesen, die ein Buddha ausstrahlt, erhabene Wesen, wie weltlich ihr Aspekt auch sein mag. Wir sollten also nicht vom Namen «Erhabener Ausstrahlungskörper» ableiten, daß es höhere und geringere Ausstrahlungen Buddhas gibt. In ihrer Essenz sind alle Ausstrahlungen Buddhas vollerleuchtete Wesen. Vgl. auch *Körper eines Buddhas.* Siehe *Tantrische Ebenen und Pfade.*

Ausübender Bodhichitta Ein Bodhichitta, der durch die Bodhisattva-Gelübde gehalten wird. Siehe auch *Bodhichitta.*

Basis der Zuschreibung Alle Phänomene werden auf ihre Teile zugeschrieben. Deshalb ist jeder einzelne Teil oder die gesamte Ansammlung der Teile jedes Phänomens seine Basis der Zuschreibung. Ein Phänomen wird vom Geist zugeschrieben in Abhängigkeit der Basis der Zuschreibung, die diesem Geist erscheint. Siehe *Herz der Weisheit* und *Ozean von Nektar.*

Befreiung Vollständige Freiheit von Samsara und seiner Ursache, den Verblendungen. Siehe *Freudvoller Weg.*

Begierdebereich Der Bereich der Höllenwesen, Hungrigen Geister, Tiere, Menschen, Halbgötter und Götter, die die fünf Objekte der Begierde genießen.

Begrifflicher Geist Ein Gedanke, der sein Objekt durch ein allgemeines Bild festhält. Siehe *Den Geist verstehen.*

Behinderungen zur Allwissenheit Die Prägungen der Verblendungen, die eine gleichzeitige und direkte Realisation aller Phänomene verhindern. Nur Buddhas haben diese Behinderungen überwunden.

Behinderungen zur Befreiung Behinderungen, die die Erlangung der Befreiung verhindern. Alle Verblendungen, wie Unwissenheit, Anhaftung und Wut, sowie ihre Samen sind Behinderungen zur Befreiung. Sie werden auch «Verblendungsbehinderungen» genannt.

Bewußtseinsübertragung Powa auf Tibetisch. Eine Praxis zur Übertragung des Bewußtseins in ein Reines Land zum Zeitpunkt des Todes. Siehe *Sinnvoll leben, freudvoll sterben* und *Große Schatzkammer der Verdienste.*

Bodhichitta Sanskrit für «Erleuchtungsgeist». «Bodhi» bedeutet Erleuchtung und «Chitta» bedeutet Geist. Es gibt zwei Formen des Bodhichittas: konventionellen und endgültigen Bodhichitta. Im allgemeinen bezieht sich der Begriff «Bodhichitta» auf den konventionellen Bodhichitta, der ein primärer Geist ist und, motiviert durch Großes Mitgefühl, spontan die Erleuchtung anstrebt, um allen fühlenden Wesen zu helfen. Es gibt zwei Formen von konventionellem Bodhichitta: anstrebenden und ausübenden Bodhichitta. Endgültiger Bodhichitta ist eine Weisheit, die durch konventionellen Bodhichitta motiviert ist und Leerheit, die endgültige Natur der Phänomene, direkt realisiert. Siehe auch *Anstrebender Bodhichitta* und *Ausübender Bodhichitta.* Siehe *Freudvoller Weg* und *Sinnvoll zu betrachten.*

Bodhisattva Eine Person, die spontanen Bodhichitta entwickelt hat, aber noch kein Buddha geworden ist. Von dem Moment an, wo ein Praktizierender oder eine Praktizierende nichtkünstlichen oder spontanen Bodhichitta erzeugt, wird er oder sie ein Bodhisattva und betritt den ersten Mahayana-Pfad, den Pfad der Ansammlung. Ein gewöhnlicher Bodhisattva ist jemand, der Leerheit nicht direkt realisiert hat, und ein Höherer Bodhisattva ist jemand, der eine direkte Realisation von Leerheit erlangt hat. Siehe *Freudvoller Weg* und *Sinnvoll zu betrachten.*

Buddha Ein Wesen, das alle Verblendungen und ihre Prägungen aufgegeben hat. Jedes Lebewesen hat das Potential, ein Buddha zu werden. Siehe *Freudvoller Weg.*

Buddha-Familie Es gibt fünf Hauptbuddhafamilien: die Familie von Vairochana, Ratnasambhava, Amitabha, Amoghasiddhi und Akshobya. Es sind jeweils die fünf gereinigten Anhäufungen – die Anhäufung von Form, Gefühl, Unterscheidung, zusammensetzenden Faktoren und Bewußtsein – und jeweils die fünf erhabenen Weisheiten – die erhabene spiegelgleiche Weisheit, die erhabene Weisheit der Gleichheit, die erhabene Weisheit der individuellen Realisation, die erhabene Weisheit der Vollendung von Tätigkeiten und die erhabene Weisheit des Dharmadhatu. Siehe *Große Schatzkammer der Verdienste.*

Buddha-Land Die reine Umgebung eines Buddhas.

Chandrakirti Ein großer indischer buddhistischer Gelehrter und Meditationsmeister, der neben vielen anderen Büchern den bekannten *Leitfaden zum Mittleren Weg* geschrieben hat. Darin beschreibt er klar die Sicht der Madhyamika-Prasangika-Schule gemäß den Unterweisungen, die Buddha in den *Sutras der Vollkommenheit der Weisheit* gegeben hat. Siehe *Ozean von Nektar.*

Dakiniland Das Reine Land von Heruka und Vajrayogini. «Keajra» in Sanskrit und «Dagpa Khachö» in Tibetisch. Siehe *Führer ins Dakiniland.*

Dakinis Weibliche tantrische Buddhas und Frauen, die das Sinn-Klare-Licht realisiert haben. Dakas sind die männliche Entsprechung. Siehe *Führer ins Dakiniland.*

Darbringung an den Spirituellen Meister (Tib. *Lama Chöpa*) Ein besonderer Guru-Yoga von Je Tsongkhapa, in dem unser Spiritueller Meister im Aspekt Lama Losang Tubwang Dorjechangs visualisiert wird. Die Anweisung zu dieser Praxis wurde von Buddha Manjushri in der *Kadam-Emanationsschrift* enthüllt und vom Ersten Panchen Lama niedergeschrieben. Es ist eine wesentliche vorbereitende Praxis für Vajrayana-Mahamudra. Siehe *Große Schatzkammer der Verdienste.*

Dharma Buddhas Lehre und die inneren Realisationen, die in Abhängigkeit ihrer Praxis erlangt werden. Dharma bedeutet Schutz. Indem wir Buddhas Lehre praktizieren, schützen wir uns selbst vor Leiden und Problemen. Siehe *Freudvoller Weg.*

Dharma-Beschützer Manifestation eines Buddhas oder Bodhisattvas, dessen Hauptfunktion das Beseitigen von Hindernissen und das Beschaffen aller notwendigen Bedingungen für rein Dharma-Praktizierende ist. Siehe *Herzjuwel.*

Drei Juwelen Die drei Objekte der Zuflucht: Buddha-Juwel, Dharma-Juwel und Sangha-Juwel. Sie werden «Juwelen» genannt, weil sie sowohl selten als auch kostbar sind. Siehe *Freudvoller Weg.*

Dualistische Erscheinung Die Erscheinung eines Objektes des Geistes, die zusammen mit der inhärenten Existenz dieses Objektes auftritt. Siehe *Herz der Weisheit.*

Endgültige Wahrheit Die endgültige Natur aller Phänomene, Leerheit. Siehe *Herz der Weisheit, Sinnvoll zu betrachten* und *Ozean von Nektar.*

Entsagung Der Wunsch, von Samsara frei zu werden. Siehe *Freudvoller Weg.*

Ermächtigung Eine besondere potentielle Kraft, alle vier Buddha-Körper zu erlangen, die ein tantrischer Praktizierender von seinem Guru oder anderen heiligen Wesen mittels eines tantrischen Rituals empfängt. Es ist das Tor zum Vajrayana-Pfad. Siehe *Tantrische Ebenen und Pfade.*

Erzeugungsstufe Eine Realisation eines kreativen Yogas, die als Ergebnis der reinen Konzentration in der Praxis «die drei Körper in den Pfad bringen» vor der Erlangung der eigentlichen Vollendungsstufe erreicht wird. In dieser Praxis erzeugt man sich selbst im Geist als tantrische Gottheit und die Umgebung als Mandala dieser Gottheit. Die Meditation über die Erzeugungsstufe wird «kreativer Yoga» genannt, weil ihr Objekt durch korrekte Vorstellung erschaffen oder erzeugt wird. Siehe *Führer ins Dakiniland, Tantrische Ebenen und Pfade* und *Essenz des Vajrayana.*

Falsche Sicht Ein intellektuell gebildetes falsches Gewahrsein, das die Existenz eines Objektes verneint, dessen Verständnis notwendig ist, um Befreiung oder Erleuchtung zu erlangen, zum Beispiel das Verneinen der Existenz erleuchteter Wesen, von Karma oder Wiedergeburt. Siehe *Freudvoller Weg.*

Feindzerstörer (Skrt. Arhat) Ein Praktizierender, der alle Verblendungen und ihre Samen durch die Schulung auf den spirituellen Pfaden aufgegeben hat. Er wird niemals wieder in Samsara geboren werden. Das Wort «Feind» bezieht sich in diesem Zusammenhang auf die Verblendungen. Siehe auch *Hörer.*

Feld für die Ansammlung von Verdiensten Die Drei Juwelen. Genauso wie äußere Samen in einem Feld aus Erde wachsen, so wachsen die inneren Samen, die durch tugendhafte Handlungen geschaffen wurden, in Abhängigkeit von Buddha, Dharma und Sangha. Auch «Verdienstfeld» genannt.

Festhalten am Selbst Ein begrifflicher Geist, der glaubt, daß jedes Phänomen inhärent existiert. Der am Selbst festhaltende Geist verursacht alle anderen Verblendungen, wie Wut und Anhaftung. Er ist der eigentliche Grund für alles Leid und alle Unzufriedenheit. Siehe *Herz der Weisheit* und *Ozean von Nektar.*

Formbereich Die Umgebung der Götter, die Form besitzen.

Formkörper Der Freudenkörper und der Ausstrahlungskörper eines Buddhas. Siehe auch *Körper eines Buddhas.*

Formloser Bereich Der Bereich der Götter, die keine Form besitzen.

Freudenkörper (Skrt. Sambhogakaya) Ein subtiler Formkörper eines Buddhas, der nur von Höheren Wesen des Mahayana wahrgenommen werden kann. Siehe auch *Körper eines Buddhas*. Siehe *Tantrische Ebenen und Pfade*.

Fühlendes Wesen (Tib. sem chän) Jedes Wesen, das einen von Verblendungen oder deren Prägungen verunreinigten Geist besitzt. «Fühlendes Wesen» und «Lebewesen» sind Ausdrücke, um Wesen, deren Geist von der einen oder anderen Behinderung verunreinigt ist, von den Buddhas zu unterscheiden, deren Geist völlig frei von diesen Behinderungen ist.

Geistesschulung Lojong auf Tibetisch. Eine besondere Überlieferung von Unterweisungen, die von Buddha Shakyamuni stammt und durch Manjushri und Shantideva an Atisha und die Kadampa-Geshes weitergegeben wurde. Sie betont die Erzeugung von Bodhichitta durch die Praxis des Gleichstellens und Austauschens vom Selbst mit anderen, verbunden mit Nehmen und Geben. Siehe *Allumfassendes Mitgefühl* und *Acht Schritte zum Glück*.

Geistiger Faktor Ein Erkenner, der hauptsächlich ein bestimmtes Merkmal eines Objektes festhält. Es gibt 51 besondere geistige Faktoren. Jeder Moment von Geist besteht aus einem primären Geist und verschiedenen geistigen Faktoren. Siehe *Den Geist verstehen*.

Geistiges Gewahrsein Alle Arten von Geist sind in den fünf Sinnesgewahrseinsarten und dem geistigen Gewahrsein enthalten. Geistiges Gewahrsein ist definiert als ein Gewahrsein, das in Abhängigkeit von seiner außergewöhnlichen vorherrschenden Bedingung, einer geistigen Kraft, entwickelt wird. Es gibt zwei Arten von geistigem Gewahrsein: begriffliche geistige Gewahrseinsarten und nichtbegriffliche geistige Gewahrseinsarten. Begriffliches geistiges Gewahrsein und begrifflicher Geist sind Synonyme. Siehe *Den Geist verstehen*.

Gelübde Versprechen, bestimmte Fehler aufzugeben. Die drei Gruppen von Gelübden sind die Pratimoksha-Gelübde der individuellen Befreiung, die Bodhisattva-Gelübde und die Gelübde des Geheimen Mantras. Siehe *Das Bodhisattva-Gelübde* und *Tantrische Ebenen und Pfade*.

Gelug Die von Je Tsongkhapa gegründete Tradition. Der Name «Gelug» bedeutet «tugendhafte Tradition». Ein Gelugpa ist ein Praktizierender, der dieser Tradition folgt. Manchmal nennt man die Gelugpas «neue Kadampas». Siehe *Herzjuwel*.

Gewöhnliche Erscheinung Jede Erscheinung, die durch einen unreinen Geist entsteht. Gemäß den Lehren des Geheimen Mantras ist gewöhnliche Erscheinung die Hauptursache Samsaras. Siehe *Große Schatzkammer der Verdienste* und *Führer ins Dakiniland*.

Gewöhnliche Vorstellung Jeder Geist, der die Dinge als gewöhnlich auffaßt. Siehe *Große Schatzkammer der Verdienste* und *Führer ins Dakiniland.*

Gewöhnliche Wesen Alle, die Leerheit nicht direkt realisiert haben.

Gottheit (Skrt. Yidam) Ein tantrisches erleuchtetes Wesen.

Göttlicher Stolz Ein nichtverblendeter Stolz, der einen selbst als Gottheit und die Umgebung und die Vergnügen als diejenigen der Gottheit betrachtet. Er ist das Gegenmittel gegen gewöhnliche Vorstellungen. Siehe *Führer ins Dakiniland.*

Guhyasamaja Eine Gottheit des Höchsten Yoga-Tantras. Siehe *Große Schatzkammer der Verdienste.*

Gurus der Überlieferungslinie Die Reihe von Spirituellen Meistern, durch die eine bestimmte Unterweisung weitergegeben wurde.

Guru-Yoga Eine besondere Art, sich auf unseren Spirituellen Meister zu verlassen, um seine (oder ihre) Segnungen zu erhalten. Siehe *Freudvoller Weg, Große Schatzkammer der Verdienste* und *Herzjuwel.*

Gyalwa Ensäpa (1505 – 1566 n.Chr.) Ein großer Yogi und Mahamudra-Überlieferungslinien-Guru, der in drei Jahren Erleuchtung erlangte. Siehe *Große Schatzkammer der Verdienste.*

Hellsicht Fähigkeiten, die durch besondere Konzentration erreicht werden. Es gibt fünf Hauptarten der Hellsicht: die Hellsicht des göttlichen Auges (die Fähigkeit, subtile und entfernte Formen zu sehen), die Hellsicht des göttlichen Ohrs (die Fähigkeit, subtile und entfernte Laute zu hören), die Hellsicht der Wunderkräfte (die Fähigkeit, verschiedene Formen durch den Geist auszustrahlen), die Hellsicht der Kenntnis früherer Leben und die Hellsicht, den Geist anderer zu kennen. Manche Wesen, wie zum Beispiel Bardo-Wesen und manche Menschen und Geister, haben verunreinigte Hellsicht, die aufgrund von Karma entwickelt wird; das ist aber nicht wirkliche Hellsicht.

Held / Heldin Ein Held ist eine männliche tantrische Gottheit und verkörpert im allgemeinen Methode. Eine Heldin ist eine weibliche tantrische Gottheit und verkörpert im allgemeinen Weisheit. Siehe *Führer ins Dakiniland.*

Heruka Eine Hauptgottheit des Mutter-Tantras, die die Verkörperung der untrennbaren Glückseligkeit und Leerheit ist. Er hat einen blaufarbenen Körper, vier Gesichter und zwölf Arme und umarmt seine Gefährtin Vajravarahi. Siehe *Essenz des Vajrayana.*

Höchstes Yoga-Tantra Eine tantrische Anweisung, die die Methode enthält, die sexuelle Erfahrung in den spirituellen Pfad umzuwandeln. Siehe *Tantrische Ebenen und Pfade.*

Höheres Sehen Eine besondere Weisheit, die ihr Objekt klar sieht und bewahrt wird durch Ruhiges Verweilen und die besondere Geschmeidigkeit, die durch Untersuchung hervorgerufen wird. Siehe *Freudvoller Weg*.

Höheres Wesen Arya in Sanskrit. Jemand, der eine direkte oder nichtbegriffliche Realisation der Leerheit hat. Es gibt Höhere des Hinayana und Höhere des Mahayana.

Hörer Einer von zwei Arten von Hinayana-Praktizierenden. Sowohl Hörer als auch Alleinige Verwirklicher sind Hinayanisten, aber sie unterscheiden sich in ihrer Motivation, ihrem Benehmen, ihren Verdiensten und ihrer Weisheit. Auf allen diesen Gebieten sind Alleinige Verwirklicher den Hörern überlegen. Siehe *Ozean von Nektar*.

Inneres Dakiniland Ein Geist des Klaren Lichtes, der Leerheit direkt, ohne allgemeines Bild realisiert. Synonym für Sinn-Klares-Licht. Siehe *Führer ins Dakiniland*.

Intellektuell gebildete Verblendungen Verblendungen, die ein Ergebnis davon sind, sich auf unkorrekte Argumente oder fehlerhafte Lehrsätze zu verlassen. Siehe *Den Geist verstehen*.

Je Phabongkhapa (1878 – 1941 n. Chr.) Ein großer tibetischer Lama, der eine Ausstrahlung Herukas war. Phabongkha Rinpoche war der Halter vieler Überlieferungslinien von Sutra und Geheimem Mantra. Er war der Wurzel-Guru Yongdzin Trijang Dorjechangs (Trijang Rinpoche).

Je Tsongkhapa (1357 – 1419 n. Chr.) Eine Ausstrahlung des Weisheits-Buddha Manjushri. Sein Erscheinen als Mönch und Halter der reinen Sichtweise und Taten im Tibet des vierzehnten Jahrhunderts wurde schon von Buddha prophezeit. Er verbreitete einen sehr reinen Buddhadharma in ganz Tibet und zeigte, wie man die Praxis von Sutra und Tantra miteinander kombiniert und wie man den reinen Dharma in degenerierten Zeiten praktiziert. Seine Tradition wurde später als «Gelug-» oder «Ganden-Tradition» bekannt. Siehe *Herzjuwel* und *Große Schatzkammer der Verdienste*.

Kadampa Ein tibetisches Wort, wobei «Ka» Wort bedeutet und sich auf alle Unterweisungen Buddhas bezieht; «dam» bezieht sich auf die besonderen Lamrim-Unterweisungen von Atisha, die als die «Stufen des Pfades» bekannt sind, und «pa» bezeichnet einen Anhänger des Kadampa-Buddhismus, der alle Unterweisungen Buddhas, die er kennt, in seine Lamrim-Praxis einbezieht. Siehe auch *Kadampa-Buddhismus* und *Kadampa-Tradition*.

Kadampa-Buddhismus Eine Schule der buddhistischen Mahayana-Tradition, die vom großen indischen Meister des Buddhismus Atisha (982 – 1054 n. Chr.) gegründet wurde. Siehe auch *Kadampa* und *Kadampa-Tradition*.

Kadampa-Tradition Die reine Tradition des Buddhismus, die von Atisha gegründet wurde. Die Anhänger dieser Tradition heißen bis zur Zeit Je Tsongkhapas «Alte Kadampas». Nach Je Tsongkhapa werden sie «Neue Kadampas» genannt. Siehe auch *Kadampa* und *Kadampa-Buddhismus*.

Karma Sanskrit-Wort, das sich auf «Handlung» bezieht. Durch die Kraft der Absicht führen wir mit Körper, Rede und Geist Handlungen aus, und sie alle rufen Wirkungen hervor. Die Wirkung tugendhafter Handlungen ist Glück, und die Wirkung negativer Handlungen ist Leiden. Siehe *Freudvoller Weg*.

Klare Erscheinung Im allgemeinen eine klare Wahrnehmung des Meditationsobjektes. Im speziellen ist sie eine Praxis des Geheimen Mantras, wobei der Praktizierende, der sich selbst als Gottheit und die Umgebung als Mandala der Gottheit erzeugt hat, bemüht ist, eine klare Erscheinung des gesamten Objektes für seine Konzentration zu erlangen. Sie ist das Gegenmittel gegen gewöhnliche Erscheinungen. Siehe *Führer ins Dakiniland*.

Konventionelle Wahrheit Jedes Phänomen außer Leerheit. Konventionelle Wahrheiten sind in bezug auf den Geist gewöhnlicher Wesen wahr, aber in Wirklichkeit sind sie falsch. Siehe *Herz der Weisheit*, *Sinnvoll zu betrachten* und *Ozean von Nektar*.

Konzentrationswesen Ein Symbol für Buddhas Wahrheitskörper. Normalerweise als ein Samenbuchstabe im Herzen eines Verpflichtungs- oder Weisheitswesens visualisiert. Es heißt so, weil es durch Konzentration erzeugt wird.

Körper eines Buddhas Ein Buddha hat vier Körper: den Weisheits-Wahrheitskörper, den Naturkörper, den Freudenkörper und den Ausstrahlungskörper. Der erste ist der allwissende Geist eines Buddhas, der zweite ist die Leerheit oder endgültige Natur seines Geistes, der dritte ist sein subtiler Formkörper, und der vierte, von dem jeder Buddha eine unermeßliche Anzahl manifestiert, ist ein grober Formkörper, der für gewöhnliche Wesen sichtbar ist. Der Weisheits-Wahrheitskörper und der Naturkörper sind beide im Wahrheitskörper enthalten, und der Freudenkörper sowie der Ausstrahlungskörper sind im Formkörper enthalten. Siehe *Freudvoller Weg* und *Ozean von Nektar*.

Körper-Mandala Die Umwandlung irgendeines Teiles des Körpers einer selbsterzeugten oder vor-uns-erzeugten Gottheit in eine Gottheit. Siehe *Führer ins Dakiniland*, *Große Schatzkammer der Verdienste* und *Essenz des Vajrayana*.

Leerheit Das Fehlen von inhärenter Existenz, die endgültige Natur aller Phänomene. Siehe *Herz der Weisheit* und *Ozean von Nektar*.

Ling Rinpoche (1903 – 1983 n. Chr.) Der Hauptlehrer des 14. Dalai Lama.

Madhyamika Sanskrit-Ausdruck, der wörtlich «Mittlerer Weg» bedeutet. Die höhere der zwei Schulen der Mahayana-Lehrsätze. Die Madhyamika-Sicht wurde von Buddha in den *Sutras der Vollkommenheit der Weisheit* während der zweiten Drehung des Dharma-Rades gelehrt. Später wurde diese Sicht von Nagarjuna und seinen Anhängern weiter erläutert. Diese Schule ist unterteilt in die Madhyamika-Svatantrika und die Madhyamika-Prasangika, wobei die letztere Buddhas endgültige Sicht ist. Siehe *Sinnvoll zu betrachten* und *Ozean von Nektar*.

Mahasiddha Sanskrit für einen «Großen Verwirklichten». Wird für Yogis und Yoginis mit hohen Erlangungen verwendet.

Mahayana Sanskrit für «Großes Fahrzeug», den spirituellen Pfad zur großen Erleuchtung. Das Mahayana-Ziel ist es, Buddhaschaft zum Wohl aller fühlenden Wesen zu erlangen, indem alle Verblendungen und deren Prägungen vollständig aufgegeben werden. Siehe *Freudvoller Weg* und *Sinnvoll zu betrachten*.

Mandala Der himmlische Palast, in dem eine tantrische Gottheit weilt, oder die Umgebung oder die Gottheiten eines Reinen Buddha-Landes.

Mandala-Darbringung Die Darbringung des ganzen Universums, das als Reines Land visualisiert wird und dessen Bewohner reine Wesen sind. Siehe *Führer ins Dakiniland*.

Mantra Ein Sanskritwort, das wörtlich «Geistesschutz» bedeutet. Mantra beschützt den Geist vor gewöhnlichen Erscheinungen und Vorstellungen. Es gibt vier Arten von Mantras: Mantras, die Geist sind, Mantras, die innerer Wind sind, Mantras, die Klang sind, und Mantras, die Form sind. Im allgemeinen gibt es drei Arten der Mantra-Rezitation: verbale Rezitation, geistige Rezitation und Vajra-Rezitation. Siehe *Tantrische Ebenen und Pfade*.

Meditation Meditation ist ein Geist, der sich auf ein tugendhaftes Objekt konzentriert und ist eine geistige Handlung, die die Hauptursache für geistigen Frieden ist. Es gibt zwei Arten von Meditation: analytische Meditation und verweilende Meditation. Wenn wir unsere Vorstellungskraft, Achtsamkeit und Begründungen verwenden, um unser Meditationsobjekt zu finden, so ist es analytische Meditation. Wenn wir unser Objekt finden und es einsgerichtet halten, so ist es verweilende Meditation. Es gibt verschiedene Arten von Objekten. Einige, wie Unbeständigkeit oder Leerheit, sind Objekte, die vom Geist festgehalten werden. Andere, wie zum Beispiel Liebe, Mitgefühl oder Entsagung, sind eigentliche Geisteszustände. Wir führen die analytische Meditation aus, bis das spezielle Objekt, das wir suchen, unserem Geist klar erscheint oder bis der besondere Geisteszustand, den wir zu erzeugen wünschen, entsteht. Dieses Objekt oder dieser Geisteszustand ist unser Objekt für die verweilende Meditation. Siehe *Das Meditationshandbuch.*

Meditatives Gleichgewicht Einsgerichtete Konzentration auf ein tugendhaftes Objekt, wie zum Beispiel Leerheit.

Methode Jeder spirituelle Pfad, der die Funktion hat, unsere Buddha-Abstammung zur Reife zu bringen. Die Schulung in Entsagung, Mitgefühl und Bodhichitta sind Beispiele für Methodenübungen.

Milarepa (1040-1123 n. Chr.) Ein großer tibetischer buddhistischer Meditationsmeister und Schüler von Marpa. Berühmt sind seine wunderschönen Lieder der Realisation.

Mitgefühl Ein Geist, der die Leiden anderer nicht ertragen kann und wünscht, daß sie frei von Leiden sind. Siehe *Freudvoller Weg.*

Mittlerer Weg Die korrekte Sicht der Leerheit vermeidet beide Extreme und deshalb nennt man Leerheit den «Mittleren Weg».

Mudra Im allgemeinen das Sanskritwort für «Siegel», wie zum Beispiel in «Mahamudra», dem «Großen Siegel». Spezieller wird «Mudra» als Bezeichnung für eine Gefährtin, wie zum Beispiel in «Handlungs-Mudra» oder «Weisheits-Mudra», und auch für Handbewegungen in tantrischen Ritualen verwendet.

Mutter-Tantra Ein Tantra, das in erster Linie Methoden zur Erlangung des Klaren Lichtes offenbart.

Nachfolgende Erlangung Der Zeitabschnitt zwischen den Meditationssitzungen. Siehe *Freudvoller Weg.*

Nada Eine Linie mit drei Biegungen, die über gewissen Samenbuchstaben erscheint.

Nagarjuna Ein großer indischer buddhistischer Gelehrter und Meditationsmeister, der das Mahayana im ersten Jahrhundert n. Chr. durch seine Unterweisungen über die *Sutras der Vollkommenheit der Weisheit* wiederbelebte. Siehe *Ozean von Nektar.*

Naropa Ein indischer buddhistischer Mahasiddha. Siehe *Führer ins Dakiniland.*

Negatives Phänomen Ein Objekt, das durch die ausdrückliche Elimination des Objektes der Verneinung des Phänomens realisiert wird durch den Geist, der dieses Phänomen festhält. Es gibt zwei Arten von negativen Phänomenen: bestätigende negative Phänomene und nichtbestätigende negative Phänomene. Ein bestätigendes negatives Phänomen ist ein Objekt, das durch einen Geist realisiert wird, der explizit das verneinte Objekt des Objektes eliminiert und der indirekt ein positives

Objekt realisiert. Ein nichtbestätigendes negatives Phänomen ist ein negatives Phänomen, das auf kein anderes bestätigendes Phänomen schließen läßt. Leerheit ist ein Beispiel für ein nichtbestätigendes negatives Phänomen, weil sie durch einen Geist realisiert wird, der direkt inhärente Existenz verneint, die sein Objekt der Verneinung ist, ohne daß dieser Geist ein anderes bestätigendes Phänomen realisiert. Die Leerheit unseres Körpers zum Beispiel ist das bloße Fehlen von inhärenter Existenz unseres Körpers – es kann auf kein anderes Objekt geschlossen werden. Siehe *Herz der Weisheit* und *Ozean von Nektar.*

Niedere Bereiche Der Höllenbereich, der Bereich der Hungrigen Geister und der Tierbereich. Siehe auch *Samsara.*

Objektbesitzer Eine funktionierende Sache, die ein Objekt zum Ausdruck bringt oder erkennt. Enthalten sind Ausdruckslaute, Personen und Geistesarten. Siehe *Den Geist verstehen.*

Pfad / Spiritueller Pfad Ein erhabenes Gewahrsein verbunden mit nichterzeugter oder spontaner Entsagung. Spiritueller Pfad, spirituelle Ebene, spirituelles Fahrzeug und erhabenes Gewahrsein sind Synonyme. Siehe *Tantrische Ebenen und Pfade* und *Ozean von Nektar.*

Primärer Geist Ein Erkenner, der hauptsächlich die bloße Wesenheit eines Objektes festhält. Bewußtsein ist ein Synonym. Es gibt sechs Arten von primärem Geist: Augenbewußtsein, Ohrenbewußtsein, Nasenbewußtsein, Zungenbewußtsein, Körperbewußtsein und geistiges Bewußtsein. Jeder Moment des Geistes besteht aus einem primären Geist und verschiedenen geistigen Faktoren. Ein primärer Geist und seine begleitenden geistigen Faktoren sind dieselbe Wesenheit, haben aber verschiedene Funktionen. Siehe *Den Geist verstehen.*

Reines Land Eine reine Umgebung, in der es keine Wahren Leiden gibt. Es gibt viele Reine Länder. Tushita zum Beispiel ist das Reine Land von Buddha Maitreya, Sukhavati das Reine Land von Buddha Amitabha und Dakiniland oder Keajra das Reine Land von Buddha Vajrayogini und Buddha Heruka. Siehe *Sinnvoll leben – freudvoll sterben.*

Sadhana Ein Ritual, das eine Methode für das Erlangen spiritueller Realisationen ist. Es kann mit Sutra oder Tantra verbunden sein.

Samsara Der Begriff kann auf zwei Arten verstanden werden: als ununterbrochene Wiedergeburt ohne Freiheit und Kontrolle oder als die Anhäufungen eines Wesens, das eine solche Wiedergeburt erlangt hat. Samsara ist charakterisiert durch Leiden und Unzufriedenheit. Es gibt sechs Bereiche in Samsara. Es sind in aufsteigender Reihenfolge gemäß der Art des Karmas, das eine Wiedergeburt im jeweiligen Bereich bewirkt: die Bereiche der Höllenwesen, der Hungrigen Geister, der Tiere, der Menschen, der Halbgöttter und der Götter. Die ersten drei sind niedere Bereiche oder unglückliche Wanderungen, und die anderen drei sind höhere Bereiche oder glückliche Wanderungen. Auch wenn, vom Gesichtspunkt des Karmas aus betrachtet, das zu einer Wiedergeburt in einem Götterbereich führt, der Götterbereich der höchste in Samsara ist, so heißt es, sei der menschliche Bereich der am meisten vom Glück begünstigte, da er die besten Bedingungen aufweise, um Befreiung und Erleuchtung zu erlangen. Siehe *Freudvoller Weg*.

Saraha Einer der ersten Mahasiddhas und der Lehrer Nagarjunas. Siehe *Essenz des Vajrayana*.

Segnungen (Tib. jin gyi lab pa). Die Umwandlung unseres Geistes von einem negativen zu einem positiven Zustand, von einem unglücklichen zu einem glücklichen Zustand oder von einem Zustand der Schwäche zu einem Zustand der Stärke durch die Inspiration von heiligen Wesen, wie unserem Spirituellen Meister, den Buddhas und Bodhisattvas.

Selbst-Wertschätzung Eine Geisteshaltung, die einen selbst für äußerst wertvoll und wichtig hält. Sie wird als ein hauptsächliches Objekt angesehen, das Bodhisattvas aufgeben müssen. Siehe *Acht Schritte zum Glück* und *Sinnvoll zu betrachten*.

Shantideva (687 – 763 n. Chr.) Großer, indischer buddhistischer Gelehrter und Meditationsmeister. Er verfaßte den *Leitfaden für die Lebensweise eines Bodhisattvas*. Siehe *Sinnvoll zu betrachten*.

Sieben-Punkte-Haltung Vairochanas Eine besondere Meditationshaltung, bei der Teile unseres Körpers eine spezielle Position einnehmen: (1) man sitzt auf einem bequemen Kissen, die Beine in der Vajra-Haltung gekreuzt (dabei liegen die Füße auf dem gegenüberliegenden Oberschenkel), (2) der Rücken ist gerade, (3) der Kopf leicht nach vorne gebeugt, (4) die Augen bleiben leicht geöffnet und schauen der Nase entlang, (5) die Schultern sind auf gleicher Höhe, (6) der Mund ist sanft geschlossen und (7) die rechte Hand liegt in der linken, Handflächen nach oben und vier fingerbreit unter dem Nabel, wobei sich die beiden Daumen gerade oberhalb des Nabels berühren.

Sinnesgewahrsein Alle Arten von Geist sind in Sinnesgewahrsein und geistigem Gewahrsein enthalten. Sinnesgewahrsein ist definiert als ein Gewahrsein, das in Abhängigkeit von seiner außergewöhnlichen vorherrschenden Bedingung entwickelt wird, einer formbesitzenden Sinneskraft. Es gibt fünf Arten von Sinnesgewahrsein: Augengewahrsein, Ohrengewahrsein, Nasengewahrsein, Zungengewahrsein und Körpergewahrsein. Siehe *Den Geist verstehen*.

Sinneskraft Eine innere Kraft, die sich genau im Zentrum eines Sinnesorgans befindet und die Funktion hat, direkt ein Sinnesgewahrsein zu erzeugen. Es gibt fünf Sinneskräfte, eine für jede Art von

Sinnesgewahrsein – das Augengewahrsein usw. Manchmal werden sie «Sinneskräfte, die Form besitzen» genannt. Siehe *Den Geist verstehen.*

Spiritueller Meister Guru in Sanskrit und Lama auf Tibetisch. Ein Lehrer, der uns entlang des spirituellen Pfades führt. Siehe *Freudvoller Weg* und *Große Schatzkammer der Verdienste.*

Stolz Ein verblendeter geistiger Faktor, der sich durch Betrachten und Übertreiben der eigenen guten Qualitäten oder des eigenen Besitzes überlegen fühlt. Siehe *Den Geist verstehen.*

Sutra Die Lehren Buddhas, die alle praktizieren können. Es braucht dazu keine Ermächtigung. Sie beinhalten Buddhas Unterweisungen der Drei Drehungen des Dharma-Rades.

Sutras der Vollkommenheit der Weisheit Die Sutras der zweiten Drehung des Dharma-Rades, in denen Buddha seine abschließende Sicht der endgültigen Natur aller Phänomene enthüllte – die Leerheit von inhärenter Existenz. Siehe *Herz der Weisheit* und *Ozean von Nektar.*

Trijang Rinpoche (1901 – 1981 n. Chr.) Ein besonderer tibetischer Lama des zwanzigsten Jahrhunderts. Er war eine Ausstrahlung Buddha Shakyamunis, Herukas, Atishas, Amitabhas und Je Tsongkhapas. Er ist auch unter den Namen «Trijang Dorjechang» und «Losang Yeshe» bekannt.

Überlieferungslinie Eine Reihe von Unterweisungen, die von Spirituellem Meister zu Schüler weitergegeben worden ist, wobei jeder Spirituelle Meister der Linie eigene Erfahrungen der Unterweisungen gewann, bevor er sie weitergab.

Unbeständiges Phänomen Phänomene sind entweder beständig oder unbeständig. «Unbeständig» bedeutet «momentan». Daher ist ein unbeständiges Phänomen ein Phänomen, das innerhalb eines Momentes erzeugt wird und sich wieder auflöst. Synonyme für unbeständiges Phänomen sind «funktionierende Sache» und «Produkt». Es gibt zwei Arten von Unbeständigkeit: grobe und subtile. Grobe Unbeständigkeit ist jede Unbeständigkeit, die mit einem gewöhnlichen Sinnesgewahrsein erkannt werden kann, zum Beispiel das Altern und der Tod eines fühlenden Wesens. Subtile Unbeständigkeit ist die momentane Auflösung einer funktionierenden Sache.

Vajra Das Sanskritwort Vajra bedeutet im allgemeinen unzerstörbar wie ein Diamant und gewaltig wie ein Blitzschlag. Im Zusammenhang mit dem Geheimen Mantra kann es die Untrennbarkeit von Methode und Weisheit, allwissende große Weisheit oder spontane Große Glückseligkeit bedeuten. Es ist auch der Name eines Ritualgegenstandes aus Metall. Siehe *Tantrische Ebenen und Pfade.*

Vajra und Glocke Ein rituelles Zepter, das Große Glückseligkeit symbolisiert, und eine rituelle Handglocke, die Leerheit symbolisiert. Siehe *Führer ins Dakiniland* und *Tantrische Ebenen und Pfade.*

Vajradhara Der Gründer des Vajrayana. Er ist das gleiche Geisteskontinuum wie Buddha Shakyamuni, zeigt aber einen anderen Aspekt. Buddha Shakyamuni erscheint im Aspekt eines Ausstrahlungskörpers und Eroberer Vajradhara erscheint im Aspekt eines Freudenkörpers. Siehe *Große Schatzkammer der Verdienste.*

Vajra-Meister Ein voll qualifizierter tantrischer Spiritueller Meister. Siehe *Große Schatzkammer der Verdienste.*

Vajra-Rezitation Eine Mantra-Rezitation, die aus inneren Winden erzeugt und in Verbindung mit Vajrayana-Übungen praktiziert wird. Siehe *Tantrische Ebenen und Pfade.*

Vajrasattva Buddha Vajrasattva ist die Anhäufung des Bewußtseins aller Buddhas, die im Aspekt einer weißfarbenen Gottheit erscheint, um ganz speziell die Negativität von fühlenden Wesen zu reinigen. Er ist von der gleichen Natur wie Buddha Vajradhara und unterscheidet sich nur im Aspekt. Die Praxis der Meditation und Rezitation des Vajrasattva ist eine sehr kraftvolle Methode, unseren unreinen Geist und unsere unreinen Handlungen zu reinigen. Siehe *Führer ins Dakiniland.*

Vajrayogini Eine weibliche Gottheit des Höchsten Yoga-Tantras, die die Verkörperung der untrennbaren Glückseligkeit und Leerheit ist. Sie ist von der gleichen Natur wie Heruka. Siehe *Führer ins Dakiniland.*

Verblendung Ein geistiger Faktor, der aus unangemessener Aufmerksamkeit entsteht und die Funktion hat, den Geist unfriedlich und unkontrolliert zu machen. Es gibt drei Hauptverblendungen: Unwissenheit, begehrende Anhaftung und Wut. Aus diesen entstehen alle anderen Verblendungen, wie Neid, Stolz und verblendeter Zweifel. Siehe auch *Angeborene Verblendungen* und *Intellektuell gebildete Verblendungen*. Siehe *Den Geist verstehen.*

Verborgenes Objekt Ein Objekt, dessen anfängliche Realisation durch einen gültigen Erkenner von korrekten logischen Begründungen abhängig ist. Siehe *Den Geist verstehen.*

Verdienst Das Glück, das durch tugendhafte Handlungen geschaffen wird. Es ist die potentielle Kraft, unsere guten Qualitäten zu vermehren und Glück zu erzeugen.

Verpflichtungen Versprechen und Zusicherungen, die gegeben werden, wenn man gewisse spirituelle Übungen ausführt.

Verpflichtungswesen Ein visualisierter Buddha oder wir selbst als Buddha visualisiert. Es heißt so, weil es im allgemeinen die Verpflichtung aller Buddhisten ist, Buddha zu visualisieren oder an ihn zu denken. Insbesondere haben diejenigen, die eine Ermächtigung für Höchstes Yoga-Tantra erhalten haben, die Verpflichtung, sich selbst als Gottheit zu erzeugen.

Vertrauen Ein geistiger Faktor, dessen Hauptfunktion das Beseitigen von Nichtvertrauen ist. Es gibt drei Arten von Vertrauen: glaubendes Vertrauen, bewunderndes Vertrauen und wünschendes Vertrauen. Siehe *Freudvoller Weg* und *Verwandle dein Leben*.

Vierundzwanzig heilige Stätten Vierundzwanzig besondere Orte in dieser Welt, wo die Mandalas von Heruka und Vajrayogini immer noch vorhanden sind. Es sind: Puliramalaya, Dzalandhara, Odiyana, Arbuta, Godawari, Rameshöri, Dewikoti, Malawa, Kamarupa, Ote, Trishakune, Kosala, Kalinga, Lampaka, Kancha, Himalaya, Pretapuri, Grihadewata, Shauraktra, Suwanadvipa, Nagara, Sindhura, Maru und Kuluta. Siehe *Essenz des Vajrayana* und *Führer ins Dakiniland*.

Vinaya-Sutras Sutras, in denen Buddha in erster Linie die Praxis der moralischen Disziplin und insbesondere die moralische Disziplin der Pratimoksha erklärt.

Vollendungsstufe Realisationen des Höchsten Yoga-Tantras, die durch das Eintreten, Verweilen und Sichauflösen der Winde im Zentralkanal mittels der Kraft der Meditation erzeugt werden.

Wachsamkeit Ein geistiger Faktor, der eine Art von Weisheit ist, die die Aktivität unseres Körpers, unserer Rede und unseres Geistes untersucht und weiß, ob sich Fehler entwickeln oder nicht. Siehe *Den Geist verstehen*.

Wahrheitskörper Der Naturkörper und der Weisheits-Wahrheitskörper eines Buddhas. Siehe auch *Körper eines Buddhas*.

Weisheit Ein tugendhafter, intelligenter Geist, der seinen primären Geist dazu führt, sein Objekt gründlich zu realisieren. Eine Weisheit ist ein spiritueller Pfad, der dazu dient, unseren Geist von Verblendungen oder ihren Prägungen zu befreien. Ein Beispiel von Weisheit ist die korrekte Sicht der Leerheit. Siehe *Den Geist verstehen*.

Weisheitswesen Ein wirklicher Buddha, insbesondere einer, der eingeladen wird, um sich mit einem visualisierten Verpflichtungswesen zu vereinen.

Wunderkräfte Siehe *Hellsicht*.

Wurzel-Guru Der wichtigste Spirituelle Meister, von dem wir die Ermächtigungen, Unterweisungen und mündlichen Überlieferungen unserer Hauptpraxis erhalten haben. Siehe *Große Schatzkammer der Verdienste*, *Freudvoller Weg* und *Herzjuwel*.

Wut Ein verblendeter geistiger Faktor, der sein verunreinigtes Objekt beobachtet, seine schlechten Qualitäten übertreibt, es als nicht begehrenswert erachtet und ihm schaden will. Siehe *Den Geist verstehen.*

Yamantaka Eine Gottheit des Höchsten Yoga-Tantras, die eine zornvolle Manifestation Manjushris ist.

Yidam Siehe *Gottheit.*

Yoga Ein Begriff, der für verschiedene spirituelle Übungen verwendet wird, die das Aufrechterhalten einer besonderen Sicht mit sich bringen, wie zum Beispiel Guru-Yoga und die Yogas des Essens, Schlafens, Träumens und Wachens. «Yoga» bezieht sich auch auf Vereinigung, wie zum Beispiel die Vereinigung von Ruhigem Verweilen und Höherem Sehen. Siehe *Führer ins Dakiniland.*

Yogi / Yogini Sanskrit-Ausdrücke, die sich gewöhnlich auf männliche oder weibliche Meditierende beziehen, die die Vereinigung von Ruhigem Verweilen und Höherem Sehen erlangt haben.

Yongdzin Ling Rinpoche Siehe *Ling Rinpoche.*

Zuflucht Eigentlicher Schutz. Zufluchtnehmen zu Buddha, Dharma und Sangha bedeutet, Vertrauen in diese Drei Juwelen zu haben und sich auf sie zu verlassen, um Schutz vor allen Ängsten und Leiden zu erhalten. Siehe *Freudvoller Weg.*

Zuschreibung Gemäß der Madhyamika-Prasangika Schule werden alle Phänomene in Abhängigkeit von ihrer Basis der Zuschreibung durch bloße Vorstellung zugeschrieben. Deshalb sind sie bloße Zuschreibung und existieren nicht im mindesten aus sich selbst heraus. Siehe *Herz der Weisheit* und *Ozean von Nektar.*

Zwei Wahrheiten Konventionelle Wahrheit und endgültige Wahrheit. Siehe *Sinnvoll zu betrachten* und *Ozean von Nektar.*

Zwischenzustand (Tib. Bardo) Der Zustand zwischen Tod und Wiedergeburt. Er fängt in dem Augenblick an, in dem das Bewußtsein den Körper verläßt, und hört in dem Augenblick auf, in dem der Geist in den Körper des nächsten Lebens eintritt. Siehe *Freudvoller Weg.*

Bibliographie

Geshe Kelsang ist ein sehr angesehener Meditationsmeister und Gelehrter der buddhistischen Mahayana-Tradition, die von Je Tsongkhapa gegründet wurde. Seit er im Jahre 1977 in den Westen kam, hat er unermüdlich daran gearbeitet, den reinen Buddhadharma auf der ganzen Welt zu verbreiten. Während dieser Zeit hat er ausführliche Unterweisungen über die wichtigsten Schriften des Mahayana gegeben. Diese Unterweisungen sind zum größten Teil bereits in Englisch und anderen Sprachen veröffentlicht worden und bilden eine umfassende Darstellung der wichtigsten Übungen aus Sutra und Tantra des Mahayana-Buddhismus. In deutscher Sprache sind erschienen:

Bücher

Acht Schritte zum Glück Der buddhistische Weg der liebenden Güte. (Tharpa Verlag, 2001)

Allumfassendes Mitgefühl Ein Kommentar zur *Geistesschulung in sieben Punkten* des Bodhisattvas Chekhawa. (Tharpa Verlag, 1994)

Einführung in den Buddhismus Eine Erklärung der buddhistischen Lebensweise. (Tharpa Verlag, 2. Auflage 2001)

Freudvoller Weg Der buddhistische Pfad zur Erleuchtung. (Tharpa Verlag, 1998)

Den Geist verstehen (Lorig) Eine Erklärung der Natur und der Funktionen des Geistes. (Tharpa Verlag, 1997)

Herz der Weisheit Die essentiellen Weisheitslehren Buddhas. (Tharpa Verlag, 1997)

Herzjuwel Die essentiellen Übungen des Kadampa-Buddhismus. (Tharpa Verlag, 1996)

Das Meditationshandbuch Ein praktischer Führer zur buddhistischen Meditation. (Tharpa Verlag, 1995)

Sinnvoll zu betrachten Die Lebensweise eines Bodhisattvas. (Tharpa Verlag, 2000)

Verwandle dein Leben Eine glückselige Reise. (Tharpa Verlag, 2002)

Von Shantideva:

Leitfaden für die Lebensweise eines Bodhisattvas Ein buddhistisches Gedicht für die heutige Zeit (Tharpa Verlag, 2003)

Sadhanas

Geshe Kelsang beaufsichtigt auch die Übersetzung einer Reihe wichtiger Sadhanas. In deutscher Sprache sind erschienen:

Avalokiteshvara-Sadhana Gebete und Bitten an den Buddha des Mitgefühls.
Befreiung von Leid Gebete und Bitten an die einundzwanzig Taras.
Dakini-Yoga Der Guru-Yoga in sechs Sitzungen in Verbindung mit der Selbsterzeugung als Vajrayogini.
Darbringung an den Spirituellen Meister (Lama Chöpa) Eine besondere Guru-Yoga-Praxis der Tradition Je Tsongkhapas.
Essenz des Glücks Gebete der sechs vorbereitenden Übungen für die Meditation über die Stufen des Pfades zur Erleuchtung.
Essenz des Vajrayana Das Sadhana des Heruka-Körper-Mandalas nach dem System von Mahasiddha Ghantapa.
Fest der Großen Glückseligkeit Vajrayogini-Selbsteinweihungs-Sadhana.
Gebete für die Meditation Kurze vorbereitende Gebete für die Meditation.
Große Befreiung der Mutter Vorbereitende Gebete für die Mahamudra-Meditation in Verbindung mit der Vajrayogini-Praxis.
Große Mitfühlende Mutter Das Sadhana von Arya Tara.
Die Große Mutter Eine Methode, Behinderungen und Hindernisse durch die Rezitation des *Sutra der Essenz der Weisheit (Herz-Sutra)* zu überwinden.
Herzjuwel Der Guru-Yoga von Je Tsongkhapa in Verbindung mit dem zusammengefaßten Sadhana seines Dharma-Beschützers.
Die Kadampa-Lebensweise Essentielle Übungen des Kadampa-Buddhismus.
Klangvolle Trommel siegreich in allen Richtungen Das ausführliche Erfüllungs- und Wiederherstellungsritual des Dharma-Beschützers, des großen Königs Dorje Shugdän, in Verbindung mit Mahakala, Kalarupa, Kalindewi und anderen Dharma-Beschützern.
Meditation und Rezitation des Vajrasattva.
Medizin-Guru-Sadhana Eine Methode, an die Versammlung der sieben Medizin-Gurus Bitten zu richten.
Ein reines Leben Die Praxis der acht Mahayana-Grundsätze.
Schatzkammer der Weisheit Das Sadhana des Ehrwürdigen Manjushri.
Der schnelle Pfad zur Großen Glückseligkeit Vajrayogini-Selbsterzeugungs-Sadhana.

Tropfen des essentiellen Nektars Eine besondere Fasten- und Reinigungspraxis in Verbindung mit dem Elfgesichtigen Avalokiteshvara.
Tiefempfundene Gebete Trauerfeier für Beerdigungen und Kremationen
Vajra-Held-Yoga Eine kurze essentielle Praxis der Selbsterzeugung des Heruka-Körper-Mandalas und Zusammengefaßter Yoga der sechs Sitzungen.
Versammlung von Glück Die Tsog-Darbringung an das Heruka-Körper-Mandala.
Wunscherfüllendes Juwel Der Guru-Yoga von Je Tsongkhapa in Verbindung mit dem Sadhana seines Dharma-Beschützers.
Der Yoga von Buddha Amitayus Eine besondere Methode, Lebenszeit, Weisheit und Verdienste zu vergrößern.
Der Yoga der Weißen Tara, des Buddhas des langen Lebens.
Die Zeremonien der Mahayana-Zuflucht und der Bodhisattva-Gelübde.
Zusammenfassung von Essenz des Vajrayana Zusammenfassung des Sadhanas für die Selbsterzeugung des Heruka-Körper-Mandalas.

Alle unsere Artikel oder einen Katalog können Sie bestellen unter:

Tharpa Verlag
Dennlerstr. 38
CH-8047 Zürich

Tel./Fax: (0041) – (0)44 401 0220
E-Mail: info@tharpa.net

Tharpa Verlag
Schmiljanstr. 22
D-12161 Berlin

Tel. (0049)- (0)30-859 65 573, Fax (0049)- (0)30- 859 66 086
E-Mail: info@tharpa.de

Tharpa Verlag
St. Ulrichsplatz 4
A-1070 Wien

Tel. (0043)-(0)1-914 46 13
E-Mail: info@tharpa.net

Website: **www.tharpa.net**

Die Studienprogramme des Kadampa-Buddhismus

Der Kadampa-Buddhismus ist eine Schule des Mahayana-Buddhismus. Er wurde vom großen indischen buddhistischen Meister Atisha (982 – 1054 n. Chr.) ins Leben gerufen. Seine Anhänger heißen Kadampas: «Ka» bedeutet Wort und bezieht sich auf die Unterweisungen Buddhas. «Dam» bezieht sich auf die besonderen Lamrim-Unterweisungen, die als die Stufen des Pfades zur Erleuchtung bekannt sind. Kadampa-Buddhisten integrieren das Wissen aller Unterweisungen Buddhas in ihre Lamrim-Praxis, und indem sie dieses Wissen in ihrem Alltag anwenden, benutzen sie alle Unterweisungen Buddhas als praktische Methoden, um die täglichen Handlungen in den Pfad zur Erleuchtung umzuwandeln. Die großen Kadampa-Lehrer sind nicht nur als große Gelehrte, sondern auch als spirituell Praktizierende von außerordentlicher Reinheit und Aufrichtigkeit bekannt.

Die Überlieferungslinien dieser Lehren – die mündliche Überlieferung sowie die Segnungen – wurden jeweils von Lehrer an Schüler weitergegeben und fanden in weiten Teilen Asiens Verbreitung; heutzutage fassen sie auch in vielen Ländern der westlichen Welt Fuß. Die Lehre Buddhas – der Dharma – wird mit einem Rad verglichen, das sich von einem Land zum anderen bewegt in Übereinstimmung mit den sich verändernden Bedingungen und den karmischen Neigungen der Menschen. Die äußere Präsentationsform des Buddhismus mag sich je nach Kultur und Gesellschaft ändern, die Authentizität aber wird durch die Weiterführung der ungebrochenen Überlieferungslinie von realisierten Praktizierenden sichergestellt.

Der angesehene buddhistische Meister, der Ehrwürdige Geshe Kelsang Gyatso, hat den Kadampa-Buddhismus im Jahre 1977 im Westen eingeführt. Seit dieser Zeit arbeitet er unermüdlich daran, den Kadampa-Buddhismus auf der ganzen Welt zu verbreiten, indem er ausführliche Unterweisungen gibt, tiefgründige Texte zum Kadampa-Buddhismus verfaßt und die Neue Kadampa-Tradition gründete, die bis heute weltweit über 700 Kadampa-Zentren umfaßt. Jedes Zentrum bietet Studienprogramme zur buddhistischen Psychologie und Philosophie und Anweisungen zur Meditation sowie Retreats (Meditationen in Zurückgezogenheit) für Praktizierende aller Stufen an. Der Schwerpunkt liegt in der Integration der Lehre Buddhas in den Alltag, damit wir unsere Probleme lösen und immerwährenden Frieden und Glück in der Welt verbreiten können.

Der Kadampa-Buddhismus der NKT (Neue Kadampa-Tradition) ist eine vollständig unabhängige buddhistische Tradition und hat keine politische Zugehörigkeit. Er ist ein Zusammenschluß von Zentren und Praktizierenden, die ihre Inspiration und Führung von den Vorbildern und Unterweisungen der alten Meister des Kadampa-Buddhismus herleiten, wie es von Geshe Kelsang gelehrt wird.

Es gibt drei Gründe, die dafür sprechen, daß wir die Lehre Buddhas studieren und praktizieren müssen: um unsere Weisheit zu entwickeln, um unser Mitgefühl zu fördern und um einen friedvollen Geisteszustand zu bewahren. Wenn wir nicht danach streben, unsere Weisheit zu entwickeln, wird uns die endgültige Wahrheit – die wahre Natur der Wirklichkeit – immer verschlossen bleiben. Obwohl wir uns Glück wünschen, bringt uns unsere Unwissenheit dazu, nichttugendhafte Handlungen auszuführen, die die Hauptursache all unserer Leiden sind. Wenn wir unser Mitgefühl nicht fördern, zerstört unsere eigensüchtige Motivation die Harmonie und guten Beziehungen zu anderen Lebewesen. Wir finden keinen Frieden und haben keine Chance, reines Glück zu finden. Ohne inneren Frieden ist äußerer Frieden nicht möglich. Wenn wir keinen friedvollen Geisteszustand bewahren, sind wir nicht glücklich, selbst unter den besten Bedingungen. Wenn andererseits unser Geist friedvoll ist, sind wir glücklich, auch wenn die äußeren Bedingungen unangenehm sind. Deshalb ist die Entwicklung dieser Qualitäten von größter Wichtigkeit für unser tägliches Glück.

Geshe Kelsang Gyatso oder Geshe-la, wie er liebevoll von seinen Schülern genannt wird, hat drei besondere spirituelle Programme für das systematische Studium und die Praxis des Kadampa-Buddhismus zusammengestellt. Diese Programme sind besonders gut für den modernen Lebensstil geeignet. Es sind: das Allgemeine Programm (AP), das Grundlagenprogramm (GP) und das Lehrerausbildungsprogramm (LAP).

ALLGEMEINES PROGRAMM

Das Allgemeine Programm vermittelt eine grundlegende Einführung in die buddhistische Sichtweise, Meditation und Praxis. Es ist besonders für Anfänger geeignet, umfaßt aber auch fortgeschrittene Unterweisungen und Übungen aus Sutra und Tantra.

GRUNDLAGENPROGRAMM

Das Grundlagenprogramm bietet die Möglichkeit, unser Verständnis und unsere Erfahrung des Buddhismus durch das systematische Studium von fünf Texten zu vertiefen:

1. *Freudvoller Weg*, ein Kommentar zu Atishas Lamrim-Unterweisungen die Stufen des Pfades zur Erleuchtung.
2. *Allumfassendes Mitgefühl*, ein Kommentar zu Bodhisattva Chekhawas *Geistesschulung in sieben Punkten*.
3. *Herz der Weisheit*, ein Kommentar zum *Herz-Sutra*.
4. *Sinnvoll zu betrachten*, ein Kommentar zu Shantidevas *Leitfaden für die Lebensweise eines Bodhisattvas*.
5. *Den Geist verstehen*, eine ausführliche Erklärung des Geistes, die auf den Werken der buddhistischen Gelehrten Dharmakirti und Dignaga basiert.

Das Studium und die Praxis dieser Texte bringt uns viele Vorteile:

(1) *Freudvoller Weg* – Wir erlangen die Fähigkeit, alle Unterweisungen Buddhas, sowohl Sutra als auch Tantra, in die Praxis umzusetzen. Wir können leicht Fortschritte erzielen und die Stufen des Pfades zum höchsten Glück der Erleuchtung vollenden. Von einem praktischen Standpunkt aus betrachtet, ist Lamrim der Hauptteil der Lehre Buddhas, ähnlich einem Stamm, und die anderen Unterweisungen gleichen Zweigen.

(2) *Allumfassendes Mitgefühl* – Wir erlangen die Fähigkeit, alle Unterweisungen Buddhas in unser Leben zu integrieren und alle unsere Probleme zu lösen.

(3) *Herz der Weisheit* – Wir erlangen eine Realisation der endgültigen Natur der Wirklichkeit. Durch diese Realisation können wir die Unwissenheit des Festhaltens am Selbst beseitigen, die die Wurzel all unseres Leidens ist.

(4) *Sinnvoll zu betrachten* – Wir verwandeln unsere täglichen Aktivitäten in die Lebensweise eines Bodhisattvas. Damit wird jeder Moment unseres Lebens bedeutungsvoll.

(5) *Den Geist verstehen* – Wir verstehen die Beziehung zwischen unserem Geist und den äußeren Objekten. Wenn wir verstehen, daß die Objekte von unserem subjektiven Geist abhängen, können wir die Art und Weise, wie uns Objekte erscheinen, verändern, indem wir unseren Geist verändern. Allmählich erlangen wir die Fähigkeit, unseren Geist zu kontrollieren und auf diese Weise alle unsere Probleme zu lösen.

LEHRERAUSBILDUNGSPROGRAMM

Das Lehrerausbildungsprogramm ist für diejenigen bestimmt, die sich zu authentischen Dharma-Lehrern ausbilden lassen wollen. In Ergänzung zum Studium von zwölf Texten aus Sutra und Tantra – die oben erwähnten Texte sind darin enthalten – werden an die Schülerinnen und Schüler gewisse Anforderungen bezüglich Verhalten und Lebensweise gestellt, und zudem müssen sie eine bestimmte Anzahl von Meditations-Retreats absolvieren.

Alle Zentren des Kadampa-Buddhismus sind der Öffentlichkeit zugänglich. Jedes Jahr finden mehrere Festivals statt, darunter zwei in England, wo sich Menschen aus der ganzen Welt treffen, um besondere Unterweisungen und Ermächtigungen zu empfangen und einen spirituellen Urlaub zu verbringen. Besuchen Sie uns – Sie sind jederzeit willkommen!

Weitere Informationen unter:

Im deutschsprachigen Raum:

Tharpa Verlag, Dennlerstrasse 38, CH-8047 Zürich, Schweiz,
Tel. (0041)-(0)44-401 02 20,
E-Mail: info@tharpa.net

Tharpa Verlag, Schmiljanstr. 22, D-12161 Berlin,
Tel. (0049)- (0)30-859 65 573, Fax (0049)- (0)30- 859 66 086
E-Mail: info@tharpa.de

Tharpa Verlag AG, St. Ulrichsplatz 4, A-1070 Wien,
Tel. (0043)-(0)1-914 46 13
E-Mail: info@tharpa.net

International:

James Belither, NKT Office, Conishead Priory,
Ulverston, Cumbria, LA12 9QQ, Großbritannien,
Tel./Fax (0044)-(0)1229-588533,
E-Mail: kadampa@dircon.co.uk

www.kadampa.org
www.buddhismus.net

Index

Der Buchstabe «G» verweist auf einen Eintrag im Glossar

A

B

C

D

G

H

I

L

M

R

S

T

U

V

W

Y

Z